我们一起解决问题

『外贸行业人才技能提升丛书』

外贸业务全流程实操指南

（视频讲解+配套课件）

许丽洁◎主编

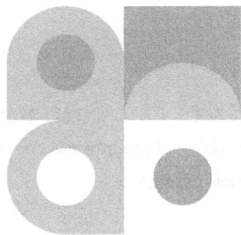

人民邮电出版社

北　京

图书在版编目（CIP）数据

外贸业务全流程实操指南：视频讲解+配套课件 /
许丽洁主编. -- 北京：人民邮电出版社，2022.5
（外贸行业人才技能提升丛书）
ISBN 978-7-115-59099-2

Ⅰ．①外… Ⅱ．①许… Ⅲ．①对外贸易－业务流程－
指南 Ⅳ．①F75-62

中国版本图书馆CIP数据核字(2022)第056747号

内 容 提 要

目前，随着经济全球化程度的加深，以及贸易全球化的发展，外贸的地位得到了很大的提升，从事外贸行业的人也越来越多。对外贸从业人员来说，只有了解并掌握外贸业务的操作流程和实务工作，才能提升从业技能，获得长远的发展。

《外贸业务全流程实操指南（视频讲解+配套课件）》一书由商务部海外营销专家、具有20多年外贸行业从业经验的资深顾问许丽洁老师主编，书中主要从外贸业务概述、外贸订单确认环节业务跟进、备货环节业务跟进、出口运输环节业务跟进、报检环节业务跟进、报关环节业务跟进、制单结汇环节业务跟进和海外参展八个部分入手，针对外贸业务操作全过程中所涉及的关键知识点，按照从入门到精通的递进规律进行了详细的阐述与解析。本书注重实际操作，将所涉及的业务的操作要求、步骤、方法和注意事项讲得清清楚楚，并提供了大量在实际工作中已被证明行之有效的范本，读者可以略作修改，为己所用，以节约时间和精力。随书附赠作者讲解视频及配套课件，高等院校及职业院校相关专业师生可将其作为教材使用。

本书适合外贸从业人员、外贸行业创业者、希望加入外贸行业的就业者，国际贸易、国际经济及涉外专业方向的院校师生，各省、自治区、直辖市跨境电商综合试验区管委会及平台型企业阅读和使用。

◆ 主　　编　许丽洁
　　责任编辑　贾淑艳
　　责任印制　彭志环

◆ 人民邮电出版社出版发行　　北京市丰台区成寿寺路 11 号
　　邮编　100164　　电子邮件　315@ptpress.com.cn
　　网址　https://www.ptpress.com.cn
　　北京建宏印刷有限公司印刷

◆ 开本：800×1000　1/16
　　印张：20　　　　　　　　　　　2022 年 5 月第 1 版
　　字数：350 千字　　　　　　　　2025 年 8 月北京第 7 次印刷

定　　价：89.00 元

读者服务热线：(010) 81055656　印装质量热线：(010) 81055316
反盗版热线：(010) 81055315

我国政府非常重视外贸的稳定发展。保障外贸产业链、供应链畅通运转，稳定国际市场份额，是我国发展对外贸易的当务之急。"把发展潜力和动能充分释放出来，需要深化对外开放和国际合作，稳住外贸外资基本盘。要保障外贸产业链、供应链畅通运转，稳定国际市场份额。要用足用好出口退税、出口信用保险等合规的外贸政策工具，保障外贸产业链、供应链畅通运转。"这是时代赋予外贸发展的新使命。

在我国改革开放的过程中，中小外贸企业在稳定经济、增加就业、发展对外贸易、加强技术创新和促进地方经济发展方面发挥了重要的作用。随着 2019 年全球国际贸易经济环境的变化，我国的中小外贸企业也面临着不同于以往的严峻的国际竞争和发展压力。

中小外贸企业想要走出困境，一方面离不开国家与地方政府在政策上的方向性引导与实际帮扶，另一方面需要自身加强造血功能，在企业发展中，应持续优化与改进管理体系，打造企业核心竞争力，以实现企业长远、健康发展的目标。

虽然未来一段时间内我们所面临的外贸形势严峻复杂，但不会改变我国外贸长期向好的趋势，我国中小外贸企业的创新意识和市场拓展能力都很强，我国在全球产业链、供应链中的地位将不会改变。

许丽洁老师主编的这套"外贸行业人才技能提升丛书"是顺应时代需求之作，是外贸从业人员的岗位工作指南，能够帮助外贸从业人员夯实基础知识、提升实操技能。这套丛书值得中小外贸企业、高校相关专业师生阅读和使用。

金旭

中国国际贸易学会会长
曾任中国驻英国大使馆公使衔商务参赞
商务部美洲大洋洲司前副司长

前 言

2019 年 11 月 28 日，中共中央、国务院发布的《关于推进贸易高质量发展的指导意见》（以下简称《意见》）中提出，要加强服务贸易国际合作，打造"中国服务"国家品牌。《意见》要求构建开放、协同、高效的共性技术研发平台，强化制造业创新对贸易的支撑作用；发挥市场机制作用，促进贸易与产业互动，推进产业国际化进程。

为了进一步提高贸易便利化水平，简化报检手续、便利企业通关，我国检验检疫部门已经启用全国检验检疫无纸化系统。经审核通过的无纸化报检企业按照不同的无纸化方式进行申报，对于贸易单证（如合同、发票、提单和装箱单等），企业原则上采取自存方式；涉及贸易单证外的其他随附单证应上传至系统；检验检疫机构在受理报检、签证放行、检验检疫及监管过程中需要核验纸质随附单证的，企业应提交相关纸质单证。这极大地方便了外贸企业和外贸业务人员开展各项外贸业务，从而提升了行业效能。

然而，有些刚刚入行的外贸业务人员对该行业的了解不深入，不知道应该如何开展外贸工作。为了继续优化与提升我国国际贸易竞争力，必须提升外贸从业人员的业务能力。

基于此，我们组织编写了"外贸行业人才技能提升丛书"，已出版的五本书分别是《外贸业务全过程从入门到精通》《外贸跟单业务从入门到精通》《国际物流与货运代理从入门到精通》《报检与报关业务从入门到精通》《海外参展与营销从入门到精通》。本书在这五本书的基础上进行了内容上的整合及形式上的创新，旨在成为外贸从业人员拿来即用的实操手册。

本书的特点是内容全面、深入浅出、易于理解，尤其注重实际操作，对所涉及的业务的操作要求、步骤、方法和注意事项做了详细的介绍，并提供了大量在实际工作中已被证明行之有效的范本，读者可以略作修改，为己所用，以节省时间和精力。除此之外，本书随书附赠作者讲解视频及配套课件，高等院校及职业院校相关专业师生可将其作为教材使用。

由于编者水平有限，书中难免会有疏漏之处，敬请读者批评指正。

许丽洁

2022 年 3 月 12 日

扫码观看视频讲解

第一章　外贸业务概述

对外贸易亦称"外国贸易"或"进出口贸易"，简称"外贸"，是指一个国家（地区）与另一个国家（地区）之间的商品、劳务和技术的交换活动。一家企业要开展外贸业务，就必须对外贸的基础知识有基本的认识。

第二章　外贸订单确认环节业务跟进

　　开展外贸业务的第一步是寻找海外客户、报价、沟通、谈判，获得订单。订单的确认通常是指国际贸易合同的签订，但与内贸不同的是，外贸订单获得最终确认的标志是收到定金或信用证，所以，即便双方签订了合同，外贸业务人员仍应围绕订单开展一系列业务跟进。

第三章　备货环节业务跟进

备货是根据出口合同及信用证中有关货物的品种、规格、数量及包装等条款的约定，按时、按质、按量地准备好应交的出口货物，并做好申请报检和领证工作。一般来说，所有出货前的各项工作都属于备货环节的业务范围。

第四章　出口运输环节业务跟进

　　外贸业务人员应该在确认可以出货的前提下，将货物情况告知客户，让其指定验货公司验货。验货合格后，向货运代理订舱，安排出货。同时，要建议与跟催买方办理国际货运保险。这一环节的工作比较烦琐，若要货物顺利地在合同规定的交货期内交运，外贸业务人员有必要耐心、细致地跟踪好每项业务。

第五章　报检环节业务跟进

出境货物的报检方式通常分为三类，即出境一般报检、出境换证报检和出境预检报检。申请出境一般报检和出境换证报检的货物，其特点是已生产完毕、包装完好、堆码整齐、相关单据齐全、已具备出口条件；申请出境预检报检的货物，其特点是暂不具备出口条件。本章主要介绍出境货物的报检程序、内容、要求，并对各类产品分别进行详细介绍。

第六章　报关环节业务跟进

进出口企业应在法律规定的报关期限内及早向海关办理申报手续，以保证准时装运。本章主要介绍报关中各项业务（如进出口货物申报、配合海关查验、缴纳税费及海关放行等）的实际操作步骤、方法及注意事项。

第七章　制单结汇环节业务跟进

结关放行后，紧接着的工作就是准备单据（汇票、出口发票、运输单据和保险单及其他合同或信用证规定的结汇所需单证）和收款（在信用证规定的交单有效期内，将各种单据和必要的凭证送交指定的银行办理付款、承兑或议付手续，并在收到货款后向银行进行结汇）。

第八章　海外参展

现代国际贸易交流中有很多开发国际市场的方式，"展览"是众多商界人士公认较为有效的方式之一。对外贸企业来说，通过参加海外展会来拓展新市场，是一种非常高效的营销方式。参加海外展会时，不仅能接触意向客户，还能了解同行信息，及时把握行业发展趋势，树立企业的国际形象，增加学习机会。

第 一 章

外贸业务概述

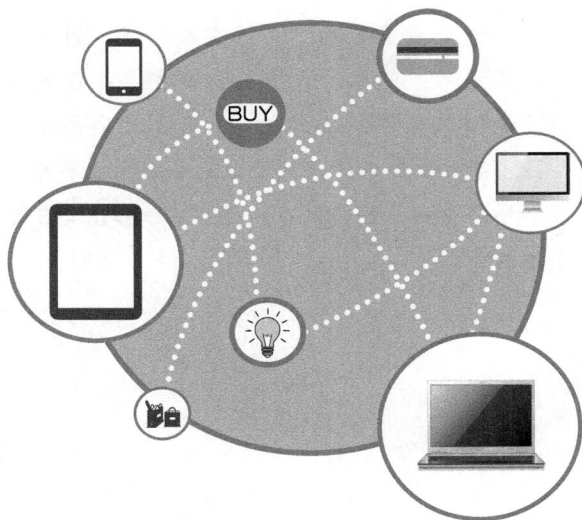

对外贸易亦称"外国贸易"或"进出口贸易",简称"外贸",是指一个国家(地区)与另一个国家(地区)之间的商品、劳务和技术的交换活动。一家企业要开展外贸业务,就必须对外贸的基础知识有基本的认识。

第一节　对外贸易关系主体

对外贸易经营者是指依法取得对外贸易经营资格并从事对外贸易经营活动的法人、其他组织和个人。对外贸易关系主体是指依法参加对外贸易管理和合作活动，享有对外贸易权利，承担对外贸易义务的当事人。对外贸易关系主体一般可分为生产企业与外贸企业两种。

一、生产企业

生产企业是指具有生产加工能力，将外购的原材料进行加工而生产出另外一种产品的企业。

二、外贸企业

外贸企业是指将外购的商品直接进行销售，而不对其进行加工的企业，俗称贸易型企业。

由于两种企业的经营方式及商品来源等有很大不同，因此其适用的出口退（免）税政策也存在很大区别。

第二节　对外贸易出口方式

目前我国的对外贸易出口方式主要分为两种：自营出口与委托（代理）出口。

一、自营出口

自营进出口是指国家相关部委授权生产性企业经营本企业自产产品的出口业务和本企业所需的机械设备、零配件、原辅材料的进口业务，但国家限定企业经营或禁止进出口的商品及技术除外。

自营出口是指企业或个体工商户取得自营出口权后，可以对自产和收购的货物直接办理出口。

二、委托（代理）出口

委托（代理）出口是指外贸企业受委托单位的委托，代办出口货物销售的一种出口业务。

在受托办理出口业务时，外贸企业会收取一定的代理费，并承担相应的责任，而价格和其他合同条款的最终决定权属于生产企业，进出口盈亏和履约责任最终由生产企业承担。委托出口货物时由委托方办理出口退（免）税申报。

对委托出口的货物，受托方须自货物报关出口之日起至次年 4 月 15 日前，向主管税务机关申请开具代理出口货物证明文件，并将其及时交托给委托方。逾期的，受托方不得开具代理出口货物证明文件。

第三节　出口货物贸易方式

现行出口货物贸易方式主要分为一般贸易、加工贸易、补偿贸易、协定贸易、边境贸易、双边贸易、多边贸易、转口贸易和过境贸易。下面主要介绍出口贸易实务中常见的两种方式（一般贸易和加工贸易）。

一、一般贸易

一般贸易是指我国境内有进出口经营权的企业单边进口或单边出口的贸易，按一般贸易交易方式进出口的货物即为一般贸易货物。一般贸易货物在进口时可以按一般进出口监管制度办理海关手续，这时它就是一般进出口货物；它也可以享受特定减免税优惠，按特定减免税监管制度办理海关手续，这时它就是特定减免税货物；它也可以经海关批准保税，按保税监管制度办理海关手续，这时它就是保税货物。

二、加工贸易

（一）什么是加工贸易

加工贸易是指一国通过不同的方式，利用本国的生产能力和技术，将进口原料、材料或零件加工成成品后再出口，从而获得以外汇体现的附加价值。加工贸易是以加工为特征的再出口业务。按照所承接的业务特点不同，常见的加工贸易方式包括进料加工、来料加工、装配业务和协作生产，具体如表1-1所示。

表1-1 常见的加工贸易方式

序号	类别	具体说明
1	进料加工	进料加工又叫以进养出，是指用外汇购入国外的原料、辅料，利用本国的技术、设备和劳动力，将原材料加工成成品后，销往国外市场。在这类业务中，本国的经营企业以买主的身份与国外相关企业签订购买原材料的合同，又以卖主的身份签订成品的出口合同。两个合同体现为两笔交易，都是以所有权转移为特征的货物买卖。在进行进料加工贸易时，企业应注意所加工的成品在国际市场上要有销路；否则，进口原料外汇很难平衡。从这一点看，进料加工要承担价格风险和成品的销售风险
2	来料加工	来料加工通常是指由国外另一方提供原料、辅料和包装材料，加工一方按照双方商定的质量、规格和款式将来料加工为成品并交给对方，自己收取加工费。其中，有的是全部由对方提供来料，有的是一部分由对方提供来料、一部分由加工方使用本国的原料和辅料。此外，有时对方只提出式样、规格等要求，而由加工方使用当地的原料、辅料进行加工生产，这种做法被称为"来样加工"

（续表）

序号	类别	具体说明
3	装配业务	装配业务是指由一方提供装配所需要的设备、技术和有关元件、零件，由另一方装配为成品后交货。来料加工和装配业务包括两个贸易进程：一是进口原料，二是产品出口。但这两个贸易进程是同一笔贸易的两个方面，而不是两笔贸易。原料的提供者和产品的接受者是同一家企业，交易双方不存在买卖关系，而是委托加工关系，加工一方赚取的是劳务费，因此这类贸易属于劳务贸易范畴
4	协作生产	协作生产是指由一方提供部分配件或主要部件，而由另一方利用本国生产的其他配件组装成产品并出口。组装成的产品的商标可由双方协商确定，既可用加工方的，也可用对方的；所供配件的价款可在货款中扣除；协作生产的产品一般规定由对方销售全部或一部分，也可规定由第三方销售

（二）开展加工贸易的业务流程

1. 加工贸易货物备案

加工贸易货物是指加工贸易项下的进口料件、加工成品，以及加工过程中产生的边角料、残次品、副产品等。

加工企业应当向其所在地的海关办理加工贸易货物备案手续。办理备案手续所需单证如下。

（1）经营单位申请报告。

（2）外经贸主管部门提供的批准证，属于进料加工的，需要加盖税务部门的印章。

（3）对外签订的进出口合同。

（4）经营单位基本账户开立证明。

（5）加工企业所在地的经贸部门出具的加工生产能力证明文件。

（6）委托加工时，应提供经营单位与加工企业签订的符合《中华人民共和国合同法》的委托加工合同（协议）。

（7）开展异地加工贸易的，须提供经营单位所在地的海关出具的关封，内含异地加工申请表，一式两份。

（8）首次开展加工贸易的，须提供经营单位和加工企业的营业执照和税务登记证复印件及海关登记通知书。

（9）经营单位的介绍信或委托书。

（10）加工工艺说明。

（11）如需在异地口岸进出口报关，须填写异地报关申请表。

（12）海关需要的其他资料。

（1）海关对首次开展加工贸易的企业实行验厂制度；对单证齐全、验厂合格的企业，海关在规定的工作日内核发登记手册。

（2）办理加工贸易合同备案属 AA 类企业的，免设台账；属 A 类企业的，须设台账，实行"空转"；属 B 类企业的，须设台账，一般商品实行"空转"，限制类商品实行"实转"；属 C 类企业的，须设台账，一律实行"实转"；D 类企业不得开展加工贸易业务。对非同一分类的经营单位与加工企业，海关按"就低不就高"的原则管理。对所提供的进口辅料品种在规定范围内，且金额在 5 000 美元以下的外商，免办手册，不纳入台账管理。

2. 进口料件

进口料件是指加工企业在进行加工贸易经营活动时，从国外进口的免交关税和增值税的料件。该料件受国家海关监管，须按规定在生产为成品后复出口，同时进行报核。如因合理原因不能按计划复出口，而须转内销的，在当地海关进行补税手续后方可转内销。

企业的进口加工贸易货物可以从境外或海关特殊监管区域、保税仓库进口，也可以通过深加工结转方式转入。经营企业应当持加工贸易手册、加工贸易进口货物专用报关单等有关单证办理加工贸易货物进口报关手续。

3. 加工贸易货物出口

经营企业的出口加工贸易货物可以向境外或海关特殊监管区域、出口监管仓库出口，也可以通过深加工结转方式转出。经营企业应当持加工贸易手册、加工贸易出口货物专用报关单等有关单证办理加工贸易货物出口报关手续。

4. 加工贸易货物核销

加工贸易货物核销是指经营企业在加工复出口，或者办理内销等海关手续后，凭规定的单证向海关申请解除监管，海关经核查确认属实，且符合有关法律、行政法规、规章的规定后，予以办理解除监管手续的行为。

经营企业应当在规定的期限内将进口料件加工复出口，并自加工贸易手册项下最后一批成品出口或加工贸易手册到期之日起 30 日内向海关报核。

（三）深加工结转

深加工结转是指加工贸易企业将保税进口料件加工成半成品，并将其转至另一加工贸易企业进一步加工后复出口的经营活动。对转出企业而言，深加工结转视同出口，应办理出口报关手续，若以外汇结算，海关可以签发收汇报关单证明联；对转入企业而言，深加工结转视同进口，应办理进口报关手续，若与转出企业以外汇结算，海关可以签发付汇报关单证明联。

由于保税进口料件加工成半成品不离境，故在实践中又被称为"间接出口"；又由于产品在两家加工企业之间进行转移，因此俗称"转厂"。在税收实践中，深加工结转业务实行增值税免税政策。

第四节　国际贸易术语

国际贸易术语是用三个英文缩写字母来表示商品的价格构成，说明交易地点，确定买卖双方的责任、费用、风险划分等问题的专门用语。该术语由国际商会（ICC）于 1936 年起草，后经由多次修正发展至今，目前已经更新至 2020 年版本，新版已于 2020 年 1 月 1 日生效施行。

一、2020 年版国际贸易术语概貌

（一）11 个术语

新版的国际贸易术语共有 11 个贸易术语：EXW、FCA、FAS、FOB、CFR、CIF、CPT、CIP、DPU、DAP 和 DDP。这 11 个贸易术语分成 2 类 4 组，如表 1-2 所示。

表 1-2 国际贸易术语的分类

第一类：适用于任何运输方式	第二类：适用于海运和内河运输
CIP：Carriage and Insurance Paid运费、保险费付至	CFR：Cost and Freight成本加运费
CPT：Carriage Paid To运费付至	CIF：Cost, Insurance and Freight 成本、保险费加运费
DAP：Delivered At Place 目的地交货	
DDP：Delivered Duty Paid完税后交货	FAS：Free Alongside Ship船边交货
EXW：EX Works工厂交货	FOB：Free On Board船上交货
FCA：Free Carrier 货交承运人	
DPU：Delivered at Place Unloaded目的地卸货后交货	

4 组指的是 C 组、D 组、E 组和 F 组。

C 组术语：由卖家安排并支付运费至指定地点，该地点指明货物的目的地（如"Incoterms 2020 CIF 上海"）。

D 组术语：卖家安排并支付运费至指定地点，该地点指明货物的目的地和交货地（如"Incoterms 2020 DAP 上海中国路 1 号"）。

E 组术语：EXW（工厂交货），即卖家在卖家工厂交付给买家。

F 组术语：通常由买家支付并安排运输（主要运费）。

在 D 组、E 组和 F 组术语中，在指定地点，即货物在买卖合同项下完成法律意义上的"交付"时，风险从卖家转移给买家。买卖双方的责任如表 1-3 所示。

表 1-3 买卖双方的责任

《国际贸易术语解释通则 2020》	EXW 工厂交货	FCA 货交承运人	FAS 船边交货	FOB 船上交货	CFR 成本加运费	CIF 成本、保险加运费	CPT 运费付至	CIP 运费、保险费付至	DPU 目的地卸货后交货	DAP 目的地交货	DDP 完税后交货
交货/风险转移	卖方所在地	启运地买方承运人控制后	海运码头船边	启运港船板	启运港船板	启运港船板	启运地货站	启运地货站	启运地货站	目的地买方指定地点	目的地买方指定地点
仓储与备货	卖家	卖家	卖家	卖家	卖家	卖家	卖家	卖家	卖家	卖家	卖家
出口包装	卖家	卖家	卖家	卖家	卖家	卖家	卖家	卖家	卖家	卖家	卖家
起运地装货	买家	卖家	卖家	卖家	卖家	卖家	卖家	卖家	卖家	卖家	卖家

（续表）

《国际贸易术语解释通则2020》	EXW 工厂交货	FCA 货交承运人	FAS 船边交货	FOB 船上交货	CFR 成本加运费	CIF 成本、保险加运费	CPT 运费付至	CIP 运费、保险费付至	DPU 目的地卸货后交货	DAP 目的地交货	DDP 完税后交货
启运地内陆运输	买家	卖家	卖家	卖家	卖家	卖家	卖家	卖家	卖家	卖家	卖家
启运地码头费用	买家	卖家	卖家	卖家	卖家	卖家	卖家	卖家	卖家	卖家	卖家
出口报关	买家	卖家	卖家	卖家	卖家	卖家	卖家	卖家	卖家	卖家	卖家
国际物流运费	买家	卖家	卖家	买家	卖家	卖家	卖家	卖家	卖家	卖家	卖家
货运保险	买家	买家	买家	买家	买家	卖家	买家	卖家	买家	买家	买家
目的港码头费用	买家	买家	买家	买家	买家	买家	买家	买家	卖家	卖家	卖家
进口报关	买家	买家	买家	买家	买家	买家	买家	买家	买家	买家	卖家
目的地关税、增值税	买家	买家	买家	买家	买家	买家	买家	买家	买家	买家	卖家
送货至最终目的地	买家	买家	买家	买家	买家	买家	买家	买家	买家	卖家	卖家
提单运费条款	托收	托收	托收	托收	预付	预付	预付	预付	预付	预付	预付

（二）2020年版的实质性变化

《国际贸易术语解释通则》自2000年来的变化如图1-1所示。

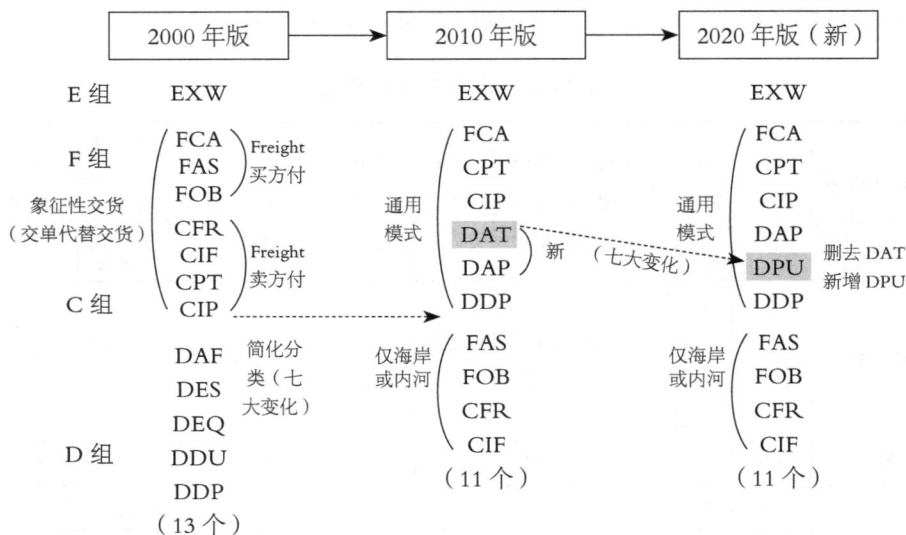

图1-1 国际贸易术语修订变化

《国际贸易术语解释通则 2020》所做的修改主要是陈述性和澄清性的。实质性的变化包括以下几点。

（1）DAT（运输终端交货）变成了 DPU（卸货地交货）。在 2010 年版的《国际贸易术语解释通则》中，DAT（运输终端交货）指货物在商定的目的地卸货后即视为交货。在国际商会（ICC）收集的反馈中，用户要求《国际贸易术语解释通则》中涵盖在其他地点交货的情形，如厂房。这就是现在使用更通用的措辞 DPU（卸货地交货）来替换 DAT（运输终端交货）的原因。

（2）关于 FCA（自由承运人）条款的变化。在集装箱贸易中，卖方在货物装船前即在法律意义上将货物交付给买方，因此可能（在交付货物时）并不能从承运人处收到其在信用证条款下要求付款所需的提单。《国际贸易术语解释通则 2020》的 FCA 术语现在则包含一个选项，买方可以同意指示承运人向卖方签发提单。

（3）根据 CIP（运费、保险费付至）条款，卖方现在必须安排更高水平的货物保险。根据《国际贸易术语解释通则 2010》，CIP 卖方必须购买伦敦协会货物条款（C）条款的货物保险，该条款仅承保有限的几种风险。根据《国际贸易术语解释通则 2020》，CIP 卖方必须购买伦敦协会货物条款（a）条款，这是一种列明除外责任的"一切险"保单。

二、十一个术语的解读

（一）运费、保险费付至（CIP）

本术语的英文为"Carriage and Insurance Paid to（... named place of destination）"，即"运费、保险费付至（……指定目的地）。"它指卖方除负有与"运费付至（……指定目的地）"CPT 术语相同的义务外，还须办理货物在运输途中应由买方承担的货物灭失或损坏风险的海运保险，并支付保险费。在此期间，卖方必须支付将货物运至目的地的运费，买方承担卖方交货后的一切风险和额外费用。其书写形式是"CIP 指定目的地"。CIP 术语适用于各种运输方式，包括多式联运。

（二）运费付至（CPT）

本术语的英文为"Carriage Paid to）: tid to（... named place of destination）"，即"运费付至（……指定目的地）"。它指卖方支付货物运至指定目的地的运费。关于货物灭失或损坏的风险，以及货物交至承运人后发生事件所产生的任何额外费用，自货物已交付给承运人照管之时起，从卖方承担转由买方承担。另外，卖方须办理货物出口的结关手续。

"承运人"是指任何人，在运输合同中，承诺通过铁路、公路、空运、海运、内河运输或上述运输的联合方式履行运输，或承诺由他人履行运输。如果还使用接运的承运人将货物运至约定目的地，那么风险自货物交给第一承运人时转移。CPT 术语适用于各种运输方式，包括多式联运。

（三）目的地交货（DAP）

DAP 的全称为 "Delivered At Place（named place of destination）"，即 "目的地交货（指定目的地）"。当使用 DAP 术语成交时，卖方负责将合同规定的货物按照通常航线和惯常方式，在规定期限内将装载与运输工具上准备卸载的货物交由买方处置，即完成交货，卖方承担将货物运至指定地为止的一切风险。

（四）目的地卸货后交货（DPU）

DPU 的全称是 "Delivered at Place Unloaded"，中文意思是 "目的地卸货后交货"。它指卖方在指定目的地或目的港集散站卸货后，将货物交给买方处置，即完成交货，卖方承担将货物运至卖方指定目的地或目的港集散站除进口费用外的一切风险和费用。

《国际贸易术语解释通则 2020》将 DAT 改为 DPU。DPU 术语的交货地点仍旧是目的地，但这个目的地不再限于运输的终点，而可以是任何地方。

（五）完税后交货（DDP）

DDP 的全称是 "Delivered Duty Paid（... named place of destination）"，即 "完税后交货（……指定目的地）"。它指卖方在指定的目的地办理完清关手续，将在交货的运输工具上尚未卸下的货物交给买方处置，即完成交货。卖方承担将货物运至目的地的一切风险和费用，包括在需要办理海关手续时在目的地应缴纳的任何进口税费。

（六）工厂交货（EXW）

本术语的英文为 "EX Works（... named place）"，即 "工厂交货（……指定地点）"。它指卖方负有在其所在地（即车间、工厂、仓库等）把备妥的货物交付给买方的责任，但通常不负责将货物装上买方准备的车辆上或办理货物结关。买方承担自卖方的所在地将货物运至预期目的地的全部费用和风险。EXW 术语是卖方承当职责最少的买卖术语，如果买方无法办理货品出境手续时，那么不宜选用这种方法。

按 EXW 术语成交时，卖方承担的风险、责任和费用都是最小的。在交单方面，卖方只需要提供商业发票或电子数据，如合同有要求，才需提供证明所交货物与合同规定相符的证件。

（七）货交承运人（FCA）

本术语的英文为 "Free Carrier（... named place）"，即"货交承运人（……指定地点）"。它指卖方应负责将其移交的货物办理出关后，在指定的地点交付给买方指定的承运人照管。根据商业惯例，当卖方被要求与承运人通过签订合同进行协作时，在买方承担风险和费用的情况下，卖方可以照此办理。FCA 术语适用于任何运输方式。需要说明的是，交货地点的选择会对在该地点装货和卸货的义务产生影响。若卖方在其所在地交货，卖方应负责装货；若卖方在任何其他所在地交货，则卖方不负责卸货。

（八）成本加运费（CFR）

本术语的英文为 " Cost and Freight（named port of shipment）"，即"成本加运费（……指定目的港）"。它指卖方必须支付把货物运至指定目的港所需的费用，但从货物交至船上甲板后，货物的风险、灭失或损坏及发生事故后造成的额外开支，在货物越过指定港的船舷后，就由卖方承担转向买方承担。另外，要求卖方办理货物的出口结关手续，即指在装运港船上交货，卖方须支付将货物运至指定目的地港所需的费用。但货物的风险是在装运港船上交货时转移。CFR 术语适用于海运或内河运输。

（九）成本、保险费加运费（CIF）

本术语的英文为 "Cost，Insurance and Freight（... named port of shipment）"，即"成本、保险费加运费（……指定目的港）"。它指卖方除负有与"成本加运费"术语相同的义务外，还须办理货物在运输途中应由买方承担货物灭失或损坏的海运保险，并支付保险费。故卖方除具有与 CFR 术语的相同的义务外，还须为买方办理货运保险，支付保险费。按一般国际贸易惯例，卖方投保的保险金额应按 CIF 价加成 10%。如果买卖双方未约定具体险别，那么卖方只需取得最低限度的保险险别；如果买方要求加保战争保险，那么在保险费由买方承担的前提下，卖方应予加保，卖方投保时，如能办到，必须以合同货币投保。CIF 术语适用于海运或内河运输。

（十）船边交货（FAS）

本术语的英文为 "Free Alongside Ship（... named port of shipment）"，即"船边交货（……

指定装运港)"。它指卖方在指定的装运港码头或驳船上把货物交至船边，从这时起，买方须承担货物灭失或损坏的全部费用和风险。另外，买方须办理出口结关手续。FAS 术语适用于海运或内河运输。如果买方所派的船只不能靠岸，那么卖方要负责用驳船把货物运至船边，仍在船边交货。装船的责任和费用由买方承担。

（十一）船上交货（FOB）

本术语的英文为" Free on Board (... named port of shipment)"，即"船上交货（⋯⋯指定装运港)"。它指卖方在指定的装运港把货物送过船舷后交付，货过船舷后，买方须承担货物的全部费用、风险、灭失或损坏，另外要求卖方办理货物的出口结关手续。也就是说，买方负责派船接运货物，卖方应在合同规定的装运港和规定的期限内将货物装上买方指定的船只，并及时通知买方。货物在装运港被装上指定船时，风险即由卖方转移至买方。FOB 术语适用于海运或内河运输。

> 贸易术语通常不包括在运输合同中，而是应用于支撑国际贸易的很多基础销售合同。明智的做法是买卖双方共同确认采用哪一版的《国际贸易术语解释通则》。

第五节　对外贸易结算方式

对外贸易结算方式分为汇付、托收和信用证。

一、汇付

汇付又称为汇款，是付款人通过银行，使用各种结算工具，将货款汇交收款人的一种结算方式。汇付又包括电汇、信汇和票汇三种方式，具体如表 1-4 所示。

表 1–4　汇付方式

序号	方式	具体说明
1	电汇	电汇是汇出行应汇款人的申请，拍发加押电报或电传给在另一国家的分行或代理行（即汇入行），解付一定金额给收款人的一种汇款方式。电汇方式的优点在于速度快，收款人可以迅速收到货款。随着现代通信技术的发展，银行与银行之间使用电传直接通信，快速准确。电汇是目前使用较多的一种汇款方式，但其费用较高
2	信汇	信汇是汇出行应汇款人的申请，用航空信函的形式，指示出口国汇入行解付一定金额的款项给收款人的汇款方式。信汇方式的优点是费用较低廉，但收款人收到汇款的时间较晚
3	票汇	票汇是指汇出行应汇款人的申请，代汇款人开立以其分行或代理行为解付行的银行即期汇票，支付一定金额给收款人的汇款方式。票汇与电汇、信汇的不同之处在于，票汇的汇入行无须通知收款人取款，而由收款人持汇票登门取款；这种汇票（除有限制流通的规定外）经收款人背书，可以转让流通，而电汇、信汇的收款人则不能将收款权转让

上述三种汇付方式的付款速度和收费标准各不相同。就付款速度而言，电汇最快，信汇次之，票汇最慢，故电汇最受卖方欢迎，成为汇付的主要方式。就收费标准而言，信汇、票汇费用较低，电汇费用较高。

（二）电汇结算业务程序

电汇结算业务程序如图 1–2 所示。

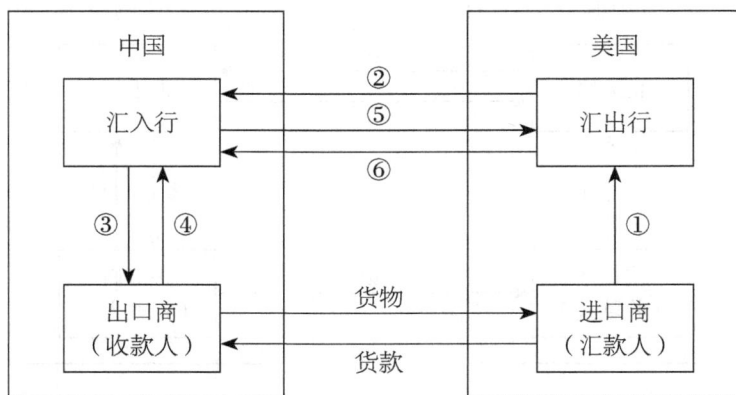

图 1–2　电汇结算业务程序

电汇结算业务程序说明如下。

① 进口商（汇款人）填写电汇申请书，并付款。

② 汇出行用电报或电传（电文中加注"密押"）通知汇入行。

③ 汇入行通知出口商（收款人）。

④ 出口商（收款人）到汇入行取款，并出具收据。

⑤ 汇入行将付讫借记通知（Debit Advice）和收据寄交汇出行。

⑥ 汇出行偿付此项汇款（俗称"拨头寸"）给汇入行。

（三）信汇结算业务程序

信汇与电汇的结算业务程序相同，只是传递申请书与支付通知书的方式不同，信汇是以邮政航空信件方式传递，电汇则采用了电信传递方式。

① 进口商（汇款人）填写信汇申请书，并付款。

② 汇出行用航空信件通知汇入行。

③～⑥ 与电汇相同。

（四）票汇结算业务程序

采用票汇时，汇出行应汇款人的申请，开立以其代理行或其他往来银行为付款人的银行即期汇票，交由汇款人自行寄给收款人，凭票向付款银行取款。票汇结算业务程序如图1-3所示。

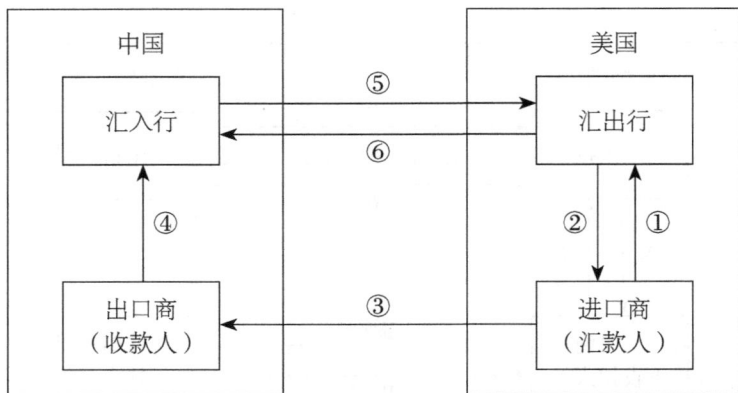

图1-3　票汇结算业务程序

票汇结算业务程序说明。

① 进口商（汇款人）填写票汇申请书，并付款。

② 汇出行开立以汇入行为付款人的银行即期汇票，并交给出口商（收款人）。

③ 进口商（汇款人）将汇票（Bill of Exchange）寄给或出境交给出口商（收款人）。

④ 出口商（收款人）持汇票到汇入行换取票款，或将汇票卖给汇出行的任何一家代理行，也可将汇票转让出去以抵偿债务。

⑤ 汇入行将付讫借记通知（Debit Advice）寄交汇出行。

⑥ 汇出行偿付此项汇款（俗称"拨头寸"）给汇入行。

二、托收

托收是出口商开立汇票，委托银行代收款项，向国外进口商收取货款或劳务款项的一种结算方式。

（一）托收的方式

常用的托收方式有付款交单和承兑交单，具体如表 1–5 所示。

表 1–5　托收方式

序号	方式	具体说明
1	付款交单	即出口商将汇票连同货运单据交给银行托收时，指示银行只有在进口商付清货款时，才能交出货运单据
2	承兑交单	即买方承兑汇票后即可提取货物，待汇票到期时再付货款

（二）托收的结算程序

托收的结算程序如图 1–4 所示。

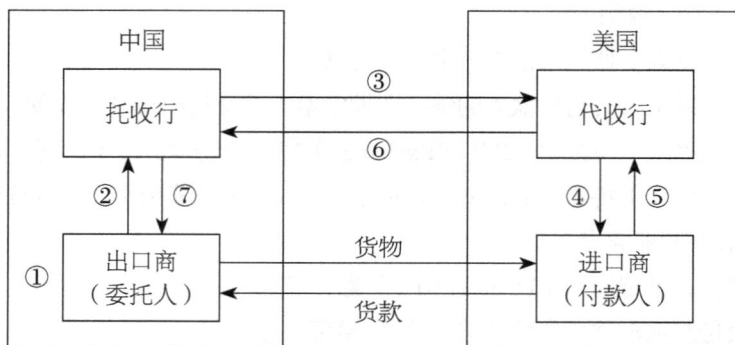

图 1-4　托收的结算程序

托收的结算程序说明如下。

① 出口商（委托人）在货物装船并取得提单后，开具一张以进口商为付款人的即期汇票或远期汇票。

② 出口商（委托人）填写托收申请书，并将汇票、提单、发票和保险单等单据交给托收行。

③ 托收行将托收委托书及出口商（委托人）的单据寄给代收行。

④ 代收行向进口商（付款人）提示汇票，提示（Presentation）即汇票持有人向汇票付款人出示汇票，请求付款或承兑（承诺付款）的行为。

⑤ 进口商（付款人）在审查单据无误后付款交单或承兑交单，具体如图 1-5 所示。

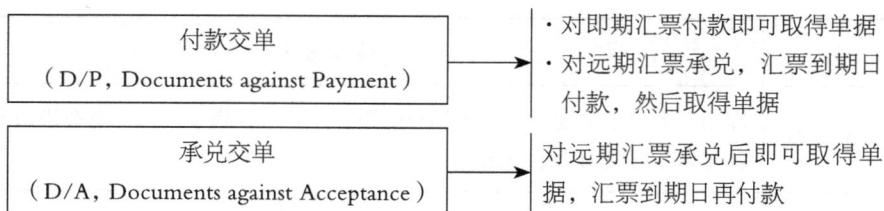

图 1-5　付款交单或承兑交单

⑥ 代收行向托收行发出收妥贷记通知。

⑦ 托收银行将票款记入出口商（委托人）账户。

三、信用证

信用证是指银行根据进口商（买方）的请求，开给出口商（卖方）的一种保证承担支付货款责任的书面证明。银行根据买方的申请书，向卖方开付保证付款的信用证，即只要卖方提交符合信用证要求的证据，银行就保证付款。

（一）信用证的种类

信用证有许多种类，具体如表 1-6 所示。

表 1-6 信用证的种类

序号	类别名	英文名	说明
1	跟单信用证	Documentary Credit	这是指开证行凭跟单汇票或仅凭单据付款的信用证，国际贸易结算中所使用的信用证绝大部分是跟单信用证
2	光票信用证	Clean Credit	这是指开证行仅凭受益人开具的汇票而无须附带单据付款的信用证，它主要用于贸易总公司与各地分公司之间的货款清偿和贸易从属费用与非贸易费用的结算
3	可撤销信用证	Revocable Credit	这是指开证行对所开信用证不必征得受益人同意而有权随时撤销的信用证
4	不可撤销信用证	Irrevocable Credit	这是指信用证一经开出，在有效期内，非经信用证各有关当事人（开证行、保兑行和受益人）的同意，开证行不能片面修改或撤销的信用证。此种信用证在国际贸易中使用最多
5	即期信用证	Sight Payment Credit	这是指开证行或付款行收到符合信用证条款的汇票和单据后，立即履行付款义务的信用证
6	远期信用证	Usance Letter Of Credit	这是指开证行或付款行收到符合信用证的单据时，不立即付款，而是等到汇票到期履行付款义务的信用证
7	承兑信用证	Acceptance Credit	这是指由某一指定银行承兑的信用证，当受益人向指定的银行开具远期汇票并提示时，指定的银行即予承兑，并于汇票到期日付款
8	保兑信用证	Confirmed Letter of Credit	这是指开证银行开出的信用证经另一家银行加以保兑，保证对符合信用证条款规定的单据履行付款义务
9	非保兑信用证	Unconfirmed Letter of Credit	这是指未经另一家银行加具保兑的信用证
10	议付信用证	Negotiation Credit	这是指邀请其他银行买入汇票及／或单据的信用证，即允许受益人向某一指定银行或任何银行交单议付的信用证
11	可转让信用证	Transferable Credit	这是指开证行授权通知行在受益人的要求下，可将信用证的全部或一部分转让给第三者，即第二受益人的信用证。可转让信用证只能转让一次，信用证转让后，即由第二受益人办理交货，但原证的受益人，即第一受益人，仍须负责买卖合同中所约定的卖方责任

（续表）

序号	类别名	英文名	说明
12	循环信用证	Revolving Credit	这是指信用证被全部或部分使用后，其金额又恢复到原金额，可再次使用，直至达到规定的次数或规定的总金额为止
13	预支信用证	Anticipatory Credit	这是指允许受益人在货物出运前先凭光票向议付银行预支部分货款的信用证
14	背对背信用证	Back to Back Credit	这是指受益人要求原证的通知行或其他银行以原证为基础，另开一张内容相似的新信用证。背对背信用证的开立，通常适用于中间商转售他人货物的情况
15	对立信用证	Reciprocal Credit	这是指两张信用证的开证申请人互以对方为受益人而开立的信用证

（二）信用证结算流程

信用证结算流程如图 1-6 所示。

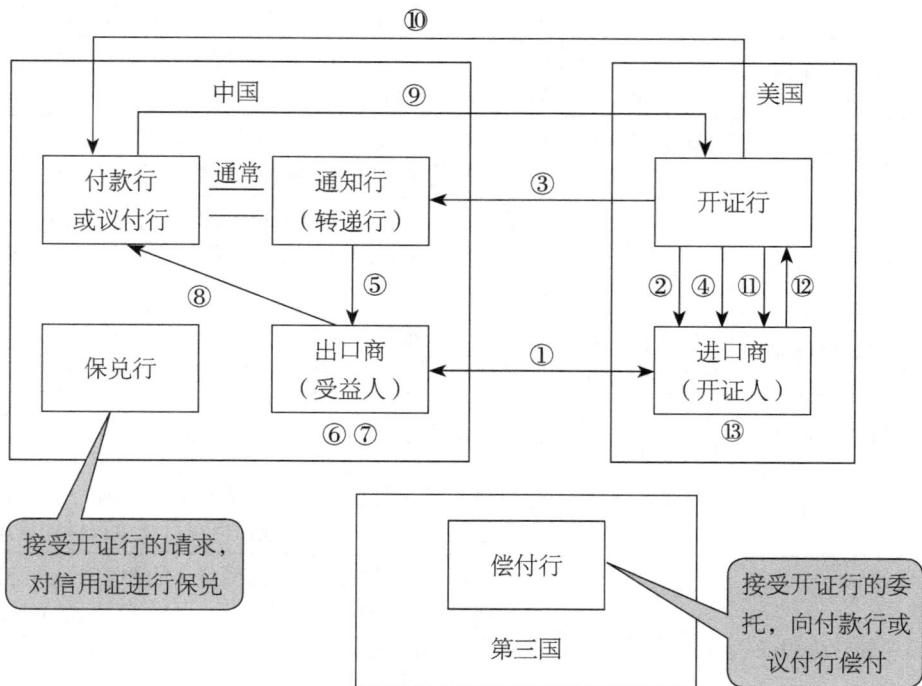

图 1-6　信用证结算流程

信用证结算流程说明如下。

① 贸易双方订立以信用证为支付方式的买卖合同。

② 进口商（开证人）交纳占货款一定比例的押金（往往较少），并填写开证申请书。

③ 开证行开证并将一份正本、若干份副本航寄给通知行（转递行），此谓"信开"；若是将信用证条款用电报或电传传达给通知行，则为"电开"。

④ 开证行将一份信用证副本交给进口商（开证人）。

⑤ 通知或转递信用证。

⑥ 出口商（受益人）审查、修改、接受信用证。

⑦ 出口商（受益人）备货、装船、取得提单。

⑧ 出口商（受益人）持信用证、自己签发的汇票及信用证要求的单据（一般为提单、保险单、商业发票、装箱单、产地证等）向付款行或议付行换取货款（即期付款、远期付款、承兑或议付）。

⑨ 付款行或议付行将单据和索汇证明书寄给开证行。

⑩ 开证行三天内偿付付款行。

⑪ 开证行通知进口商（开证人）。

⑫ 进口商（开证人）审核单据、付款赎单。

⑬ 进口商（开证人）提货。

第六节 外贸业务总体运作流程

一项外贸业务或一个订单，从接单开始，到收汇退税为止，要做的事情包括报价、订货、确定付款方式、备货、包装、报检、报关、装船、提单、交单和结汇，其涉及的部门也非常多。下面以接单、备货出货和制单收款三个阶段为例来说明每个阶段的工作流程。

一、接单工作流程

接单工作流程如图 1-7 所示。

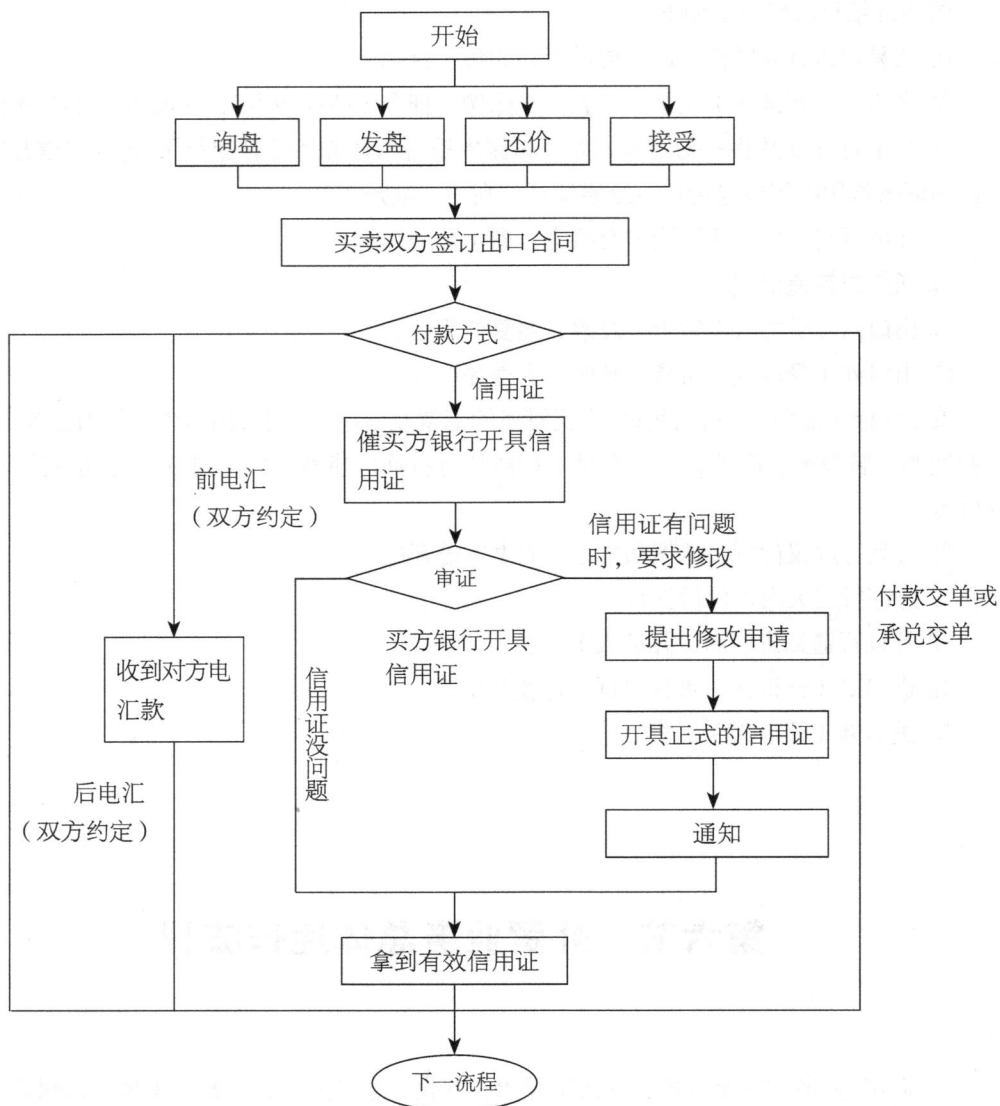

图 1-7　接单工作流程

二、备货出货工作流程

备货出货工作流程如图 1-8 所示。

```
                        ┌─────────────┐
                        │  接上一流程   │
                        └──────┬──────┘
                               ↓
                  ┌──────────────────────┐
                  │ 外贸企业根据合同组织     │
                  │ 采购，或向工厂下订单    │
                  └──────────┬───────────┘
```

```
┌──────────────┐    ┌──────────────┐       ┌──────────────────┐
│ 领取出口收汇    │    │ 包装、刷箱唛   │       │ 填写托运单         │
│ 核销单        │    └──────┬───────┘       │（Shipping Note）  │
└──────────────┘    ┌──────────────────────┐ └────────┬─────────┘
                    │ 1. 商业发票            │          ↓
                    │ 2. 装箱单（Packing List）│  ┌──────────────┐
                    │ 3. 报关单              │  │ 货运代理       │
                    │ 4. 随附合同和信用证副本  │  └──────┬───────┘
                    │ 5. 报检委托书（委托工厂报告）│  订船后，退
                    │ 6. 出口商品检验申请单    │  回托运单的
                    └──────────┬───────────┘  配舱回单
                               ↓              ┌──────────────────┐
                        ┌──────────────┐     │ 填写装货单         │
                        │ 商检局        │     │（Shipping Order） │
                        └──────┬───────┘     └──────────────────┘
                               ↓
                    ┌──────────────────┐
                    │ 获得商检换证凭单    │
                    └──────┬───────────┘
                               ↓
                    ┌──────────────────┐
                    │ 在离境港所在地的商检局 │
                    │ 换取出境货物通关单    │
                    └──────────┬───────────┘
```

报关需提供的单证

```
┌──────────────────────┐    ┌──────────────┐
│ 1. 出口货物报关单        │    │ 报关          │
│ 2. 装箱单              │    └──────┬───────┘
│ 3. 商业发票            │           ↓
│ 4. 各类许可证           │    ┌──────────────────┐
│ 5. 代理报关授权委托协议   │    │ 在海关监管区域内对    │
│   （代理报关时）        │    │ 出口货物进行查验      │
│ 6. 合同（不用商检或电子   │    └──────┬───────────┘
│   换单的商检不需要提供）  │           ↓
│ 7. 海关认为必要时应交验   │    ┌──────────────┐   海关处理的   ┌──────────────────┐
│   的贸易合同、原产地证    │    │ 结关放行       │─── 单据 ───→│ 在装货单或运单      │
│   书和其他有关证明       │    └──────┬───────┘            │ 上加盖放行章       │
└──────────────────────┘   海关加盖放行               └──────────────────┘
                          章的装货单
┌──────────┐              ↓
│ 船运       │    ┌──────────────┐
│ 公司       │    │ 货运代理       │
└──────────┘    └──────┬───────┘
从船运公司取得海运提单         ↓
                    ┌──────────────────┐
                    │ 直接给客户海运提单    │
                    │ 或者给客户分提单     │
                    └──────┬───────────┘
                               ↓
                        ┌──────────────┐
                        │ 下一流程       │
                        └──────────────┘
```

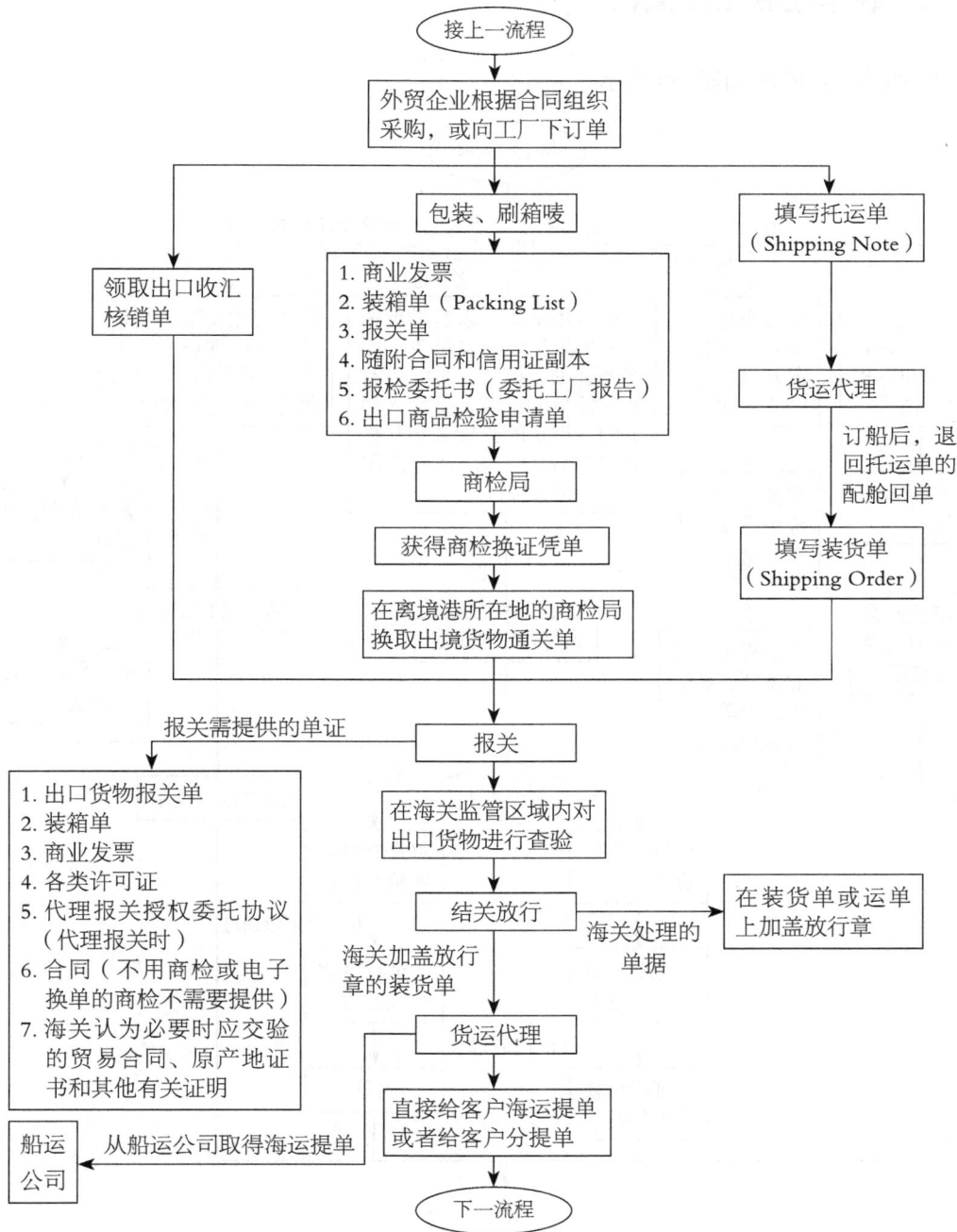

图 1-8　备货出货工作流程

三、制单收款工作流程

制单收款工作流程如图 1-9 所示。

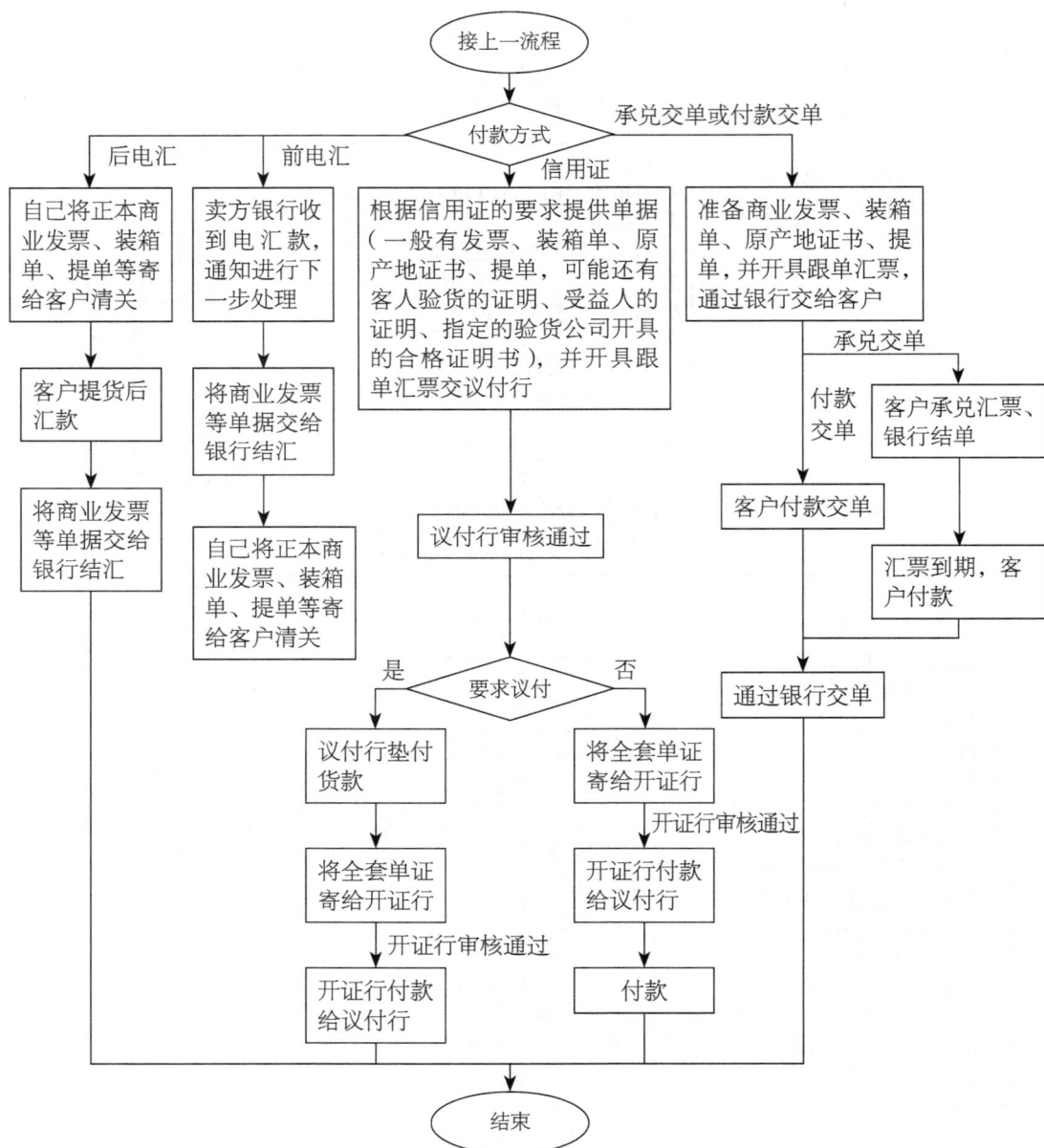

图 1-9 制单收款工作流程

第七节　外贸部业务流程

从接到订单到出货，外贸部与生产部、财务部或外购厂家之间也有一些业务要处理。下面介绍的业务流程来自一家既有自己的工厂，也会外购一些产品来出口的外向型企业，希望有助于外贸新手对外贸部业务流程形成大概的了解。但不同的企业有不同的做法，外贸业务人员在进入企业后，要用心了解业务，而不要完全照搬此处的流程。

下面根据不同的订单情况进行介绍。

一、一般订单业务流程

一般订单业务流程如图 1-10 所示。

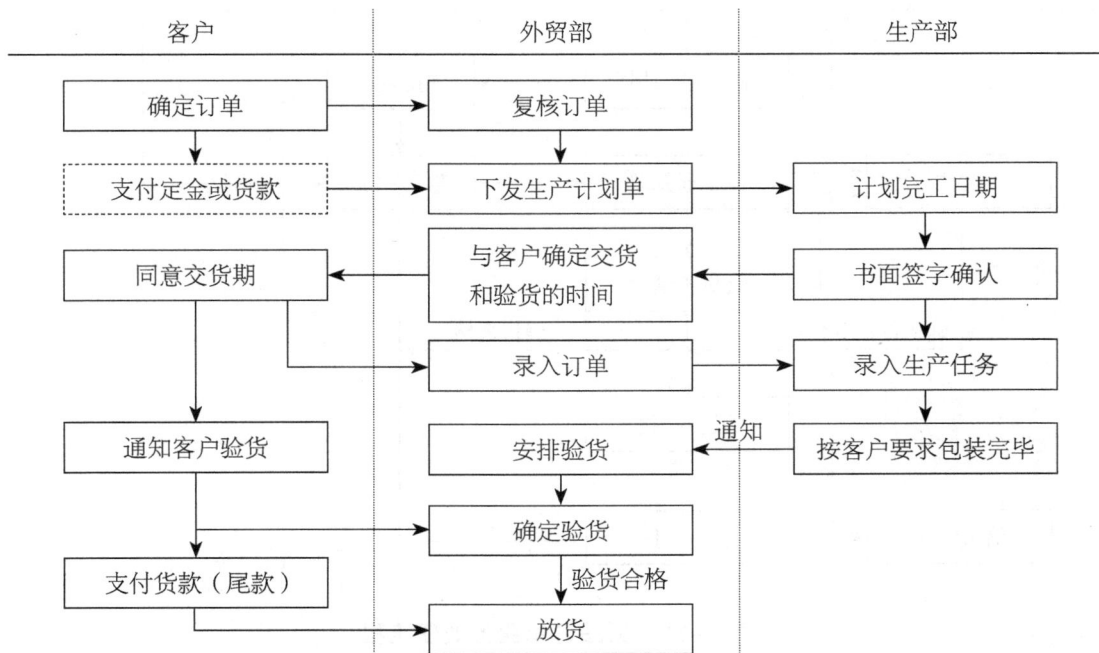

图 1-10　一般订单业务流程

二、新品订单业务处理流程

新品订单业务处理流程如图 1-11 所示。

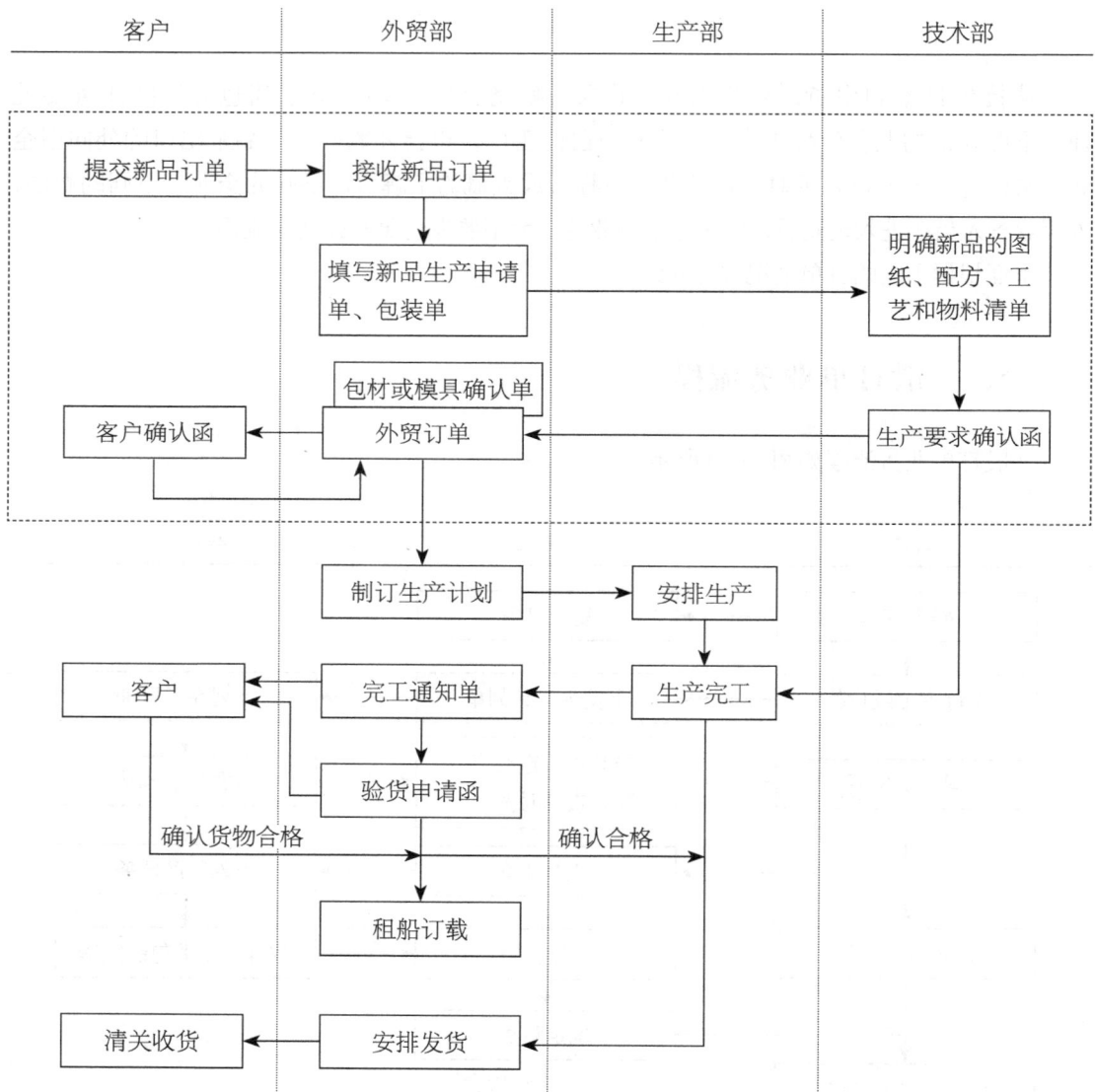

图 1-11　新品订单业务处理流程

三、进料加工业务流程

进料加工业务流程如图 1-12 所示。

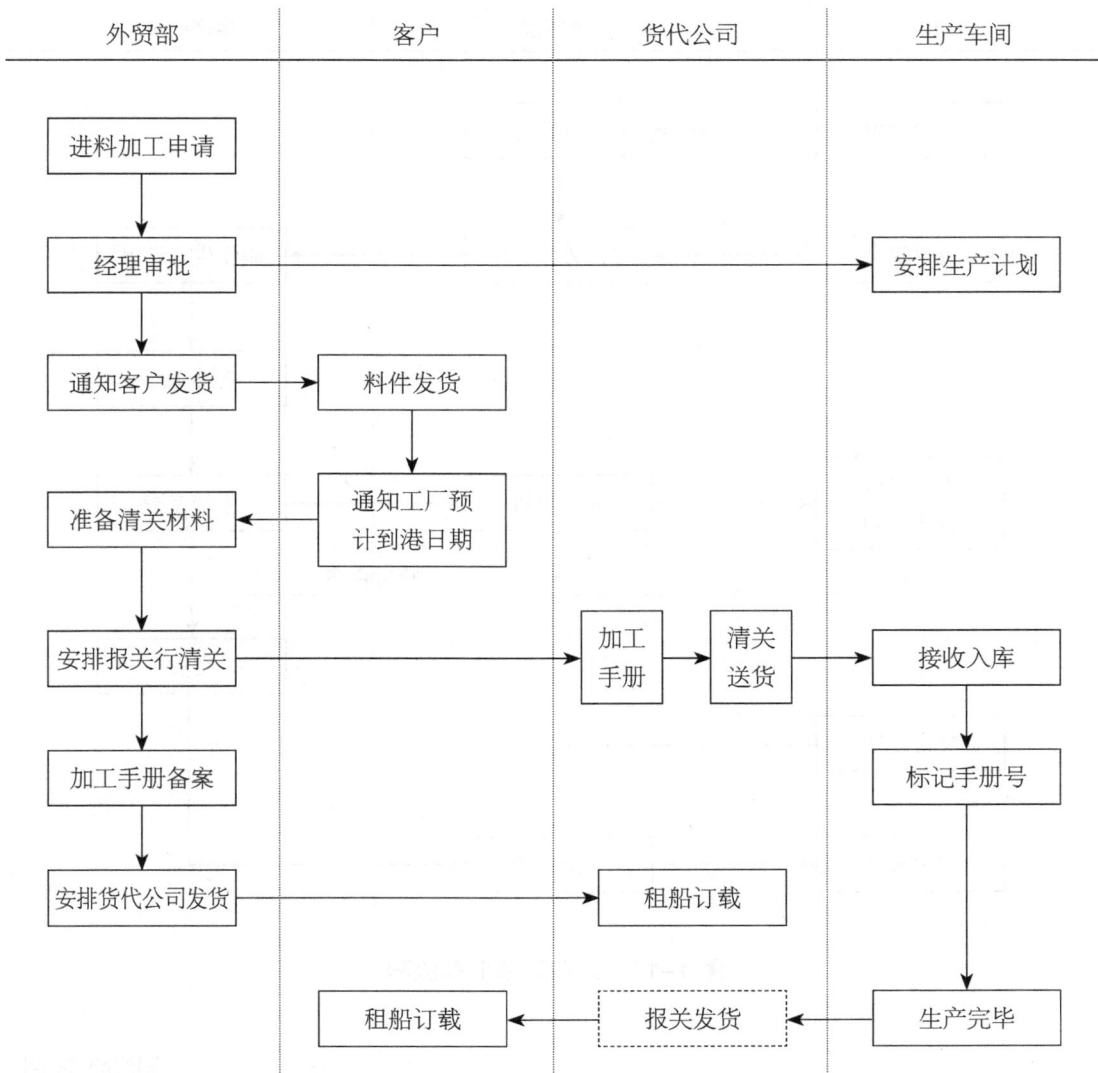

外贸部	客户	货代公司	生产车间

进料加工申请 → 经理审批 → 安排生产计划

经理审批 → 通知客户发货 → 料件发货 → 通知工厂预计到港日期 → 准备清关材料 → 安排报关行清关 → 加工手册 → 清关送货 → 接收入库 → 标记手册号 → 生产完毕

安排报关行清关 → 加工手册备案 → 安排货代公司发货 → 租船订载

生产完毕 → 报关发货 → 租船订载

图 1-12 进料加工业务流程

四、外购订单业务流程

外购订单业务流程如图 1-13 所示。

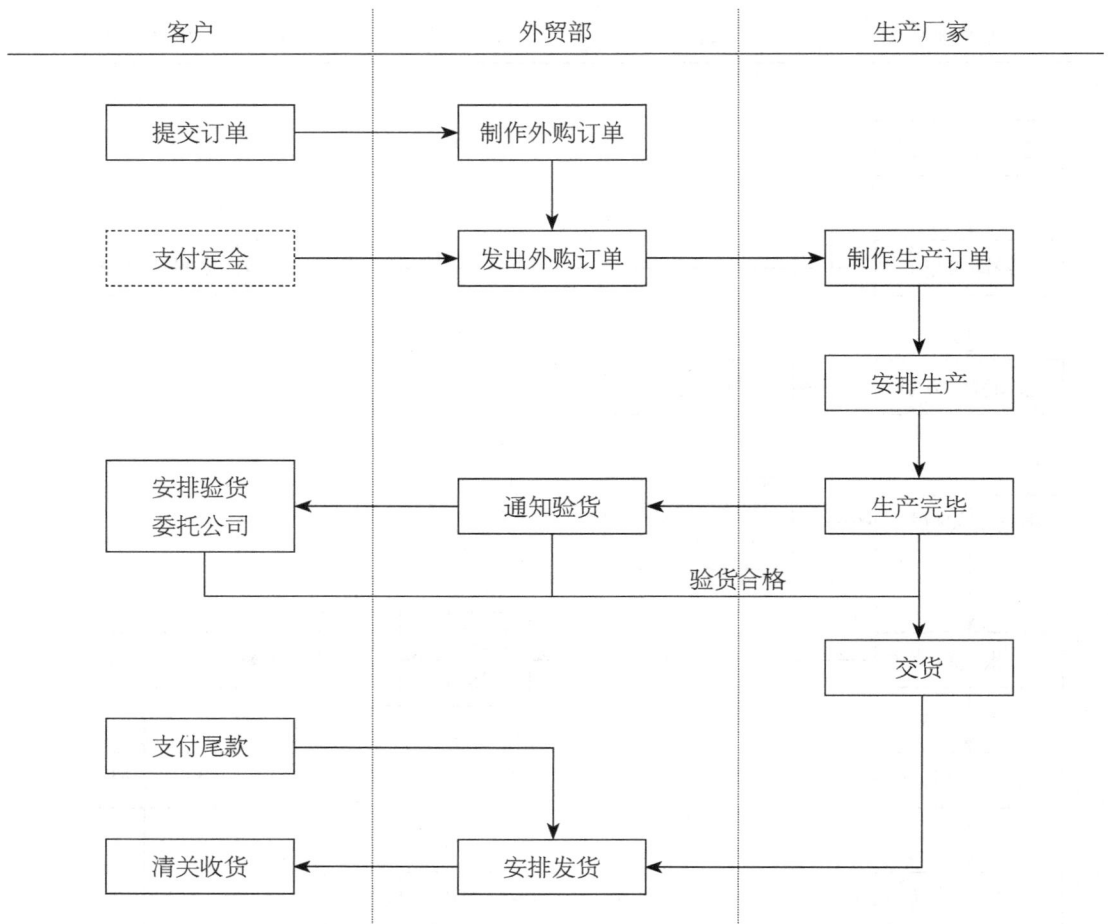

客户	外贸部	生产厂家
提交订单	制作外购订单	
支付定金	发出外购订单	制作生产订单
		安排生产
安排验货委托公司	通知验货	生产完毕
	验货合格	交货
支付尾款		
清关收货	安排发货	

图 1-13　外购订单业务流程

五、退货／返修业务处理流程

退货／返修业务处理流程如图 1-14 所示。

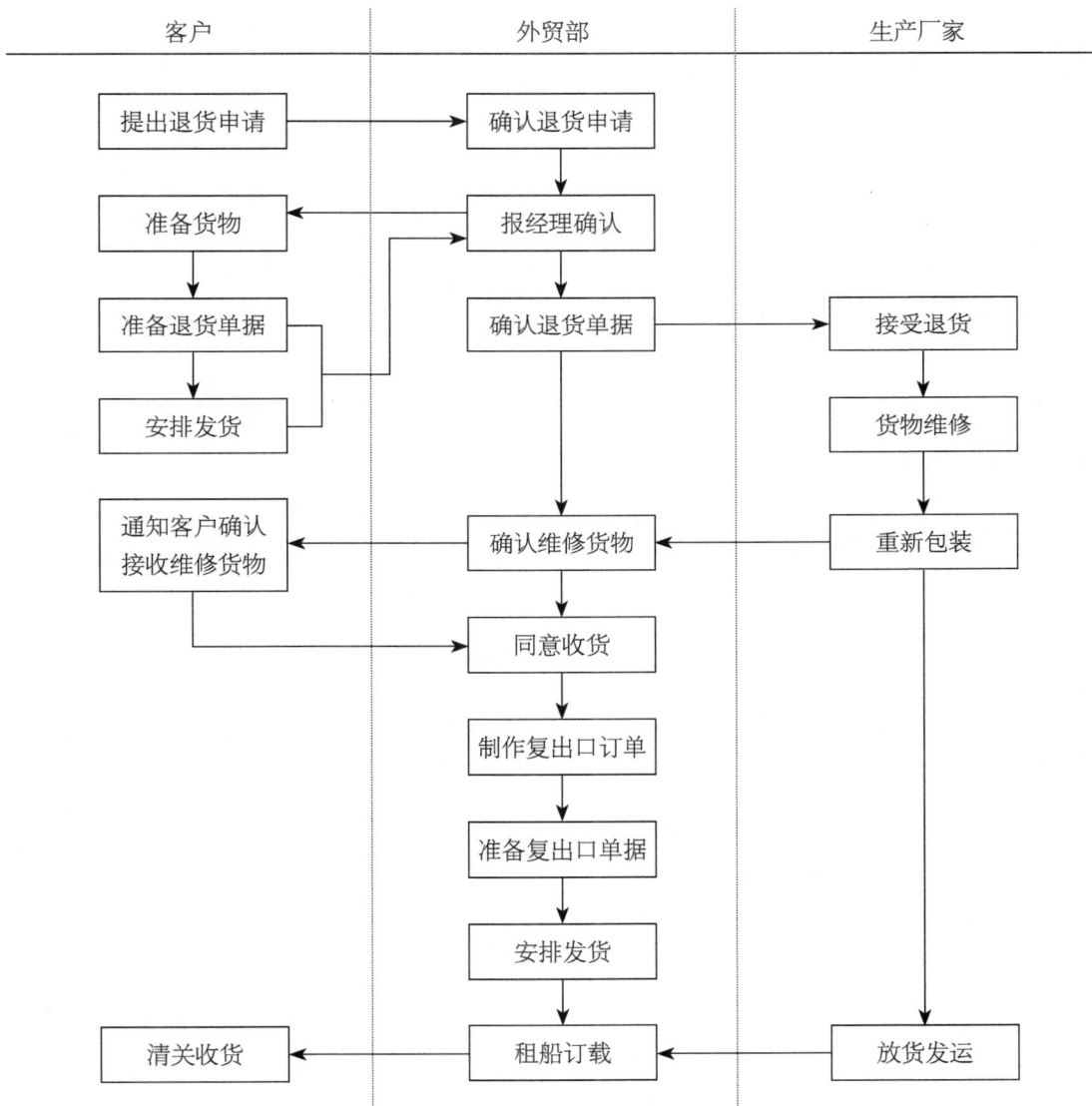

图 1-14　退货／返修业务处理流程

第 二 章

外贸订单确认环节业务跟进

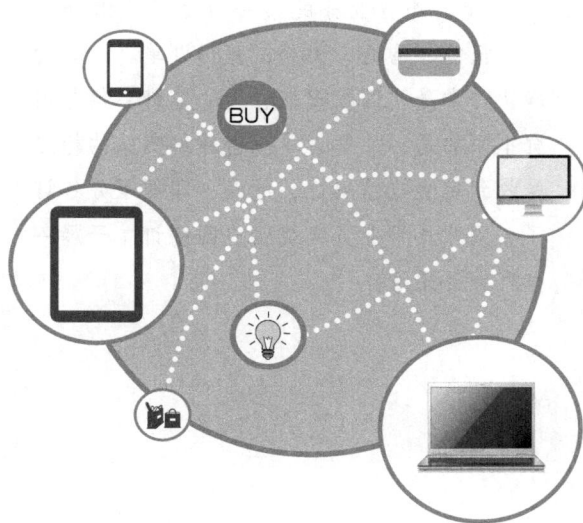

开展外贸业务的第一步是寻找海外客户、报价、沟通、谈判，获得订单。订单的确认通常是指国际贸易合同的签订，但与内贸不同的是，外贸订单获得最终确认的标志是收到定金或信用证，所以，即便双方签订了合同，外贸业务人员仍应围绕订单开展一系列业务跟进。

第一节　寻找客户

一、通过展会寻找客户

通常情况下，参加展会是很多外贸企业前期拓展市场的首选方式。无论是国内展会还是国外展会，都为外贸企业提供了与买家直接面对面沟通的平台，外贸企业可以通过展会了解第一手市场和客户需求信息，同时也可以通过频繁亮相让买家熟识其产品及品牌。

外贸业务人员参加展会寻找客户的工作包括以下内容。

（一）展位上的接待

在参加展会前，外贸业务人员要充分了解展会上的操作步骤。

1. 吸引来宾

外贸业务人员应欢迎并感谢参观企业展位的客户，用微笑、眼神交流及握手等方式营造一种融洽的氛围，以给对方留下好印象；用一些问题，如"谁、什么、哪里、什么时候、为什么、如何"等开头，然后转到企业的产品或服务的特点，以及给对方带来的若干好处等。

2. 评估来宾

这一步主要评估参观者是否真的对参展企业的产品或服务有兴趣。如果参观者对参展企业的产品或服务有兴趣，那么外贸业务人员就应继续了解他们是怎样做出决定的（是谁影响他们来购买企业的产品的）、他们的购买时间和预算等信息。外贸业务人员应注意运用"二八定律"，即用80%的时间倾听参观者说话，用20%的时间谈话，以便发现潜在客户的需求，从而更好地向客户提出自己的方案。

3. 展示产品

通过前两步获得的信息，外贸业务人员就可以针对客户的问题提出解决方案，并向客户演示新生产线或其不了解的新技术。

对商品展会的调查显示，现场演示是使人们记住产品的第三大重要因素（位列展位规模和产品受欢迎程度之后）。诸如舞台化的产品展示、剧场式演出、多人游戏、舞蹈、视频影片及演唱等多种形式的现场演示，都可以吸引大量的观众来到企业的展台前。展销成功的关键就是应用这些有利的促销方式来使企业的展销更加完善，让客户主动了解企业及其产品。那么，如何在展会上获得成功呢？外贸业务人员可以参照以下几种方法。

（1）要清晰明了地选择恰当的演示方式以达成参展目标。

（2）换位思考：如果自己是参观者，会期望参展企业给自己留下哪些深刻的印象。

（3）举办一系列的宣传活动来吸引到访的潜在客户。

（4）从观众那里收集与产品有关的信息。

4. 接待结束

外贸业务人员在和客户谈话时，应将有关信息记录在客户信息卡上，以便展会后采取行动；回答客户的所有问题，并做出相应承诺；将电话号码留给客户，或者送给他们一份价格表；最后要握手道别，感谢他们的光临，如果准备了小礼品，可以一并送给客户；送走客户后，应整理好客户信息卡，准备接待下一位客户。

（二）主动到老客户展台前拜访

外贸业务人员到老客户的展台前拜访时，一定要事先约好时间，因为客户都很忙，展会上的每一分钟都很宝贵。

1. 事先准备

外贸业务人员在拜访客户前，一定要做好谈话内容的准备工作，将谈话内容一条一条写出来，以便在与客户交流时做到心中有底，防止遗漏问题。会场场面一般会比较忙乱，客户会不时被一些事情打扰或打断。此时，如果有预先准备好的交流提纲，就能保证交谈有序进行。

谈什么呢？首先要清楚你的目的是什么，将其一一列出来。对外贸业务人员来说，每次和客户见面都是非常重要的机会，因为与客户面对面地交流时，能准确地判断客户的心理。通常拜访客户的目的包括以下几点。

（1）对合作的总结。

（2）维护客户关系，表示对客户的尊重。

（3）交流彼此的技术、合作的信息及理念。

（4）了解过去合作中存在的问题，明确客户对质量和服务等方面有哪些新的要求。

（5）推荐新产品。

（6）邀请对方到自己的展台参观。这一点很重要，这样能够增加人气；但是，如果展位旁边有很强的竞争对手，就一定要慎重。所以，在熟悉客户的同时，也要熟悉竞争对手。

（7）提供企业的变化和改进方面的信息。

（8）了解客户对企业的建议。

（9）欢迎客户再次亲临企业参观和指导，因为洽谈交易最好在自己的企业进行，这样成功率会更高。

（10）可以向客户介绍一些业内的朋友，如供应商，这样大家可以互通有无，关系自然也就更加紧密。

2. 主动出击

外贸业务人员一定要积极热情，具有良好的心态，不怕被拒绝，有自信，懂专业，常微笑。

（1）拜访的时间。外贸业务人员应提前与客户针对拜访时间做好沟通与确认，不贸然到访，特别是欧美客户，最好的拜访时间是 10 点前，因为这个时候客户比较有时间。除了参展企业，其他人都是晚一小时进场的，这就给拜访客户提供了很好的机会。

对于重要的客户，要在第一天的 10 点前去拜访，这样万一没见到他，后面还有时间再去拜访。

（2）带齐所有资料，包括谈话资料、产品介绍、生产线的图片及企业环境图片等。另外，要多备几份产品目录，因为可能不停地遇到新老客户，此时都可以送其产品目录，向其发出邀请。

（3）找对人。要找产品经理，因为产品经理负责开发新的产品。如果你去了很多次，产品经理都不理你，可以考虑找其老板沟通，若其老板认可了，他自然会向你引见产品经理。另外，不能当着认识的产品经理的面和其老板谈，这样他会不舒服，会对以后的合作产生影响，毕竟以后的业务是他在跟进，而不是其老板。

📖 案例

有一名资深外贸业务人员遇到过这样一位客户：已经联系两年了，一直都没有什么消息，之前在国内的展会上也见过，但总是匆匆见一面，客户对自己的企业没有多大的印象。该业务人员想了很久也不知道是什么原因，于是在一次海外参展的时候，他第一天就去了客户的展台，但去了很多次产品经理都没有空。第三天一早，他就坐在客户的展台上等，刚开始一个人也没有，过了 10 分钟，来了位老人。外贸业务人员说明了自己的来意，告诉他自己已经来了 17 次，但是他们的生意太好了，而产品经理一直都没停下来过，很辛苦，当时看着他太忙了，没敢打断他，所以一直没机会洽谈。然后该外贸业务人员问道："请问我可以要一张您的名片吗？"对方给了他一张名片，原来这个人是该公司的总裁。

该外贸业务人员请求这位总裁给他 10 分钟的时间来介绍产品，当时展位上也没其他人，所以那位总裁答应了。由于该外贸业务人员的产品资料和企业介绍都准备得很详细，因此沟通十分成功。第二天下午，这位总裁亲自带着产品经理来到了该外贸业务人员的展位。当然，这家公司顺理成章成为他的一位客户，他和该公司产品经理的关系也非常好。

（三）出席展会的外贸业务人员应注意的事项

业务人员在出席展会时，应注意以下几点。

（1）技术信息。业务人员必须对产品的性能、功用、特点和最大卖点等技术信息有一定的了解，但不要求每位业务人员都必须精通。遇到难以回答的问题，最佳的答案是"对不起"，然后直截了当地告诉客户，这些问题属于技术人员管理的范畴，可以在回企业以后给予答复。这样比不懂装懂或在无意识中给了客户错误的信息要好。

（2）仪容和着装。在企业有条件并有充分准备的情况下，应尽量为业务人员提供统一的着装。女士以深色套装、高跟鞋、适度的淡妆为宜；男士穿深色西服并打领带。

（3）标准表情。西方的基本礼节是保持微笑，以及在交谈时注视对方的眼睛。尽管每个外贸人都已经熟知这一点，但真正能做好的并不多。请切记，展会是展示企业形象的重要时机，业务人员的良好素养能给客户留下深刻的印象。

（4）接待等级。合格的业务人员应当在客户将目光停留在本企业产品第三秒时开始其接待服务。对这类客户，可以报以微笑，这样无论对方是否对产品感兴趣，都不会令业务人员自身感到尴尬，同时也能锻炼业务人员的亲和力。但当客户停下来索取资料或提出问题时，业务人员的真正接待任务便开始了。合格的业务人员应当能在短时间内判断出客户感兴趣的产品，以及购买的基本诚意。这些信息可以通过问答或从客户的名片和资料中获取。接待的等级是指当一位客户与你交谈时，"仅站在门口交谈""请到展位内参观""坐下来交谈"分别代表三个不同的程式和客户等级。由于展会现场人员众多，接待时间有限，而且个人交谈时，出于礼节，不能中断交谈去接待另一位客户，因此需要"坐下来交谈"的客户，应至少是业务人员认为较有开发价值的客户。

（5）谈判技巧。在短暂的谈判过程中，业务人员除了应向客户介绍产品、发放资料，还要尽可能多地了解对方的"底细"。业务人员应运用提问的方式获取客户信息，对擅长交谈的客户，也可用倾听的方式取代说教式的推销。业务人员必须详细记录在现场与客户交谈的内容，最简单的方法是准备一个笔记本、订书机，将听到的信息记录下来，之后在信息旁边钉上客户的名片，并写明日期和客户编号。

（6）报价。展会中有相当一部分客户其实是抱着比较价格的态度来的。一般情况下，大企业或国外的参展企业从不会轻易给客户报价，客户对此也是能够理解的。所以，当业务人员根据自己的判断得出该客户没有开发价值时，可以直接告诉他"No price, because in exhibition"（因为是展会，所以没有报价），然后对他说，如果对某件产品感兴趣，可以在展会后用邮件询价。

（7）其他可以让客户加印象分的小技巧。

① 合影留念。对于谈得比较好的客户，可以要求合影留念，并在展会结束后将照片用邮件发给客户。拍摄照片的关键是尽可能拍到企业的产品或标识等显著标志，这样客户将来一看到该照片，便能想起这家企业。

② 小礼物。参展企业可以准备一些印有企业标识和名字的，或者有中国特色的小礼物，如中国结等。当然，这适用于国外展会。此外，必须注意各国的不同风俗。

③ 随身携带格式正规的报价单和合同，如果遇到当场下单的客户，就可以立即签单。

④ 要叫得出老客户的名字，包括从前在展会上遇到过、有过沟通但从未下过单的客户。这类客户极有可能对企业的产品感兴趣，但因为某些原因（如价格或已经有过同类合作者等因素）而没有成为真正的客户。

（8）注意参展时忌讳的一些事项。

业务人员在参加展会时，要注意的忌讳事项如表2-1所示。

表 2-1　参加展会的忌讳事项

序号	忌讳事项	具体说明
1	坐着	在展会期间，除了与客户洽谈商务，业务人员应坚持站立参展。因为展会期间坐在展位上，会给买家与专业观众留下"不想被人打扰"的印象。买家与专业观众产生这种印象后，就会感觉你对潜在客户不够重视与热情，从而影响他们对企业产品及相关服务的选择
2	看书	业务人员在展会期间不应看书或报刊，应充分把握机会引起对方对企业与产品的注意，吸引买家与专业观众停下来对企业与产品进行咨询，并精神饱满地回答有关问题，提升他们的购买信心。展品通常只有2～3秒引人注意的时间，如果业务人员在看书或报刊而不是介绍产品，就会错过使路过的客户关注产品的时机

（续表）

序号	忌讳事项	具体说明
3	在展会上吃喝	展会上应杜绝随意吃喝的现象，因为这种事不关己的表现会使所有的潜在客户对参展企业产生极差的印象，继而影响他们对参展企业的企业文化、管理水平、员工素质及产品质量的评估，导致对企业与产品的不信任
4	打电话	在参展期间，业务人员要注意打电话的方式与时间。不恰当的电话，每一分钟都会相应减少与潜在客户交流的时间，从而直接影响企业在展会上业务目标的实现。在展会上，即便只能找到一位好的潜在客户，也是一种成功。而不恰当地打电话，往往会使你与客户失之交臂。每多打一分钟电话，就会与潜在客户少交谈一分钟
5	见人就发资料	展会上不要见人就发资料。宣传资料也不便宜，更何况企业并不愿意将成本很高的宣传资料白白流失在人海中。怎样才能将价值不菲的信息送到真正有需要的潜在客户手上呢？邮寄便是一种较好的方法。在展会上，你可告诉潜在客户，无意让他带太多的宣传资料，从而加重他的行程负担，并承诺在展会后会按客户要求的方式将资料寄给他。这样做，参展企业可以一举多得：既表明了参展企业的专业性，又可以在展会后继续跟进客户，加深其印象
6	与其他展位的人闲谈	潜在客户看到业务人员在和别人说话，一般不会前来打扰。因此，业务人员应尽量少与参展同伴或邻近展位的人闲谈，应时刻关注路过的潜在客户
7	以貌取人	客户大多会按自己的意愿随意穿着，如牛仔裤、运动衫等，业务人员不要因为客户穿着随意就怠慢客户
8	聚群	如果业务人员与两位以上参展伙伴或其他非潜在客户聚在一起，会让一些参观者产生"那是一个小团体，我还是不要过去打扰了"的想法。因此，业务人员应在展位上营造一种温馨、开放、吸引人的氛围
9	怠慢潜在客户	关注与发现每一位潜在客户是企业参展的重要目标。业务人员应竭力避免怠慢潜在客户的行为，哪怕是几秒钟。显而易见，谁都不喜欢被怠慢。若工作正忙，不妨先与客户打个招呼，或让他加入你们的交谈。若业务人员正在与参展伙伴或隔壁展位的人交谈，这时应立即停止交谈

（四）展会期间如何做好竞争防护

商品展会在为卖家和买家提供面对面沟通交流机会的同时，也给竞争对手提供了打探商业情报的机会。试想，还有什么机会可以大大方方地走进竞争对手的展位，与他们随便交谈，同时可能得到关于其产品介绍的宣传单呢？如果幸运，竞争对手展位上一个未经世事的新手还会热情地介绍你想知道的一切，如关于企业、产品及服务的信息等。

因此，外贸业务人员应该注意这类形式的竞争。若稍加注意，就会发现这些人不但比普通人知道得要多，而且喜欢盘问细节，然后迅速离开。这时候，参展企业的业务人员应多问问题，少说话，减少泄露一些在专利方面有价值信息的机会。如果有人问一些有嫌疑的问题，参展企业的外贸业务人员可以这样回答："你的问题很有意思，不过你能否告诉我了解这个问题对你有什么好处吗？"外贸业务人员要习惯用问问题的方式来回答问题。

外贸企业需要了解竞争对手的内容如表 2-2 所示。

表 2-2 外贸企业需要了解竞争对手的内容

序号	信息的种类	获取对方信息的主要问题
1	主要信息	（1）哪些是企业直接或间接的竞争对手，包括现在市场上的运营商、潜在的市场参与者、替代产品的制造商及替代服务的提供商； （2）哪些竞争对手会对企业构成威胁； （3）竞争对手之间存在哪些主要差别； （4）这些竞争对手的位置如何； （5）竞争对手进入市场有多长时间，在市场上的声誉如何； （6）竞争对手的市场占有率如何； （7）竞争对手进行商业合作的原则是什么，现实中它们是怎么做的； （8）竞争对手在上一年有什么重大收获，这些收获又会带给它们怎样的竞争优势
2	寻找产品或服务信息	（1）竞争对手的产品或服务在市场上的深度和广度如何； （2）竞争对手的产品或服务有什么特色； （3）竞争对手在对新产品或服务的介绍方面表现如何； （4）竞争对手在传送订单方面做得怎么样； （5）竞争对手在生产或购买策略方面有什么样的变化； （6）竞争对手在生产中采用了哪些新原料，是否有成本方面的优势； （7）竞争对手是如何进行成本节余的； （8）谁是竞争对手的原料供应商； （9）竞争对手的产品储存和维护的便利性怎么样； （10）竞争对手在产品质量和服务方面有哪些优势及不足
3	收集销售和营销策略	（1）竞争对手的销售和营销策略如何； （2）竞争对手的销售力量是通过地域化市场还是终端客户组织起来的； （3）谁是竞争对手最大、最重要的客户；

（续表）

序号	信息的种类	获取对方信息的主要问题
3	收集销售和营销策略	（4）哪些客户属于竞争对手而不属于本企业，竞争对手为什么这样成功； （5）哪些客户对竞争对手最不满意，原因何在； （6）为什么客户会转向竞争对手的产品或服务； （7）竞争对手开发了哪些新的产品销售渠道； （8）除了产品展会，竞争对手还采取了哪些方法来推销自己的产品或服务； （9）竞争对手现在推出了哪些产品或服务项目； （10）竞争对手的营销更注重哪些方面； （11）竞争对手的价格策略如何，是商业运作、不盈利、政府调控，还是对外贸易； （12）竞争对手有没有推出其他价格政策，如信用卡制度、打折、促销或委托销售等
4	收集客户信息	（1）客户认为竞争对手的哪些产品或服务最有价值； （2）客户为什么对现在的服务提供商很满意； （3）怎样才能使客户转向其他卖家； （4）客户主要抱怨什么； （5）客户认为哪些企业会领先市场； （6）客户的哪些要求还没有得到满足； （7）决定客户购买的主要因素是什么； （8）行业的变化对客户有什么样的影响

（五）展会期间客户信息的及时分类

1. 参展前的准备

在参展前，外贸业务人员可事先设计一张客户信息卡（见表2-3），并根据需要复制多份。在客户将名片留在展位后，外贸业务人员可在空闲时迅速将客户信息填入客户信息卡；展会结束后，外贸业务人员需认真整理客户信息卡。

表2-3　客户信息卡

展会名称：	展出日期：
客户姓名：	
头衔：	

公司：	
地址：	
国家：　　　　　城市：　　　　　　　　邮编：	
客户感兴趣的产品型号及价格与需求数目是：□目标价格　　□数量　　□其他要求	
需解决／仍存在的问题：	
客户手中的产品／享用的服务：	
采购过程：	
预计采购时间：□立即　　□一个月　　□两个月　　□三个月　　□六个月　　□其他	
意见／备注：	
客户接待代表：	

2. 留下客户的联系方式

外贸业务人员发现对产品感兴趣的客户后，应抓住机会请客户坐下来进行深入交流，给他完整的资料，并设法留下他的联系方式及相关资料。怎么留下客户的联系方式呢？要有技巧，例如，请其留下名片或填写调查问卷，然后赠送其一些小礼品。

3. 将客户分类

在展会中，外贸业务人员可根据谈判中得到的结论把客户分为 A、B、C、D 四个等级。对于等级的标准，不同的企业有不同的分类方法。一般可按如下方法划分。

A：当场下单订购的客户，对新产品感兴趣的老客户，或企业一直在努力开发的客户。

B：目标客户，国际知名企业或采购商，有意向合作的客户。

C：认为有合作可能的客户。

D：获取过企业资料的客户。

（六）展会后对客户的跟进

参展仅是与客户建立关系的第一步。展会结束后，外贸业务人员应趁热打铁，做好跟进工作。

1. 跟进要主动

展会结束后,外贸业务人员应主动与客户联络。因为客户通常都很忙,而且一场展会下来,客户会去很多同行的展位,索要很多样品,展会后也会收到很多同行的邮件。因此,客户一般不会主动联系你。这时候,你就应该主动出击,给客户提供完整的资料和价格,然后跟进,以赢得客户的信任。做业务一定要主动,比如客户一个眼色,你就要做出相应的反应;客户问了价格,你要将详细的参数、尺寸及包装材料等信息一并提供给他;客户要说明书,你要连设计稿和文字一起都给他作参考。如此,客户将会对你形成很好的印象。

2. 跟进要快

在展会上,客户认识的供应商太多,他根本记不住那么多家,所以展会后的跟进工作实在太重要了。外贸业务人员应尽快把在展会上与客户交谈的内容写成总结并发给客户,让客户核对自己的记录,看是否有些地方需要补充,以免遗漏,下了订单的催正式订单,没下订单的引导下样品单或订单,总之要快。

外贸业务人员不要觉得自己催客户很多次客户会烦,这是应该做的工作,而且所发的邮件客户也未必能看到。即使客户回复说不要再发邮件给他了,业务人员也要问清楚原因。

如果发邮件没有效果,就不要再发邮件了,直接打电话,而且打了电话也要想办法跟进,因为不止一个人给他打电话。商场是场没有硝烟的战场,其他同行也在打电话跟进。

在给客户的联络邮件中,应注意以下问题。

（1）邮件内容不要过长,客户的时间很宝贵,一般看完一封邮件的时间不会超过 5 秒,特别是以英语为母语的国家的客户。

（2）邮件不能没有主题,而类似"我们需要合作"这样的主题也不会引起客户的注意。

（3）不要长篇大论地介绍你的企业。

（4）不要炫耀你的英文水平。

（5）不要问一些毫无意义的问题。

3. 四类展会客户的跟进及邮件模板

接待客户时,业务人员应根据客户的兴趣程度,将客户分成机会客户、感兴趣客户、了解信息的客户、"路人"客户。对于不同的客户,业务人员应在展会后采取不同的策略进行跟进。

（1）机会客户

这类客户具有合作意向,他们还没有确定要购买,只是决定了购买什么规格、数量。对于这类客户,业务人员在跟进时要把客户的注意力放在规格的选择上,追问客户的需求细节,通过关注具体的细节,吸引客户的注意,推动客户产生购买意愿。

只要客户一直跟你联系，你就会与客户越来越熟悉。客户给你的信息越多，同样的信息，他再给其他人解释一遍的成本就越高。如果客户感觉你比较可靠，值得信任，他们跟别人再解释一遍的意愿就会降低。

在竞争方面，要重点解决"你为何要跟我买"的问题。价格是一个重要的方面，如果价格比竞争对手高，要主动说明价格高的原因，产品好在什么地方。但价格和质量都不是最关键的地方。客户觉得你是否值得信赖是最关键的。因为无论是老板还是职业采购人员，都不想冒太大的风险。以下为跟进机会客户时的邮件模板，仅供参考。

Dear Peter,

It is very nice to talk with you on Canton Fair.

As per your request, I am sending you the detailed specification for ×××model. FYI, we use high-quality imported material with zero lead for this model. It is very popular in European market, as consumers are more demanding for green products.

（从细节入手，给客户提供充足的信息，同时暗示你的产品是好的，为何价格会比较高。即便不直说，客户也清楚了。）

Can you tell me how many pieces do you need for this model? And what is your requirement for the package?

（通过提问，将客户的注意力放在能够向前推进的细节上。只要客户一点一点地给你提供构成一份完整订单的详细信息，你就在向订单一步步迈进。）

Best regards,

Kate

对于机会客户，业务人员要针对客户的需求认真分析，认真编写邮件。这类客户数量很少，只有总客户数量的10%～20%，却值得你花80%～90%的时间予以跟进。因为你的订单可能多数是从这类客户中获得的。

（2）感兴趣客户

感兴趣客户是指对你的产品很感兴趣，但还没有下定决心要购买的客户。这类客户为何没有下定决心购买呢？或者是因为他们需要进一步了解市场，或者目前有位不错的合作对象但不甚满意，同时要结束合作关系，又担心新供应商有风险。

对于这类客户，业务人员的工作重点是要推动他们做决定，而不是强调为何他们要同自己合作，因为他们还没有做好决定。只有做了决定，他们才会考虑同谁合作的问题。这类客户又分为以下两类。

① 需要调研市场型

这类客户对市场不了解，对产品能否畅销有顾虑，因此业务人员可以通过介绍成功的案例帮助客户树立信心，同时要有耐心和展示自信，甚至给客户一个特殊的政策，让客户去试销。以下为跟进这类客户时的邮件模板，仅供参考。

Dear Peter,

It is a great pleasure to talk with you on Canton Fair, and know your interests in our ××× products.

After the fair, I collected a few more information on our sales, which might be helpful for you. FYI, for this model, our sales in ××× country（需要同客户接近的市场）is ×××. Our customers said that the market specially like the ××× feature of ×××(products).

I am very confident that you can sell ××× very well in your market. Anything I can do to help you to research or test the market, please just tell me.

Best regards,

Kate

② 对现有供应商不死心

对于这类客户，业务人员的重点是挖掘客户现有供应商的弱点，让客户意识到一个不好的供应商对他生意的危害之大。注意，千万别直接攻击竞争对手，客户不会喜欢这样做。应攻击竞争对手产品的弱点，而不是竞争对手本身。例如，你知道竞争对手产品的质量不稳定，但不要跟客户说 ×× 公司产品的质量不稳定，而是要问："您的供应商所提供的产品质量稳定吗？如果产品质量不稳定，会给您带来什么后果呢？"

当然，有的客户会告诉你现有的供应商有问题，更多的客户不会告诉你，他们觉得告诉你了，会在谈判时处于不利地位。当客户不告诉你时，你就要通过旁敲侧击自己揣摩了。以下为跟进这类客户时的邮件模板，仅供参考。

Dear Peter,

Thanks a lot for visiting us during Canton Fair.

Behind every successful distributor, there is a capable and reliable supplier.

As a capable and reliable producing supplier for ×××, ×××（知名大客户），we hope to be the one that stand behind, and give you firm support.

Can you give us a chance?

Best regards,

Kate

（3）了解信息的客户

这类客户往往对于某件产品还不甚了解，只是随便问问，了解一下信息。当客户直接问价格时，有的业务人员会误认为问价格的客户一定兴趣很大。其实，有相当部分的客户问价只是为了随口了解一下，他们甚至还没有到认真考虑销售这件产品的程度，更不用说合作了。

对于这类客户，业务人员可以把他们放在一个小组里，然后发一封模板邮件来进行跟踪。具体如下所示。

Dear Peter,

Very pleased to talk with you on Canton Fair.

To let you have more information about our product ×××, I attach our brochure for your reference.

Very briefly, this products target high-end market with better distribution profit margin. Consumers love it for its features:

(1) ...

(2) ...

(3) ...

If you have high-end customers, this is a very good opportunity worthy to investigate further.

Best regards,

Kate

对于这类客户，业务人员应将重点放在帮助他们了解产品的来龙去脉、产品的卖点及市场机会等方面，以触动客户去深入调研这件产品，进而下决心购买。

（4）"路人"客户

有些客户并非经营同类产品，也没有销售渠道，只是出于好奇到展位上交换了名片，甚至是过来推销产品的。对于这类客户，不需要在他们身上花费精力和时间。

二、通过 B2B 网站寻找客户

要拓展国际市场，外贸业务人员一定要在国际上一些大型的电子商务平台上注册，以发布产品和供求信息。这既是推广产品的过程，又是推广企业网站的过程。B2B（Business to Business）是指进行电子商务交易的供需双方都是商家，使用互联网技术或各种商务网络、网站完成商务交易的过程。电子商务是现代 B2B 市场中的一种主要的表现形式。

（一）选择 B2B 网站的方法

企业可以通过表 2-4 所示的方法迅速找到所需要的 B2B 网站。

表 2-4　选择 B2B 网站的方法

序号	方法类别	具体说明
1	看知名度	各种媒体、各大网址导航站上重复出现的都是一些知名度比较高的外贸 B2B 网站
2	查询买家数量	企业在 B2B 网站上可以查询买家刊登的询盘。用所在行业的关键词查看网站上买家询盘数量和发布的时间，对比一下其他网站，就会对一个网站有基本的评估，知道自己的产品适不适合在这个网站上销售
3	查看论坛讨论情况	国内有几个外贸业务人员聚集的论坛，上面会经常讨论和 B2B 网站相关的内容，评价各个网站的优劣势，如"贸易人""福步论坛""合众外贸论坛"等都是很好的外贸论坛
4	到搜索引擎上搜索	如果企业是做"TV"（电视）业务的，试着用"Wholesale TV"作为关键词到搜索引擎上搜索一下，一般第一个外贸 B2B 网站效果就应该还不错
5	B2B 网站有效应	在选择某个网站前，企业应先在该网站查询自己产品所在行业的关键词，看是不是有很多会员和相关产品。如果网站上的供应商过多，又不能保证自己排在前面，那么这样的网站就没有效果
6	二八法则	网上流传着很多如"1 000 个 B2B 站"的帖子，看上去，如果到这 1 000 个网站发布广告，你就"天下无敌"了，但大部分网站对你来说都是无效的，不如抓住几个主流的 B2B 网站，集中精力去经营

（二）运用 B2B 网站推广业务的步骤

1.注册

外贸业务人员在基本了解 B2B 网站的访问量和免费会员的权限后，接下来就是注册。企业注册要准备的相关资料一般包括以下几项。

（1）企业介绍（如企业成立时间、年产量、年销售额、出口额、员工数量及企业负责人等）。

（2）产品概述。

（3）单个主推产品的详细描述。

（4）企业地址、电话、传真、邮箱和网站等信息。

2. 发布产品信息

外贸业务人员在 B2B 网站上完成注册，并准备好产品描述材料、技术资料、认证信息、价格及图片等后，就可以发布产品信息了。产品信息的内容与发布要求如表 2-5 所示。

表 2-5　产品信息的内容与发布要求

序号	内容	发布要求
1	产品名称	产品名称是供应产品的核心。表述清晰且包含产品关键信息的标题能够让用户更容易地了解产品，从而引起采购商更多的兴趣。企业要想发布高质量的信息，就必须做到以下几个方面： （1）一个信息标题只描述一种产品，不要将多个产品信息放在同一个标题中； （2）信息标题包含与产品相关的关键字； （3）信息标题中增加与产品相关的描述性词语，丰富标题内容，突出产品卖点
2	产品目录	产品目录要选择正确。企业在发布产品时，要按照类目结构、产品用途选择产品所对应的类目。如果归类错误，将导致企业的产品不能在相应的产品目录中显示
3	自定义产品类别	产品不应该与产品类别名称相脱离，例如，不可将"曝气器"产品放到"蜂窝填料"这个类别下。完整、正确的自定义类别能够让采购商在第一时间更全面地了解产品，同时有助于搜索引擎抓取类别页面
4	产品图片	上传产品清晰的实拍大图，帮助买家第一时间直观地了解产品细节。上传的产品图片既会显示在供应信息的搜索结果列表中，也会显示在该条信息的详情页面中： （1）上传图片的大小不能超过 100kB； （2）图片文件名不要包含标点符号，也不要过长，图片必须是 jpg、jpeg 或 gif 格式； （3）点击上传图片按钮后，网站提供自动加水印的功能； （4）如果对目前图片的效果不满意或需要转换图片格式，可使用其他专业图片处理工具处理后再上传
5	产品简介	产品简介是对产品详细介绍的浓缩及摘要。产品简介添加得越好，搜索引擎排名越靠前

（续表）

序号	内容	发布要求
6	产品详细介绍	（1）产品的详细介绍包括产品细节图、性能、材料、参数表、型号、用途、包装、使用说明及售后服务等方面，应图文并茂，能够突出企业产品的优势和特点。它是采购商进行下单交易决策的重要组成部分。 （2）产品详细介绍可能存在不同的介绍方式及侧重点，如着重填写全面的产品介绍，参数表格，技术文档，售前、售后服务，退换货问题等。建议上传部分产品细节图、产品参数表格、包装、后期服务、运输及企业加工能力等的说明

> 　　不同的网站可以免费发布的产品数量不一样，外贸业务人员需要根据网站的具体情况选重点、分主次。需要注意的是，只要网站有上传图片的功能，企业就要充分利用，以便给企业加分。

3. 搜索了解网站的信息

先搜索了解网站信息有明显的好处，外贸业务人员可以很快知道会员和非会员的权限，以及免费和交费的区别。在搜索时，外贸业务人员可能马上可以看到一长串的供求信息；也有可能被告知无权搜索。前者是企业最想要的结果，可以据此收集宝贵的客户信息。对于被告知无权搜索，可能有两个结果：必须注册才可搜索，或交费才可以搜索。

每个网站的搜索页面都不同，一般都在首页，也有些是在 Offerboard（商情板）页面或 Bizopportunity（商业机会）页面。由于各个网站的风格不同，如果在首页没有找到搜索页面，就多点击几个页面，搜索页面通常最多就在二级页面上。

> 　　外贸业务人员利用搜索得到的信息可以了解这个网站的访问量和信息量。外贸业务人员的目标不仅是寻找信息量大的网站，最重要的是这些信息要适合企业的产品。有些网站每天都有成千上万条求购信息，让人看了心花怒放，但是键入企业的产品搜索求购信息后可能发现，当天、一周内、一个月内甚至半年内，搜索出的结果都是0。

4. 发布信息

发布信息也就是发布商情。

（1）注意掌握更新的周期

很多网站都有发布信息的功能，外贸业务人员在发布信息时要注意掌握更新的周期，具体可以参考图 2-1 所示的几个因素。

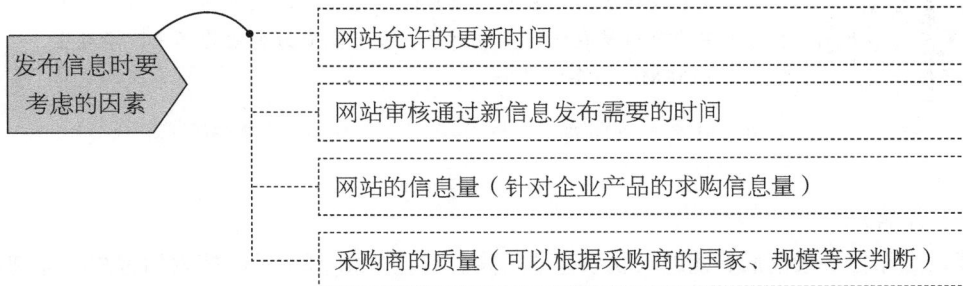

图 2-1　发布信息时要考虑的因素

外贸业务人员可以根据图 2-1 中的要素来判断并记录网站关于发布信息的更新时间和更新周期。

（2）关键词的设定

关键词就是客户在搜索供货商时需要键入的产品名称或其他信息，当这些信息与外贸业务人员设定的关键词一致或包含企业的关键词时，外贸业务人员发布的信息就会出现在搜索结果里。关键词的设定，最好和发布信息的主题一致。同时，应该写产品名称而不是型号，除非企业产品的知名度相当高。

> 对于关键词的设定，B2B 网站一般允许最少设定 1 个。在设定时，企业应按由小到大的顺序排列，如花式纱线、纱线、纺织品……因为从习惯来看，一般人都遵循从具体到宽泛的顺序进行搜索。

5. 搜索和收集买家的资料

这里所说的搜索和网站搜索有所不同。网站搜索属于试探性搜索，而这里所说的搜索是需要记录详细信息的。在搜索过程中，外贸业务人员应注意几个因素：第一个因素是关键词，与信息发布一样，搜索的范围也应该从小到大，这样既能提高匹配性，也能节省时间；第二个因素是选择搜索的类别，外贸业务人员要找的是买家；第三个因素是时间，外贸业务人员应从最新的信息开始收集。

> 在搜索过程中，如果关于买家的信息有限，也可以搜索卖家。卖家列表中的公司是企业的竞争对手，也可能成为企业的客户，毕竟自主加工（OEM）业务非常普遍。

6. 联系客户

搜索工作告一段落后，就进入联系客户阶段。有些 B2B 网站可以搜索到客户的详细信息，如电子信箱、传真、电话、网站，对这些信息，外贸业务人员一定要做好记录，并主动联系客户。而有的 B2B 网站不公布客户的联系信息，只能通过网站的平台来发送邮件。有的 B2B 网站会把询价信息都存在企业的账户里，外贸业务人员必须登录才可以看到。为了避免错过客户的询价，外贸业务人员最好看清楚网站的说明，做好记录，并定时打开网站的收件箱。

> 如果觉得某位客户的询价有价值，而在某 B2B 网站没有权限看到这位客户的相关信息，那么外贸业务人员可以在搜索引擎上查找这位客户的信息，或者在其他 B2B 网站上查找这位客户的信息。

（三）运用 B2B 网站推广的技巧

运用 B2B 网站推广是有技巧可循的，具体内容如表 2-6 所示。

表 2-6　运用 B2B 网站推广的技巧

序号	技巧类别	具体说明
1	关键词	在发布产品的时候，B2B 网站大多会提供一个让客户自己添加关键词的地方，因此外贸业务人员要选择精准的关键词

（续表）

序号	技巧类别	具体说明
2	发布和更新信息的时间	外贸业务人员应依据 B2B 网站所针对的区域人群，并结合所要发布的产品信息，自己去研究发布和更新信息的时间。如果信息发布得太早，会被后来的信息所淹没，这样你的产品信息被查询到的机会就会很少，所以，外贸业务人员应在该网站工作人员上班不久后在该平台上发布和更新产品信息
3	排名优化	搜索排名靠前的产品自然容易被发现，进行排名优化最简单的办法是不变更已经发布的商品信息，而是进行重新发布，也可以为产品内容页加入精准的关键词
4	站内广告投放	通常所有 B2B 网站的首页和次级栏目页都有广告位出租
5	内容编写	高质量的图片能吸引客户的注意，详细的产品说明更能让客户熟悉外贸业务人员的产品
6	工具的使用	很多 B2B 网站的功能都很相似，如发布企业介绍、产品介绍及贸易机会等，因此有很多复制、粘贴的重复性操作。这里推荐大家使用 AI RoboForm 工具，它可以存储第一次填写的内容，遇到同类的表单，只要点一下鼠标就能将上次填写的内容一次填写完，非常方便
7	回复要及时	外贸业务人员应明确目标市场的客户大概什么时候在线，并在哪个时段经常登录 B2B 网站，当收到询盘信息时，要在第一时间回复客户的问题，这样通常会带来比较高的成交率

三、通过邮件营销拓展外贸客户

邮件是外贸行业中十分重要的一种沟通方式。目前，外贸电子商务模式主要包括外贸 B2B 模式、自建网站对外及 B2C 跨国在线零售代销模式等，而不管是哪种模式，在对外贸易过程中，外贸业务人员都应该主动使用对方熟悉的沟通方式。其中，欧美客户更习惯使用电子邮件商谈业务、寻找合作机会及确认合作事宜等。而利用邮件进行的营销就叫邮件营销。

（一）寻找客户邮箱的方法

1. 多语言网络营销

多语言网络营销是企业在互联网上利用多种语言，面向不同区域、不同语言国家，开展形象宣传、产品推广和客户沟通的现代市场营销方式。多语言网络营销可以有效覆盖本地区所有英文国家和区域，也能够帮助企业进入非英语国家市场，面对众多使用本地语言的互联网用户，开展直接的市场营销。由于环球市场国家和区域的多样性，国际贸易主要的通用语言有英语、汉语、法语、德语、韩语、日语、俄语、西班牙语及阿拉伯语等。多语言网络营销是成本最低、最快速度进入国际市场的推广手段，与其他获取客户的方式相比，有着明显的优越性。

外贸企业可以请优秀的多语言外贸营销整合服务公司建设多语种网站。

建设多语种网站可以为外贸企业实现图 2-2 所示的三个目的。

目的一 让采购商在家门口就可以找到企业

为满足不同国家和地区的客户的语言习惯和查询方式，外贸企业可以提供多语种营销网站，有针对性地在国际买家的家门口进行推广，开辟外贸市场

目的二 让采购商看懂产品信息

采购的前提是信赖企业及其产品，而很多外贸企业的外语网页问题很多，如产品的专有名词翻译不准确（经常是张冠李戴，让人找不到真正想找的产品），按中文直译过来的内容根本不适合外国人的思考模式，采购商看不懂，也不知道为什么这么说

目的三 让采购商看好企业和企业的产品

在采购商已经看到并对企业产生信赖的基础上，如何让其看好企业和企业的产品，并成为企业的客户呢？关键是把企业的产品说明一同展示给采购商，这样就容易被采购商看好了。了解产品的详细信息是采购商采购产品的基本前提。同时，具有多个语种的营销网站必然会提升企业的品牌形象，加深企业在采购商心目中的印象

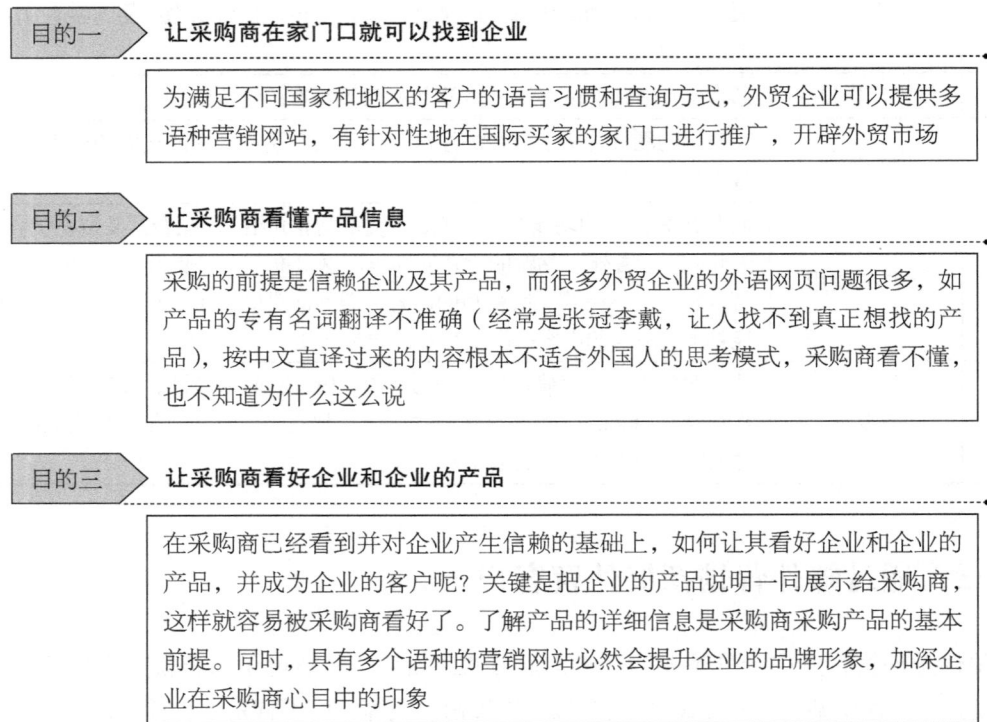

图 2-2　建设多语种网站可以为外贸企业实现三个目的

2. B2B 网站

普通 B2B 网站上的客户虽然不被重视，但还是有必要关注的。外贸业务人员可以查看网站一个月之内发布的相关信息，以寻找供求信息及客户公司的名称，然后到搜索引擎搜索客户公司的网址和邮箱。

3. 黄页

外贸业务人员可以到欧洲黄页网站上寻找客户的邮箱地址，这样做虽然费时，但可以降低退信率。有的客户网站没有邮箱地址，只有一张反馈表格。外贸业务人员可以用下面的方法找到客户的有效邮箱：以 www.xx.com 为例，在搜索引擎中输入"xx 邮箱"进行搜索，就可以看到很多链接，不用打开，将邮箱地址粘贴过来即可。

4. 公司后缀搜索

把每家外国公司的后缀名放到搜索引擎的搜索栏中，然后加上产品名称搜索，如搜索"Co.Ltd rubber sheet"，就会出现很多公司的网址，然后可以通过网址找到邮箱。

（二）如何写好并发送外贸邮件

1. 外贸邮件的撰写要求

外贸邮件的撰写要求包括以下几点。

（1）邮件要规范

撰写外贸邮件最好使用统一的格式，最好有企业的商标，主要产品的图片、类别等，还可以利用外贸管理软件自动设置、修改后再使用。

（2）格式正确、统一，邮件主题合理，拼写无误

所有发给客户的邮件应该采用统一的格式。外贸管理软件可以帮助外贸业务人员设置相应的格式与主题。

① 邮件主题最好包含企业名称等信息，如企业名称为"EXPORT"，行业为"PLASTIC"，这封邮件的内容是给一款产品报价，那么主题可以写"Export Plastic/quotation of item A"。这样做的好处是，既方便客户查阅，又方便自己以后查找发给客户的信息。来往邮件很多的客户，往往要花很多时间去查找以前的报价及其他资料。但是，通过主题查找就会很方便，会节省很多时间。

② 邮件正文两端对齐：对于段落很多的邮件，正文两端对齐会显得很整洁。

③ 第一封邮件的落款最好写上"Mr."或"Ms."，职位写"SALES MANAGER"（销售经理）等。不管你是不是经理，发件人的职位高，就会让客户觉得企业尊重他。

④ 落款要有企业标识及详细的联系资料。

（3）版面要整洁

可以在微软公司出品的邮件管理程序（Microsoft Outlook Express，OE）里将撰写邮件的字体、字号（10～12 号比较好）都设置好，不要出现一会儿大字、一会儿小字的情况；也不要过于花哨，特别是不要全篇都是大写字母，这会增加阅读的难度，让人反感。对于一些需

要特别提醒客户注意的地方，可以用大写、加粗、特殊颜色等突出显示。

（4）拼写无误

在每封邮件发出之前，都应该利用拼写检查工具检查是否拼写无误。

（5）表述准确

邮件要能够准确表达企业的观点，不要让客户产生任何歧义，尽量避免使用有歧义的单词或短语，也应尽量避免使用俚语等。

（6）内容要详细

邮件应给客户提供非常详细的资料，回答其提出的问题，并将没有涉及的问题也整理出来。有时候，外贸业务人员提出的问题会让客户觉得其很细心、很可靠且非常专业。当然，提供详细的资料，并不是说将所有问题都和盘托出，外贸业务人员应该学会在适当的时候谈适当的事情。

（7）有条理

邮件内容要能够让客户清楚地看明白，谈完一件事，再谈另一件事，混在一起会让人产生混乱感。在很多时候，邮件的内容要用"1、2、3、4"等序号标出来，这样客户就能清楚地知道外贸业务人员要说或问什么。

（8）内容呈现方式多样化

邮件的内容呈现方式可以多样化，如配合图示说明、照片说明等。很多事情往往用语言很难说清楚，但借助一张图纸或一幅照片，就会一目了然。

2. 避免发送电子邮件的操作盲区

许多外贸业务人员在寻找有效客户、向目标外贸客户发送电子邮件等一系列的推广过程中，会面临很多操作盲区，主要如下。

（1）未经收件人许可而发送的电子邮件（垃圾邮件）

在任何情况下，都不要给未经许可的邮箱地址发送电子邮件。这是一种浪费时间及成本的事情，而且这样做的后果，轻则被直接删除邮件，重则遭受投诉，导致网站被封。

（2）使用免费邮箱进行电子邮件营销工作

外贸业务人员不应该将免费邮箱作为发送邮箱，因为这种邮箱通常注册即能获得，在客户看来过于随意，并且安全性不高。外贸业务人员最好使用专有的企业邮箱来运作电子邮件营销，这样做一是能给人以信服的感觉，让别人觉得"这家企业是真实存在的"；二是能提高安全性，在你来我往的邮件中难免涉及客户的秘密信息，而这些信息的安全性在免费邮箱里是无法得到保障的。

（3）电子邮件里没有自我介绍和对客人的称呼

虽然大众赞同电子邮件内容应简洁明了，但是过于简洁以至于对收件人的称呼都被省略的邮件往往会被认为是群发垃圾邮件，从而招致收件人的反感，因为人都会有希望被重视的心理，如果邮件里包含对客户的称呼，那么他们一定会更乐于打开你的推广邮件。而在所发出去的推广邮件里，外贸业务人员一定要表明自己的身份，不能用一些欺骗性的称呼代替外贸业务人员的真实身份。

（4）电子邮件缺乏个性化信息

即使企业的邮件列表都是经过许可的，企业的邮件营销行为也有可能会因为目标不明确而收效甚微。既然已经有了目标客户的电子邮件地址，接下来需要做的就是分析目标客户的喜好，细分目标客户群，通过优化电子邮件内容以定制更符合客户需求的电子邮件。

（5）电子邮件内容缺失或过于复杂

外贸业务人员发出的电子邮件应该内容完整、重点突出。为避免出错而无法打开邮件，最好通过文本的格式添加所想要表达的信息，在初次发送邮件时，不要夹带任何链接和附件，因为很少有人愿意花时间和冒风险下载陌生人发来的附件。另外，外贸业务人员在每次发出电子邮件之前，务必先测试以确保邮件内容完全可以打开，以免错失商机。

（三）如何减少海外邮件退信率

发出的邮件几乎全被退回，是附件有问题，还是网址、关键词错误？其实，减少邮件退信率是有技巧可循的，主要包括提高用户邮件地址资料的准确性，了解邮件列表退信原因，并采取相应对策，对邮件列表进行有效管理等。

（1）尽量避免错误的邮件地址：在加入邮件列表时，重复输入邮件地址，就像注册时确认密码一样。

（2）改进数据登记方法：这一点主要适用于通过电话人工记录用户邮件地址的情形，应对工作人员进行必要的训练。

（3）发送确认信息：企业应在用户确认后，再将其邮件地址加入列表。

（4）鼓励用户更新邮件地址：对于退回的邮件地址，当用户回到网站时，提醒其确认正确的邮件地址，或者对于错误的邮件地址做出修改，请求用户给予更新。

（5）让注册用户方便地更换邮件地址：用户改变邮件地址是很正常的，在改变邮件地址之后，让用户方便地更新自己的注册信息，才会获得更多的信息。

（6）保持列表信息准确：应对邮件列表地址进行分析判断，清除用户名或域名格式无效的邮件。

（7）利用针对邮件地址改变保持联系的专业服务。

（8）尽可能修复失效的邮件地址：当用户的邮件地址失效时，如果在用户的注册资料中有地址等其他联系方式，不妨用其他联系方式与用户取得联系，请其更新邮件地址。

（四）邮件营销常见问题

1. 我回复了客户，为什么客户不理我

出现"我回复了客户，为什么客户不理我"这种问题的原因及解决措施如表 2-7 所示。

表 2-7 "我回复了客户，为什么客户不理我"的原因及解决措施

序号	原因类别	原因解析	解决措施
1	邮件中有病毒	如果客户收到的邮件中带有病毒，并被客户的杀毒软件所查出，那么客户会查看邮件，还是直接删除邮件呢？答案很明显	定时定点对计算机进行彻底查毒，保证自己所发出的邮件不带任何病毒及木马程序
2	客户没有收到邮件	现在国内有很多厂家、外贸企业仍然在用免费的邮箱，甚至是数字邮箱。这类邮箱地址很容易被国外客户的邮件服务器辨别为垃圾邮箱，还没等到客户收到你的回盘信息，客户的服务器已经将你所发送的邮件直接退回或删除了，客户自然不会回复	最好使用企业邮箱，也就是使用自己企业名称为后缀的邮箱。这个邮箱通常是有自己的顶级域名后赠送的，所以要先有自己的顶级域名
3	发送的时间有时差	（1）除了亚洲一部分国家及大洋洲地区国家，绝大部分国家和我国是有时差的，企业即使马上回复了客户，客户也会在其上班的时间才能看到邮件； （2）客户所发的询盘，肯定不会只有一个人回复，而是有许多的供应商争相回复，这样，最早回复的邮件按照邮箱排列的顺序被沉到了最底层	（1）了解客户当地的时差及上班时间，在客户的上班时间给其发送邮件； （2）按照客户的上班时间，在线与客户取得联系
4	客户休假及发邮件的密度	（1）除了及时与客户取得联系，还要了解客户所在地的法定节假日或休息时间，许多国家的客户很遵守作息时间，一旦休息或放假，不会处理公务，因此了解客户的放假时间也是很重要的； （2）发送邮件的密度也非常重要，如果密度过高，每天至少三封，这样很有可能被客户认为是骚扰或垃圾邮箱而将你加入黑名单	（1）最适宜的邮件密度为第1天、第2天、第6天、第13天、第28天、每隔1个月发一封； （2）发送的邮件内容不可重复，标题也要经常更换

（续表）

序号	原因类别	原因解析	解决措施
5	是否有附件	很多外贸业务人员在报价时习惯把企业的报价单或图片直接以附件的形式添加在邮件中，殊不知这样做有可能会被客户忽略或删除，因为一方面 Word 或 Excel 文档容易携带病毒，另一方面点击附件会花费一定的时间，特别是在网速很慢的情况下	如果报价产品的数量不是很多，可以直接写在正文中，图片也可以直接粘贴在正文中，这样既节省了客户打开附件的时间，又一目了然
6	没有打动客户的合作之心	外贸业务人员在交流过程中非常被动，往往忙着回答客户的问题，着急满足客户对报价单的需求，但对客户真实的、潜在的需求与意图并不了解，所以把报价单发给客户后就石沉大海、杳无音信	学习向客户提问，倾听客户的心声，了解客户对供应商规模、国际认证、产品的规格、具体功能及产品改进点等的要求，引导客户的需求。在交流过程中，外贸业务人员不仅要用自己的专业度取得客户的初步认可，还要对客户的专业度有深入的了解，这样在对客户进行产品推荐和报价时才更有针对性，更容易将合作继续推进下去

2. 有些客户联系了几次就没有音信了

出现"有些客户联系了几次就没有音信了"这种问题的原因及解决措施如表 2-8 所示。

表 2-8　　"有些客户联系了几次就没有音信了"的原因及解决措施

序号	原因类别	原因及解决措施
1	客户不信任	也许这些客户曾经受到不道德商人的诈骗，导致他们在和外贸业务人员沟通的时候，如果感觉不对，就不会轻易联系了。在开始与客户联系的时候，把企业的海关备案登记表扫描件发送给客户，让客户相信本企业是正规的企业
2	市场周期	了解产品的市场周期，明确此产品的淡季和旺季，掌握产品的淡旺季，能够帮助外贸业务人员掌握和客户取得联系的时机

（续表）

序号	原因类别	原因及解决措施
3	与其他供应商相比无明显优势与吸引力	如果发现客户是潜在客户，一定要慎重报价。客户会收到很多询盘，如果企业的价格比其他供应商的价格高出太多，那么客户根本就不会考虑
4	邮件表达不清楚	这个主要是针对新的外贸业务人员来说的，邮件不是写小说或抒情文，最主要的是简单、明白，要让客户能看懂邮件想要表达的意思

3. 反馈有好多，可没有我想要的大客户

大客户不常有，能真正遇到大客户的机会并不多，大客户都是外贸业务人员在长期的业务往来中建立和培养起来的。客户在培养工厂，同样，工厂也在培养客户。大客户通常都需要相对较高的产品认证及工厂环境。如果企业没有相关的条件，就很可能被大客户拒绝。但也不要迷信大客户，对大客户的大订单要慎重处理。

4. 和客户一直都有邮件联系，但是客户就是不下单

遇到这种问题，如果是位专业客户，就有可能是正在和其他供应商合作。外贸业务人员要想尽一切办法找到客户的直接联系方式，不能仅用邮件联系，还要使用电话及其他即时通信手段。

四、运用企业网站寻找外贸客户

企业外贸网站推广最首要的工作是制订一份可行的推广计划，企业需要结合自身的实际情况进行需求分析，制订周密的计划，配备专门的人员，这样才能取得成功。

（一）推广企业外贸网站的渠道

1. 通过网络平台留言和评论来推广企业的外贸网站

如果企业外贸网站里的商品是大众化的，那么网络平台将是企业推广网站的最佳渠道。网络平台是私人的东西，外贸业务人员可以尽可能地寻找目标客户的网络平台，给网络平台留言、评论，留下自己的网址，当然不能纯发网址，否则会被删除。这样浏览网络平台的人都有机会看到企业的网站，大大增加了企业网站被点击的机会，也就能给企业带来潜在客户。

2. 通过论坛来推广企业的外贸网站

外贸业务人员可以去一些专业性比较强、人气比较高的国外论坛或国内论坛，积极参与交

流，发布一些有干货的文章，或给予有质量的回帖和评论，偶尔在文章和回帖中引用企业的网站是一种很好的推广方法。这样企业的网站自然就能获得浏览者的关注，当你在论坛的时间越长、发帖越多，你在论坛的资历也就越高，这样你便拥有一些权限，可以将企业的网址设置在签名里，那么每当你发帖一次，或回帖一次，企业的网址就会多显示一次，这增加了企业的网站曝光的机会，也就意味着有更多的潜在客户会发现企业的网站。

3. 利用 B2B 平台大力推广企业的外贸网站

B2B 平台是目前买家比较集中的地方，而这些 B2B 平台的营销推广人员也会想办法对自身平台进行优化、推广，而外贸业务人员只需要在平台上发布企业信息和产品信息即可，这样可以直接让买家有机会看到企业信息和产品信息。

4. 通过电子邮件推广企业的外贸网站

外贸业务人员在向国外用户通过电子邮件推广企业的外贸网站时，要做的就是让企业的邮件不被当作垃圾邮件，也就是外贸业务人员要找对接收对象。正确的接收对象应该是相关产品的直接买家、批发商和零售商。

5. 通过 SEO 推广企业的外贸网站

对网站做 SEO 是很重要的，通过 SEO 可让买家在使用搜索引擎搜索产品和供应商时找到企业，搜索排名越靠前，获得关注和点击的机会就越多。

6. 通过各大网址导航及商业目录推广网站

外贸业务人员要想办法将企业加入国外各大网址导航及商业目录推广网站中，这样能加大企业网站被查询到的范围。如果有人查找相关的产品信息，也能够通过目录找到企业的网站，从而获得客户。

7. 通过社交平台推广企业的外贸网站

这是目前比较流行的营销方式，在这里推荐 Facebook、Twitter、LinkedIn 等平台。在这些平台上聚集了全球各个行业、各个年龄段的用户，外贸业务人员可以借助这些平台分享企业的网站和产品。另外，在交友过程中，外贸业务人员也可以直接获得客户。

（二）网站推广的步骤

一般来说，网站搭建起来之后，初期需要大量的外链建设给网站加分，所以初期的推广主要以建立大量的外链为主，以吸引流量为辅。外贸业务人员应利用免费资源增加搜索引擎对网站信息的收录量。

1. 推广准备阶段（注册为主）

外贸业务人员应研究竞争对手的网站。外贸业务人员可通过 Yahoo Site Explorer 查看竞争对手的推广轨迹，并对各类资源进行整合，加强资源的整理。外贸业务人员可以在 Blog、PR、Article、Bookmark 及 RSS 等网站进行注册。

2. 推广初期工作

推广初期工作主要是指完成网站基本内容、产品框架建设，前期主要以 Web2.0 推广为主，具体内容如表 2-9 所示。

表 2-9　推广初期工作事项

时间点	工作事项
刚上线时期	（1）向国外各中小型搜索引擎提交企业的外贸网站，即使这些搜索引擎的流量并不高也不能忽视； （2）向国外目录黄页网站（Directory 网站）提交企业的外贸网站； （3）在问答网站上推广，在权重较高的问答网站中采用自问自答及回答他人问题的方式宣传企业的外贸网站； （4）在社会书签网站（Bookmarking）上进行推广，在社会书签网站中收藏企业的外贸网站页面及已发布的软文地址。社会书签网站的推广效果还是比较好的，其他几个权重比较高、效果显著的平台包括 Dig、Delicious、Friendfeed.、Facebook 及 Twitter 等； （5）RSS 网站推广，在主流阅读器中注册账户，订阅企业网站内容与其他权重较高的网站
上线 20 天左右	（1）自建博客，并定期发布软文及产品信息文章，添加相应的好友，增加其他用户对自建博客的关注； （2）向国外免费提交文章网站（Articles 网站）提交有关产品使用窍门、使用方法的文章，如可以在 Articlebase、Ezinearticle 等平台上提交文章； （3）每周最少在国外 PR 网站（Press Release）上发布一篇文章，有付费和非付费两种形式，后期可考虑在一些付费的 PR 平台上发布文章

3. 推广中期工作

推广中期工作主要是网站所有人员配备完全，网站运作完全稳定后展开的工作。推广中期工作主要是以多样化为主，具体主要包括如下几个方面。

（1）企业网站内部博客资讯建设：发布新产品信息、促销信息、行业相关信息及相关软文，增加用户互动。这样不仅可以作为网站官方信息的发布平台，也可以增加客户黏性，增加网站访问量，挖掘潜在客户，提升网站 SEO 效果。

（2）优惠或折扣（Coupon/Deal）类网站：定期在部分免费的优惠类网站发布相关信息。要注意的是，优惠类网站多为付费网站。

（3）外部论坛。

第一，定期在外部论坛中发布高质量软文（效果不佳，且容易被封 IP，不建议使用）。

第二，在论坛上留言，修改所有能修改的论坛签名，用可在签名档中带链接的账号在论坛内部回复各类文章，以提高网站访问量。

第三，在相关行业的英文论坛上进行注册，并且回答相关产品、行业内的问题（很耗费时间与人力）。

（4）社交网站推广：以 Facebook 及 Myspace 为重点开展相关的社交网站推广工作；应以我国文化为主导，更新网站信息，提高用户关注度，创建小组，提交具有视觉冲击力的图片等，以增加相关用户对主页的关注度；可相应地发布一些网站资讯。

（5）在图片分享网站做推广：准备具有视觉冲击力的图片，添加网址水印，并在文字说明中灵活添加网站元素，将其发布在各大图片分享网站中。

（6）在百科类网站提交企业网站相关信息。这类网站的搜索权重较高，但是审核非常严格，提交网站比较困难。

（7）在视频网站推广：将网站相关的视频资源在各大视频网站进行发布。

（8）在交易论坛（Marketing Place Forum）上，企业可寻找相关的产品交易论坛或论坛的交易板块，并发布产品信息。真正有效的交易论坛较少，但合适的交易论坛针对性强，目标客户明确，转换效果最佳。

4. 推广后期工作

在推广后期，网站可陆续展开大型的营销推广方式，主要包括以下几点。

（1）联盟（Affiliate）推广：这在国外是一种常见的推广方式，企业网站应有效利用联盟推广方式，充分开发第三方合作伙伴，并进行有效的跟踪。

（2）在国外有名的同行业网站（如比较类网站）中进行推广，比较类网站分为付费和非付费两种，可根据企业的实际情况进行开展。

（3）电子邮件营销：就目前来说，电子邮件营销针对性强、信息攻势猛、效率高、范围大、发展空间大。电子邮件营销是需要持续进行的，企业应开发有效的发送及制作机制，避免触犯垃圾邮件规则，随时监控服务器的运作，提供电子邮件营销效果报表，并不断进行优化，可适当寻求第三方电子邮件营销服务商。

（4）Google AdWords 及 Google AdSense 付费推广是前期推广中必然采取的方法，可以使用该方法增加客户来源，在掌握正确的方法和策略的基础上，用最低的成本获得最高的转换率。

5. 后期维护与效果跟踪

每周定期对搜索引擎的收录情况、各类网站的影响效果进行跟踪与调查；对网站流量分布情况进行分析，用最低的工作量获得最高的成效，不做无用功，以实现网站自然流量的突破。

> 网站推广还是以网站内容为基础的，只有内容建设成熟，才能提高客户黏度，令推广工作获得好的效果。同时，网站的具体外部推广工作应该与网站内部的产品促销活动相辅相成，而不是独立存在。

（三）运用微信二维码来拓展外贸业务

外贸业务人员可以通过微信渠道将品牌、广告信息推送给上亿的微信用户。现在，微信二维码随处可见：网站、商品、促销单页和明信片。

1. 什么是二维码

二维码是一种信息的表现形式，是用某种特定的几何图形按一定规律在平面（二维方向上）分布的黑白相间的图形记录数据符号信息。微信二维码含有特定的数据内容，只能被微信软件扫描和解读。客户只要用手机的摄像头来扫描微信二维码，就可以获得企业的名片、商户信息及折扣信息等。

2. 制作二维码

制作二维码所需资料如下。

（1）微信认证的名称，如上海 ×× 公司、×× 旗舰店。

（2）企业 Logo 图片，可作为头像和二维码中间的图案。

3. 企业如何推广微信二维码

（1）在产品的包装上增加二维码图案：产品在展示和运输的过程中都需要包装，这是为了美观和安全，是必要的。企业可以利用这一点，将二维码附在产品包装上。

（2）在网站上展示：在企业官网醒目的位置上，提醒用户关注企业微信公众号，并暗示用户立即拿出手机扫描二维码。

（3）在名片上加上微信二维码。

扫码观看视频讲解

第二节 外贸接单

开展外贸业务的首要任务是找到海外客户，落实订单。没有订单，就谈不上跟单。外贸业务人员在寻找订单的过程中需要开展大量工作，比如需要知道开发客户的途径，与客户进行书面、电话及网络等方式的业务沟通，回复询盘、报价、给客户寄送样品、接待客户验厂、协助进行产品国际认证等。

这些工作的开展方法是多样化的，有的需要一步一步地并行开展，有的则需要交叉进行。这部分工作需要业务人员有清晰的逻辑、条理性的工作方法及百折不挠的工作态度。这部分工作最能体现外贸业务人员的专业素养与职业精神，同时更是关系到企业各部门工作业绩最关键的环节。

一、写开发信

外贸业务人员通过第一节所述渠道得到潜在客户的联系方式以后，要主动联系客户，以争取贸易机会。外贸业务人员写给客户的第一封信称为开发信。

（一）开发信的写作要求

开发信的写作要求如表 2-10 所示。

表 2-10　开发信的写作要求

序号	要求类别	具体说明
1	简单	开发信的语言一定要简练。如果开发信既冗长又用词深奥，客户可能会没有耐心读完
2	专业	在信中一定要表明自己是一家专业的公司，拥有专业的产品、销售及售后人员。开发信要写得简单，并不是把自己的专业和基本的礼仪也省略，在信的末尾一定要附上自己详细的联系方式，包括姓名、职位、公司名称、电话、传真、电子邮箱、网址和公司地址等信息,给客户留下专业、正规的印象

（续表）

序号	要求类别	具体说明
3	恰当	恰当其实是最不容易的！客户总是希望和精通产品的人打交道，如果在写开发信时就错误百出，客户会认为你不是真正的生产厂家，或者对产品并不熟悉，很可能就"一去不回"。这也是在写开发信前了解客户背景和对客户进行分析的重要性所在。如果对客户一点都不了解，写出来的开发信很可能就会言之无物
4	清晰	一定要充分利用电子邮件传递图片的优势，这样更能说明问题，同时可以降低成本，图文并茂的效果会比单纯的文字描述更好。另外，在发出信件之前，要仔细地检查一遍，看有无拼写或语法错误，避免给客户留下不良印象

（二）开发信的格式

开发信首先要说明获得客户联系方式的途径，以免唐突，如"有幸在 ×× 展会上得到您的名片""经同行介绍""在 ×× 网站上看到您的求购信息"等；接下来，简要介绍自己的情况，包括公司规模、成立时间（国际贸易商青睐成立时间较早的企业，觉得信用度较高）、自身产品特别是主打产品的简介、对双方合作的诚意及联系方式等。

需要注意的是，开发信应言之有物，凸显公司与产品的优势，提高吸引力，但也不宜太过详细，长篇大论。开发信的目的是引起客户的注意和兴趣，吸引客户与你联系。因此，写开发信时要有收有放，有所保留，具体情况待客户与你联系后再详谈。下面是一份开发信的范本，仅供参考。

【范本】开发信

・・

开发信

Dear Mr. Steven Hans,

We got your name and E−mail address from your trade lead on www.×××.com that you are in the market for ball pens. We would like to introduce you our company and products to hope that we may build business cooperation in the future.

We are a factory specializing in the manufacture and export of ball pens for more than six years. We have profuse designs with high quality grade and expressly our prices are very competitive. You are welcome to visit our website http://www.×××.com which includes our company profile, history and something latest designs.

Should any of these items be of interest to you, please let us know. We will be happy to give you detailed information.

As a very active manufacturer, we develop new designs nearly every month. If you have an interest in it, we will be glad to offer details to you.

Best regards,

Dafu Wong

　　外贸业务人员应切记，要自己写开发信，而不要照抄书上或者网上固定的范文。雷同的文字只会让客户反感。况且产品种类不同，开发信的写法也不一样。如果销售的是工艺品、日用消费品或时尚产品等，开发信可以写得轻松活泼一些；而如果销售的是阀门，那么开发信还是写得严谨、专业一些比较好。

（三）开发信写作注意事项

（1）外贸业务人员在写开发信之前，一定要弄清自己的产品是否正是客户所需要的，以及客户的规模是怎样的。要结合自己的产品优势和特点，分析客户情况，确定自己的客户群。

（2）为表达诚意，开发信不宜千篇一律，应该根据客户的规模、国籍不同略做调整，在信件适当的地方自然地提一下客户的公司名字，暗示这封开发信是专门写给该公司的，而不是草率的广告。这些小技巧虽然不起眼，但颇能给客户以好感。

（3）少用主动语态，多用被动语态。尽量用被动语态写邮件，少出现"We""I"这种主语。因为很多外国企业注重客观性，用被动语态来说明或解释事实的情况比较多。

（4）开发信的正文中最好不要带网址和容易被拦截的关键词。随着反垃圾邮件系统的完善，邮件拦截的关键词库已经很庞大了，所以开发信里少用"low price""price""free"等词汇。

相关链接

对外交流中常见的垃圾邮件关键词

在开发信的写作中，有一些英文关键词是常见的垃圾邮件关键词，从邮件中移除这些关键词是一个好的开始。当你开展邮件营销活动时，特别是发送邮件给外国客户时，即使是自己的会员，如果包含这些关键词，也可能会被邮件系统过滤掉，或者不能进入正常收件箱。

关键词列表

首字母	关键词			
a	◆ acne	◆ adipex	◆ adult	◆ advertisement
	◆ advertising	◆ advicer	◆ allergies	◆ amazing new discovery
	◆ ambien	◆ as seen on TV	◆ asthma	◆ auto loan
	◆ auto loans			
b	◆ baccarrat	◆ bachelor	◆ beat stress	◆ be your own boss
	◆ bllogspot	◆ booker	◆ botox	◆ burn fat
	◆ buy now	◆ buy online		
c	◆ call anywhere	◆ came up a winner	◆ career opportunity	◆ career singles
	◆ carisoprodol	◆ casino	◆ casinos	◆ chat room
	◆ cialis	◆ click here	◆ click to play	◆ click to win
	◆ credit card	◆ cwas	◆ cyclen	◆ cycloben−zaprine
d	◆ dating	◆ day−trading	◆ debt free	◆ degree program
	◆ depression	◆ discreet meeting	◆ discreet meetings	◆ discreet ordering
	◆ doctor approved	◆ doctor prescribed		
e	◆ earn a college degree	◆ earn a degree	◆ earn big	◆ earn extra money
	◆ easy money	◆ eliminate your debt	◆ escorts	
f	◆ fast delivery	◆ find someone special	◆ find your match	◆ fioricet
	◆ fire your boss	◆ fountain of youth	◆ free cell phone	◆ free degree
	◆ free diploma	◆ free game	◆ free games	◆ free gas
	◆ free gift	◆ free list	◆ free listing	◆ free minutes

（续表）

首字母	关键词
f	◆ free money ◆ free of debt ◆ free offer ◆ free phone ◆ free reading ◆ free readings ◆ free screen savers ◆ free screensavers ◆ free net-shopping
g	◆ get out of debt ◆ get results ◆ get results now ◆ get rich quick ◆ get your reading ◆ great discounts
h	◆ health products ◆ heartburn ◆ higher income ◆ home owner ◆ home workers ◆ homeworkers ◆ hot deals ◆ housewife ◆ housewives
i	◆ incest ◆ insurance ◆ investment ◆ investor ◆ ionamin
j	◆ job search ◆ join now ◆ just released
l	◆ levitra ◆ loose weight ◆ low interest ◆ low interest rate ◆ low interest rates ◆ low prices
m	◆ macinstruct ◆ mail list ◆ mailing list ◆ make a living ◆ make money ◆ make money at home ◆ matchmaker ◆ matchmaking ◆ medications ◆ meds ◆ meet new singles ◆ meet singles ◆ meet someone special ◆ meridia ◆ million dollars ◆ millions of dollars ◆ more income ◆ morgage ◆ mortgage ◆ muscle relaxants
n	◆ new product
o	◆ oem ◆ oem software ◆ online ◆ online gambling ◆ online-gambling
p	◆ pain relief ◆ paxil ◆ pharmacy ◆ phendimetrazine ◆ photos of singles ◆ phentermine ◆ pheromones ◆ pheromones ◆ prescription ◆ platinum-celebs ◆ poker-chip ◆ poze ◆ protect yourself ◆ privacy assured ◆ product for less ◆ products for less ◆ psychic
q	◆ quit smoking ◆ quit your job
r	◆ recover your losses

（续表）

首字母	关键词			
s	◆ sale	◆ save	◆ scratch and win	◆ scratch off
	◆ scratch-off	◆ searching for you	◆ sell now	◆ sexual health
	◆ sign up	◆ sign up now	◆ signup	◆ sleeping disorders
	◆ slot-machine	◆ soma	◆ stock quotes	◆ stop paying
	◆ substantial income	◆ super deal	◆ super deals	
t	◆ taboo	◆ take a survey	◆ take surveys	◆ tarot
	◆ teen	◆ teenage	◆ teens	◆ tenuate
	◆ tramadol	◆ trim-spa	◆ triple-x	◆ tripple x
	◆ tripplex			
u	◆ ultram	◆ university diploma		
v	◆ venture capitol	◆ viagara	◆ viagra	◆ vioxx
w	◆ web cam	◆ weight reduction	◆ win now	◆ winner confirmation
	◆ winning number	◆ work at home	◆ worry free	◆ worry-free
x	◆ x rated	◆ x x x	◆ xanax	◆ xenical ◆ x-rated
y	◆ you have won	◆ you won	◆ You're a winner	
z	◆ zero percent	◆ zolus		

（四）开发信的发送与跟踪

（1）发送开发信时，最好计算好我国与客户所在地的时差，在客户上班或即将上班的时候发给客户，这样会大大提高客户读到开发信并获得客户回复的概率。

（2）对发过开发信的客户信息，一定要记录、整理；对读取邮件并回复的客户实行重点跟进；对没有回复开发信的客户，要了解客户没有回复的原因。

（3）不仅要发送开发信，还要定期跟踪。如果客户有回复，根据其回复继续跟踪；如果客户没有反馈，则需要外贸业务人员进行思考与分析，是选择放弃还是继续跟踪。如果选择继续跟踪，那么需要保持至少两周一次更换交流内容的跟踪，继续与客户进行持续的邮件交流。

在发出开发信后，不断地跟踪客户也很重要。即使客户现在没有购买意向，但是因为你经常与其交流，客户会对你有很深刻的印象，一旦他有购买同类产品的需求，便会第一时间想到你。就算客户没有意向购买，他也会将你和你的产品推荐给他的朋友。

二、回复客户询盘

（一）接到询盘

接到询盘分为两种情况，具体内容如表 2-11 所示。

表 2-11　接到询盘情况

序号	情况类别	具体说明
1	内容空泛的询盘	外贸业务人员接到询盘时，如果发现询盘是很空泛的内容，应按照以下步骤处理： （1）查看对方的公司：比如查看其网站，了解其经营的产品，对公司背景做调查与分析，了解其经营的方式； （2）让客户提供所需产品的详细信息，并且向客户说明不同规格的产品价格是不一样的，引导客户浏览本公司网站的产品； （3）根据客户选择的产品，详细介绍相关信息，如规格、特点及价格等，让客户确认是否需要
2	内容详细的询盘	如果接到一个内容很详细的询盘，外贸业务人员应按照以下步骤处理： （1）查看对方的背景资料； （2）制作针对性报价单，内容涵盖客户所需产品的详细规格，比客户询盘更详细（没有报价），而且可以将其中一项参数稍做改动（一定不能是最重要的一项），使其与客户所需稍有不同，并用有颜色的字体展示出来； （3）在邮件中跟客户讲清楚本公司提供的产品与其要求稍有不同，如果认为可以，将进一步提供详细信息，通常客户一定会回信

（二）跟踪

一般来说，客户会对内容详细的询盘回复回信，并索取报价。这时，外贸业务人员就应该给客户一份详细的报价了。

三、报价

在国际贸易中，报价就是卖方根据买方的询问，通过对自己产品的成本、利润及市场竞争力等因素的考虑而报出的可行的价格。

（一）报价概述

在外贸业务中，报价有其独特的方式。其英文表述为"Offer"，而在现实生活中，客户多半会用"Quotation"或"Price List"代替。

1. 报价的具体要素

一份正式的外贸报价通常包含以下要素。

（1）价格条件（如 FOB、CIF、CFR 等），这是报价的核心。

（2）产品名称、规格、数量等必备的信息。

（3）有效时间。

由于国际市场变化大，价格常常要随行就市地进行调整。因此，企业必须加上报价的有效时间。此外，规定有效时间还可以起到促使客户早日下单的作用。

这种正式的报价称为实盘（Firm Offer），即价格一经报出，如果客户在报价所规定的有效期内回复接受，出价方就不可再做更改了。

2. 报价的技巧

在进行报价时，一定要中肯、及时。合适的报价是赢得客户订单的关键。做报价也有许多技巧，一些常用的技巧如表 2-12 所示。

表 2-12　产品报价的技巧

序号	报价注意点	实施技巧
1	对自己的产品进行定位	在报价之前，外贸业务人员要了解自己的产品及其价位、主要目标市场及同行价格情况，比如熟悉同行产品的价格，多与工厂技术人员交流，了解产品的每一生产环节的成本，最好多与技术人员沟通和交流，以了解产品价格的变化情况
2	时效性	报价必须及时，如果十天半个月后才报价，客户可能早就找到新的合作方了
3	选择合适的价格术语	价格术语是报价的核心部分，决定了买卖双方的责权、利润的划分。 （1）选择以 FOB 价成交，在运费和保险费波动不稳的市场条件下，于自己有利，但也有许多被动的方面：

序号	报价注意点	实施技巧
3	选择合适的价格术语	① 由于进口商延迟派船，或装船期延迟、船名变更，出口商就会增加仓储等费用的支出，或因迟收货款造成利息损失； ② 货物一旦装船，出口商即使想要在运输途中或目的地转卖货物，或采取其他补救措施，也会颇费周折。 （2）在以 CIP 价出口的条件下，出口商有了更多的灵活性和机动性： ① 只要出口商保证所交运的货物符合合同规定，所交的单据齐全、正确，进口商就必须付款； ② 货物过船舷后，即使在进口商付款时货物遭受损坏或灭失，进口商也不得因货损而拒付货款。 （3）CFR 价格：卖方负责安排运输并支付运费
4	对客户的定位	主要强调做好客户的调查，要结合客户的购买意愿、对产品的熟悉程度等信息有针对性地报价，即"个性报价"
5	引导客户	（1）以"尾巴"吸引客户，主要有两种方式： ① 低价留尾，即价格比较低，却规定一个较大的起订量，此方法一方面可以引起客户的兴趣，另一方面可以为将来的涨价提供依据——订量不够，价格就要高一点； ② 高价留尾，即报高价后，规定一个小的订货量（估计客户不难达到的量），并承诺如果超过此量价格会有折扣。 （2）留住客户后，与客户进行进一步沟通，力争双方互利： ① 如果采取低价，那么应与"订货量大""预付款多""余款要及时安全""交货期长"等条件结合； ② 主动向客户提建议，如寻找替代材料、降低成本等，使客户觉得是在与内行进行交易
6	与老板做好沟通	（1）对于重要的客户，应劝说老板给予其一定的价格优惠，可以采用"由于是大客户，并且是长期买家，因此值得跟进，要想办法先跟对方进行交易"等理由； （2）多与老板交流，探讨根据不同品质要求从工艺上进行替代调整的可能性，并多寻找一些零配件供货渠道，以降低成本

（二）报价前的准备

在报价前，外贸业务人员应做好充分的准备工作，以保证最终的价格合理。

1. 做好前期的市场分析和调研

（1）要认真分析客户的购买意愿，了解他们的真正需求，从而拟出一份有的放矢的报价单。有些客户将价格低作为最重要的因素，那么一开始就报给他接近你的底线的价格，这样赢得订单的可能性就会很大。

（2）做好市场跟踪调研，清楚市场的最新动态。由于市场信息透明度高，市场价格变化更加迅速。因此，企业必须"随行就市"，依据最新的行情报价，这样双方才有成交的可能。

一些正规且比较有实力的外商都在我国设有办事处，对我国的市场行情、市场环境都很熟悉。这就要求外贸业务人员自己也要信息灵通。

2. 做好与客户的沟通

每家企业都有自己的一套报价体系，可是有时候客户会提供报价单，让企业按他们的要求进行报价。所以，外贸业务人员要多与客户进行沟通。

一份完整的报价单除了包括产品图片、货号、货物描述、单价、出货港口、单个产品包装、装箱单及净重等因素，还要记录与客户的沟通内容，具体如表2-13所示。

表2-13　与客户的沟通内容

序号	事项	沟通内容
1	产品的测试	（1）报价前，一定要与客户确认是否含测试费用； （2）产品是否需要做测试，测试费用由谁来承担； （3）如果测试费由企业承担，要问清客户测试费用明细，以及一款产品大致需要多少测试费
2	产品的保险	（1）产品是否需要购买保险； （2）保险费用由谁承担
3	付款方式	付款方式若是信用证××天，如果企业要做折扣，也要将银行利率算在报价成本内
4	产品的包装	（1）这里的包装不是指多少件装一个内箱，然后几个内箱装一个外箱，而是指单个产品的包装； （2）单个产品包装主要有吸组卡（Blister Card）、背卡（Backer Card）（PVC Box）、吊牌（Hang Tag）、条形码贴条（UPC Sticker）及彩盒（Color Box）等形式；

序号	事项	沟通内容
4	产品的包装	（3）对于包装费用，必须明确由谁支付： ① 如果产品包装由客户自己提供，他们有自己的印刷厂，那么报价时就可以减去这部分成本； ② 如果客户要求企业承担产品包装的费用，报价时就应该加上这部分成本
5	进口商关税代码及税率	（1）若客户要求填制产品进口商关税代码，出口方就需要事先查询清楚； （2）企业应写邮件与客户沟通，以填制准确的税率，否则由于实际税率高于预期，而产生的差价就要由自己承担
6	订单量	与客户沟通，了解客户大概的订单量，然后将以上所产生的费用平均到产品成本中

（三）价格核算

企业报价时，通常会使用 FOB、CFR 和 CIF 三种价格。对外报价核算时，应按照以下步骤进行：明确价格构成，确定成本、费用和利润的计算依据，然后将各部分汇总。

1. 价格构成

FOB、CFR 和 CIF 是外贸业务中常用的价格术语，企业的报价也基本以这三种术语为标准。

（1）三种术语各自的基本价格构成

$$FOB价=成本+国内费用+预期利润 \qquad （2-1）$$

$$CFR价=成本+国内费用+出口运费+预期利润 \qquad （2-2）$$

$$CIF价=成本+国内费用+出口运费+出口保险费+预期利润 \qquad （2-3）$$

（2）三种贸易术语价格之间的换算

总公式：$FOB价=CFR价-运费=CIF价×（1-投保加成×保险费率）-运费$ （2-4）

根据总公式，可以将各种术语进行转换，具体如表 2-14 所示。

表 2-14 FOB 价、CFR 价和 CIF 价之间的转换

价格术语	转换价	转换公式
FOB	CFR	CFR ＝ FOB 价 + 运费
	CIF	CIF ＝（FOB 价 + 运费）÷（1- 投保加成 × 保险费率）

（续表）

价格术语	转换价	转换公式
CFR	FOB	FOB ＝ CFR 价 − 运费
	CIF	CIF ＝ CFR 价 ÷（1− 投保加成 × 保险费率）
CIF	FOB	FOB ＝ CIF 价 ×（1− 投保加成 × 保险费率）− 运费
	CFR	CFR ＝ CIF 价 ×（1− 投保加成 × 保险费率）

2. 进行实际价格核算

以下是一个案例，用来说明具体的对外报价核算方式。

案例

背景材料：

A 贸易公司某年收到 B 公司求购 6 000 双牛皮面料、腰高 6 英寸（1 英寸 =2.54 厘米，下同）的女靴 [一个 40 英尺（1 英尺 =0.304 8 米，下同）的集装箱] 的询盘，经了解，每双女靴的进货成本为人民币 90 元（含增值税 13%），进货总价为 90×6 000=540 000（元）；出口包装费每双 3 元，国内运杂费共计 12 000 元，出口商检费为 350 元，报关费为 150 元，港区港杂费为 900 元，其他各种费用共计 1 500 元。A 公司向银行贷款的年利率为 8%，预计垫款两个月，银行手续费率为 0.5%（按成交价计），出口女靴的退税率为 13%。海运费：大连—都柏林，一个 40 英尺的集装箱的包箱费是 3 800 美元，客户要求按成交价的 110% 投保，保险费率为 0.85%，并在价格中包括 3% 佣金。若 A 公司的预期利润为成交金额的 10%，人民币兑美元的汇率为 7.11 : 1，试报每双女靴的 FOB、CFR 和 CIF 价格。

第一步，核算成本。

实际成本 ＝ 进货成本 − 退税金额 [退税金额 ＝ 进货成本 ÷（1+ 增值税率）× 退税率]
　　　　 ＝90−90÷（1+13%）×13%=79.646（元 / 双）

第二步，核算费用。

（1）国内费用 ＝ 包装费 +（运杂费 + 商检费 + 报关费 + 港区港杂费 + 其他费用）+ 进货总价 ×（贷款利率 ÷12）× 贷款月份
　　　　＝3×6 000+（12 000+350+150+900+1 500）+540 000×（8%÷12）×2
　　　　＝18 000+14 900+7 200=40 100（元）。

（续）

单位货物所摊费用 =40 100 元 ÷6 000 双 =6.683 元 / 双（注：贷款利息通常以进货成本为基础）。

（2）银行手续费 = 报价 ×0.5%。

（3）客户佣金 = 报价 ×3%。

（4）出口运费 =3 800÷6 000×7.11=4.503（元 / 双）。

（5）出口保险费 = 报价 ×110%×0.85%。

第三步，核算利润。

利润 = 报价 ×10%

第四步，三种贸易术语报价核算。

（1）FOB C3 报价的核算。

FOB C3 报价 = 实际成本 + 国内费用 + 客户佣金 + 银行手续费 + 预期利润

$\qquad$ =79.646+6.683+FOB C3 报价 ×3%+FOB C3 报价 ×0.5%+

$\qquad$ FOB C3 报价 ×10%

$\qquad$ =86.329+FOB C3 报价 ×13.5%

等式两边移项，得

FOB C3 报价 −FOB C3 报价 ×13.5%=86.329

FOB C3 报价（1−13.5%）=86.329

FOB C3 报价 =86.329÷（1−13.5%）=99.802 3（元）

折成美元：FOB C3=99.802 3÷7.11=14.04（美元）

（2）CFR C3 报价的核算。

CFR C3 报价 = 实际成本 + 国内费用 + 出口运费 + 客户佣金 + 银行手续费 + 预期利润

$\qquad$ =79.646+6.683+4.503+CFR C3 报价 ×3%+CFR C3 报价 ×0.5%+

$\qquad$ CFR C3 报价 ×10%

$\qquad$ =90.832+CFR C3 报价（3+0.5+10）

$\qquad$ =90.832+CFR C3 报价 ×13.5%

等式两边移项并计算，得

CFR C3 报价 −CFR C3 报价 ×13.5%=90.832

CFR C3 报价 ×（1−13.5%）=90.832

CFR C3 报价 =90.832÷（1−13.5%）

（续）

CFR C3 报价 =105.008 1（元）

折成美元：CFR C3=105.008 1÷7.11=14.77（美元）

（3）CIF C3 报价的核算。

CIF C3 报价 = 实际成本 + 国内费用 + 出口运费 + 客户佣金 + 银行手续费 +

出口保险费 + 预期利润

CIF C3 报价 =79.646+6.683+4.503+CIF C3 报价 ×3%+CIF C3 报价 ×0.5%+

CIF C3 报价 ×110%×0.85%+CIF C3 报价 ×10%

=90.832+CIF C3 报价 ×（3%+0.5%+110%×0.85%+10%）

=90.832+CIF C3 报价 ×0.144 35

等式两边移项，得

CIF C3 报价 −CIF C3 报价 ×0.144 35=90.832

CIF C3 报价 =90.832÷（1−0.144 35）=106.155 6 元

折成美元：CIF C3=106.155 6÷7.11=14.93（美元）

第五步，三种价格对外报价。

（1）USD14.04/Pair FOB C3 Dalian（每双 14.04 美元，包括 3% 佣金，大连港船上交货）。

（2）USD14.77/Pair CFR C3 Dublin（每双 14.77 美元，包括 3% 佣金，成本加运费至都柏林）。

（3）USD14.93/Pair CIF C3 Dublin（每双 14.93 美元，包括 3% 佣金，成本加运费、保险费至都柏林）。

（四）报价单的制作与管理

1. 制作报价单

报价单的最优文档形式是 PDF 文档。

在制作报价单时，一定要考虑发给客户的文件文档的具体格式。有的人习惯在邮件中附上 Excel 或 Word 文档的报价单，结果发出之后常常没有收到客户的回复。

究其原因，不少病毒伪装成 Excel 和 Word 文档在邮件中出现，因此欧美大部分企业的邮件系统都使用了垃圾邮件过滤软件。只要邮件中出现 Excel 和 Word 文档附件，就会被删除。

解决这个问题的最好办法就是把文件制作成 PDF 文档。PDF 文档是世界上流行的文档形式，病毒很难伪装成 PDF 文件或在 PDF 文件中寄生。PDF 文档可以在任何系统中兼容，如 Windows 等。外贸业务人员可以把报价单制作成 PDF 文档之后用邮件发送给客户，这样客户的邮件系统就不会把邮件误判成垃圾邮件或病毒邮件，邮件就可以顺利进入客户的邮箱，从而打开交易之门。

2. 报价单样式

每家企业、每个产品的报价单都有所不同，但内容基本一样，具体如表 2-15 所示。

表 2-15　报价单

报价日期：　　年　月　日

Supplier 供应商		Address 公司地址	
Contact 联系人名		Approvals 产品认证	
Tel. 电话号码		Fax 传真号码	
Website 公司网址		E-mail 邮箱地址	

Messenger 即时通信	MSN：		QQ：		Skype：	

Product mode/ Sku No. 货号	Description of Materials 产品描述	Product's Photo 产品图片	Product's Measure 产品尺寸	FOB/CIF/CFR USD 美元报价	QTY./CTN PCS 每箱个数	CTN's Measure 外箱尺寸	N.W（kg） 产品净重	G.W.（kg） 产品毛重

Remarks 备注：

1. Payment Terms
付款方式

2. Single package's Type，Material and Size
单个包装的方式、材料及尺寸

（续表）

3. Inner package's Type，Materials and Size 内包装的方式、材料及尺寸	
4. QTY./Inner Package 内包装中的产品数量	
5. CTNs/20'，QTY./20' 每个 20' 柜中的箱数和产品个数	
6. CTNs/40'，QTY./40' 每个 40' 柜中的箱数和产品个数	
7. Lead Time 交货期	
8. Warranty 保证 / 担保	
9. Others 其他条款	

3. 报价单的管理

报出价格后，外贸业务人员一定要留底，可以设计一份表单来管理所有的报价，表单名称可按客户名称来分类，每张表单中包括具体报价、报价日期、对方的要求、报价的计算（各项成本分别列出，再汇总）等信息。这样当客户在未来的某个日期来函要求对价格进行调整时，外贸业务人员就能回顾当时的报价，了解当时报价的基础，再根据现时情况进行必要的调整。

报价单管理表最好按客户名称的字母顺序来排序，这样查找起来更方便（见表2-16）。

表 2-16　报价单管理表（客户）

报价日期：　　年　月　日

客户要求的产品 型号（规格）			
证书要求		报价数量	
结算方式		报价价格	

（续表）

报价的计算		
成本项目（国内费用）	计算方式	金额
包装费		
运杂费		
商检费		
报关费		
港区港杂费		
其他费用		
银行贷款利息		
银行手续费		
客户佣金		
出口运费		
出口保险费		
备注		

四、寄样

客户在确定下单之后，一般会先请卖方提供样品以供查看、检验。

（一）寄样方式

寄样方式一般应选择快递，可以通过国内知名快递公司或国际快递公司寄样。当然，如果样品质量或体积比较大，也可以选择空运。一般来说，快递和空运都是通过飞机运输送达目的地，但是快递是门到门服务，操作简单，一般只需向快递公司提供发票；空运则较为复杂，要托运、报关，而且空运通常只发货到与对方临近的机场。

（二）送样方法

1. 发送工厂现有产品

有些客户看到满意的产品，便直接按所寄目录上的型号、款式要求工厂送样、报价。

报价一般需由经理级别以上的人员核准以后，才能发送给客户。客户确认后，需填写样品订单，待样品制作好经质管部检验合格后，则以客户需求时间的紧急与否，选择快递方式或普通方式发出。

2. 开发的新产品

有些客户需要为其开发新的产品，这时外贸业务人员需要事先核算所需模具的费用，再向客户报价。报价时，应考虑正式订单的数量，若超过一定数量，模具费可以分摊在货款中，即客户的订单超过一定的数量后，可收回已投入的模具费。

（1）外贸业务人员应将每件样品的单价传真给客户，客户同意并签章确认之后，须通知研发部门安排模具开发日程表。

（2）外贸业务人员应追踪新模具开发的进度，同时研发部门应制作物料清单（BOM），并进行评审。在这些工作完成后，向生产部（在有些企业中是工程部）下样品订单。完成的样品须经质管部检验合格后，才能发送给客户进行评审与验收。新开发的样品经客户确认后，至少需保留一件样品并进行封样，以便作为日后批量出货订单的依据。

> 开发新款式时，应将客户关于样品的要求资料传真件转送研发部，通常由研发部与模具制作部、采购部共同核算所需模具费用。对于客户认可的单据，须由客户盖章签名后生效并使用。

（三）寄样前的工作

在准备寄样前，外贸业务人员应准备好发票或者样品订单（Sample Order）给客户确认，而后发送样品。

（四）寄样后及时确认

（1）当样品寄出后，外贸业务人员应用邮件或电话第一时间通知客户发样信息，最好将快递单扫描给客户，告知其样品大概何时送达，请客户收到样品后确认。在估计客户收到样品后，应给客户发传真或电子邮件，请客户确认是否收到样品，同时应将样品寄送情况登记在样品寄送记录表中。样品寄送记录表如表2-17所示。

表 2-17　样品寄送记录表

序号	日期	客户	寄送样品名	数量	寄送单号	预计到货时间	客户确认到货时间	备注

（2）无论客户对产品满意与否，外贸业务人员都要从客户那里了解其对产品的具体评价。

　　不管样品在短期内是否能带来订单，都要与客户建立稳定的联系，并适时地推荐新产品，发出新的报价单。

（五）样品费和快递费的处理

样品费和快递费可以作以下处理。

（1）对于新客户，若样品货值比较低，免收样品费，快递费到付；若样品货值比较高，要收取样品费，快递费也到付。如果觉得客户的诚意不是很大，在样品货值低的情况下，也可以适当收取一些样品费。

（2）对于资信较好的老客户，可以预付样品费和快递费。

（3）如果新客户要求免样品费，可以委婉地告诉他，收取样品费是公司的规定，如果下单，这些费用将在付款时抵扣。

（4）如果客户已经下订单了，再要求寄产前样或大货样，运费一般由出口商承担。如果选择到付，要以客户的书面确认（E-mail 或传真）为准，否则会有客户拒付的风险。

五、接待客户验厂

如果客户要验厂，一般就说明他对公司的产品已经很感兴趣了，很希望与你合作。客户在验厂后下单的概率很大，因此外贸业务人员要认真对待。

（一）准备工作

外贸业务人员在接待客户验厂时，需要做好以下准备工作。

（1）事先了解清楚客户来访的日程安排、来访人员及来访议题等。

（2）提前通知客户将派车去其指定地点接客户，如机场、码头及酒店等。根据来访客户级别、人数及所带行李做相应接待安排。

（3）整理好与客户的函电往来内容、邮件记录，特别是一些表格、单据及文件等，最好将其整理在一个文件夹中，或是先打印出来。

（4）准备好会议室、茶水、咖啡、名片、相机、录音设备、投影仪、公司及产品宣传资料、网站；做好公司办公区域、生产厂区、样品展示间的5S管理。根据需要，也可准备鲜花、水果。

（5）合理安排会谈人员，如总经理、部门经理及部门主管等同客户来访议题有关的人员。

（6）了解客户手机号码或房间分机号码，客户所在的国家、地区及饮食习惯、生意习惯和宗教习俗。

（二）客户接待

在客户来到企业之后，外贸业务人员一定要做好客户的接待工作：

（1）互换名片；

（2）安排座位、饮品；

（3）提供公司网站及其他推广资料，播放公司介绍、产品介绍幻灯片；

（4）就相关业务资料、产品样品进行面洽，向客户介绍公司运营、工厂生产及产品研发情况，带客户参观公司主要部门，并做简要介绍，合影留念；

（5）会议后，根据客户行程情况安排就餐，送客户到酒店或其指定的其他地点。

> 如果客户在酒店下榻，就要预计从公司到酒店所需时间，同时告知司机详细的酒店地址及联系人电话，以便及时接送客户。

（三）看厂

（1）在看厂之前，外贸业务人员要准备好包、名片、纸巾、手机、数码相机、纸、笔及零钱等。

（2）外贸业务人员应记好厂方相关负责人（如外贸业务人员、工程技术人员及司机等）的联系电话、公司名称、工厂地址等资料，并打印出来。

（3）外贸业务人员与外商合影时，最好选择合适的时间和有代表性的场所，如在商贸部办公室里客户正坐在计算机旁进行操作时，客户正坐在办公室里与商务中心人员洽谈时，以及在公司前台处或者公司标志性的地点进行合影留念。

> 在工厂里拍照的时候，要尽量避免拍摄工厂样品架上的样品，除非已经征得厂方的同意。

（4）外贸业务人员陪同客户验厂时，要注意让其了解以下内容：工厂是否有这种产品的生产线、生产经验和生产能力；工厂产品样品检测过程的观摩，产品获得的认证；产品的性价比；必要时，工程技术人员可在一旁对样品进行现场检测，打印出产品检测的技术参数，并加以解释；样品的外表美观程度和内部构造及部件的质量；工厂的模具开发能力；交货的及时性；工厂的规模；工厂的生产经验及历史；产品的 OEM 加工；单个包装及内外包装方式；货柜的装货数量。

（5）外贸业务人员在与客户告别时，要对其行程表达谢意，表示愿意继续提供相关帮助和服务（如预订房间和机票、兑换外汇及叫出租车等）并建立长期合作关系，欢迎其下次来访。另外，外贸业务人员可顺便探问其之后的行程，并估计其到达目的地的时间，适时加以联系与问候，并将合影发到其邮箱中。

> 通过初次的见面，一般来说，客户会对公司及其服务有了大致的分解，下一步就是跟紧客户的询盘、订单意向或订单事宜了。

陪同客户验厂回来后，外贸业务人员要及时整理整个行程的经历、思绪和感想，配上一些合影，及时整理出一篇报道，发布到公司网站上，加以推广。此外，外贸业务人员要整理费用单据，找直属上司、部门经理、部门总经理及财务部办理报销事宜，并等待出纳通知领取报销款。

六、及时跟进确认，促成交易

在寄样、陪同客户验厂等工作完成后，外贸业务人员一定要及时跟进客户，以加深客户的印象，尽量促成交易。

（一）跟进时应询问哪些事项

外贸业务人员应及时与客户取得联系，询问其对本公司的评价，表达对客户的重视，体现外贸的专业精神。无论客户的评价满意与否，都要得到其对公司，尤其是对产品的具体评价及看法。

（二）如何及时处理客户反馈

在客户验厂后，客户会根据验厂时的所见所闻发回反馈意见。对于客户的反馈意见，外贸业务人员要及时处理。

（1）如果客户给出的意见较好，外贸业务人员应及时沟通，并询问是否可以考虑进一步的合作，通过旁敲侧击促成订单的下达。

（2）如果客户意见不太好，或指出了不满意的地方，外贸业务人员一定要尽量解释清楚，以求得其理解。当然，如果本次合作不成功，并不意味着以后没有合作的可能，必须与客户保持联系和沟通，为日后的成功合作打下基础。

（3）如果客户提出了具体的改善意见，外贸业务人员一定要表示会立即整改，并表达希望再次验厂的意愿，以促成合作。

下面提供一些陪客户验厂时的常用英语和常见对话案例，仅供参考。

【范本】陪客户验厂时的常用英语

陪客户验厂时的常用英语

跟单员在陪同客户验厂时，不可避免地要与客户交谈，以下介绍一些常用的交谈用语。

一、常用英语句子

1. I will give you a complete picture of our operation. 我会让您完全了解我们厂的运作情况。

2. Let me take you around the factory. 让我带您到工厂四周看看。

3. We are running a little short on time, so... 我们的时间有限，因此……

4. I hope the noise isn't bothering you. 希望噪声不会打扰您。

5. You need this for security. 您需要使用这个，以保证安全。

6. At present, there are 968 workers at the manufacturing plant. 目前，制造厂有 968 名员工。

7. Watch your step. 请注意脚下。

8. I'm not familiar with that point. Let me call someone who is more knowledgeable. 关于那一点我不太熟悉。我马上打电话给比较了解情况的人。

9. It's very important not to touch the machinery. 请不要触摸机器。

10. Please come this way. 请这边走。

11. Our company deals in a wide range of related products. 本公司经营一系列相关产品。

12. How big is your company? 贵公司的规模有多大？

13. What is your market share? 贵公司的市场占有率是多少？

14. I'm not familiar with that part. 我不熟悉那一部分。

15. Well, shall we have a break? You must be tired after having seen all of our plants at once. 好了，我们是不是应该休息一下呢？一口气参观完我们工厂的整体配置情况，您一定累了。

16. I hope you don't mind having Chinese food for lunch. 希望您不介意午餐吃中国菜。

17. We still have plenty of time. So if there's some place you'd like to stop by, please don't hesitate to ask. 我们还有很多时间，所以如果您想在哪里逗留一下，请提出来。

18. Are all these available now? 这些产品有现货吗？

19. Can you give me some samples? 您可不可以给我一些样品？

20. If you decide to use our products, I'm sure you won't be disappointed. 如果您决定使用我们的产品，我保证您不会失望。

21. That's it. Is there anything else you'd like to see? 就这些，您还有别的想看的吗？

22. Let's go up to my office and discuss more... 我们上楼到办公室进一步讨论……

23. What did you think of our factory? 您觉得我们的工厂怎么样？

24. What's your overall impression? 您整体的印象如何？

25. I'm very favorably impressed. 我的印象很好。

26. This completes our schedule for today. I understand they have our car already wait. 今天的活

动安排已结束，我想我们的车已在等候。

二、陪同客户参观时常见对话

对话1：

Henry: I'll show you around and explain the operation as we go along.

Tim: That'll be most helpful.

Henry: That is our office block. We have all the administrative departments there. Over there is the research and development section.

Tim: How much do you spend on development every year?

Henry: About 3%~4% of the gross sales.

Tim: What's that building opposite us?

Henry: That's the warehouse. We keep a stock of the faster moving items so that urgent orders can be met quickly from stock.

Tim: If I place an order now, how long would it be before I got delivery?

Henry: It would largely depend on the size of the order and the items you want.

Henry：我陪您到各处看看，边走边讲解生产操作。

Tim：那太好了。

Henry：那是我们的办公大楼。我们所有的行政部门都在那里。那边是研发部。

Tim：你们每年在科研上花多少钱？

Henry：大约是总销售额的3%~4%。

Tim：对面那座建筑是什么？

Henry：那是仓库，存放周转快的货物，这样对于紧急的订单，就可以立刻交现货。

Tim：如果我现在订购，多长时间能交货？

Henry：那主要得依据订单大小及您需要的产品而定。

对话2：

Tim: How large is the plant?

Henry: It covers an area of 75,000 square meters.

Tim: It's much larger than I expected. When was the plant set up?

Henry: In the early 90s. We'll soon be celebrating the 30th anniversary.

Tim: Congratulations!

Henry: Thank you.

Tim: How many employees do you have in this plant?

Henry: 500. We're running on three shifts.

Tim: Does the plant work with everything from the raw material to the finished product?

Henry: Our associates specializing in these fields make some accessories. Well, here we're at the
　　　production shop. Shall we start with the assembly line?

Tim: That's fine.

Tim：这个工厂有多大？

Henry：面积有 75 000 平方米。

Tim：比我想象的要大多了。什么时候建厂的？

Henry：20 世纪 90 年代初期。我们很快要庆祝建厂 30 周年了。

Tim：祝贺你们。

Henry：谢谢。

Tim：这个工厂有多少员工？

Henry：500 个，我们是三班制。

Tim：从原料到成品都是工厂自己生产吗？

Henry：有些零配件是我们的联营单位生产的，他们是专门从事这一行的。好了，我们到
　　　生产车间了。咱们从装配线开始看，好吗？

Tim：好的。

对话 3：

Henry: Put on the helmet, please.

Tim: Do we need to put on the jackets too?

Henry: You'd better to protect your clothes. Now please watch your step.

Tim: Thank you. Is the production line fully automated?

Henry: Well, not fully automated.

Tim: I see. How do you control the quality?

Henry: All products have to go through six checks in the whole manufacturing process.

Tim: What's the monthly output?

Henry: One thousand units per month now. But we'll be making 1,200 units beginning with

October.

Tim: What's your usual percentage of rejects?

Henry: About 2% in normal operations.

Tim: That's wonderful. Is that where the finished products come off?

Henry: Yes. Shall we take a break now?

Henry：请戴上安全帽。

Tim：我们还得穿上罩衣吗？

Henry：最好穿上，以免弄脏您的衣服。请留神脚下。

Tim：谢谢。生产线都是全自动的吗？

Henry：哦，不是全部自动的。

Tim：哦，那你们如何控制质量呢？

Henry：所有产品在整个生产过程中都必须通过六道质量检查关。

Tim：月产量多少？

Henry：目前每月1 000套，但从十月开始每月将达到1 200套。

Tim：每月不合格率通常是多少？

Henry：正常情况下为2%左右。

Tim：那太了不起了。成品从那边出来吗？

Henry：是的，现在我们稍微休息一下吧。

对话4：

Tim: It was very kind of you to give me a tour of the place. It gave me a good idea of your product range.

Henry: It's a pleasure to show our factory to our customers. What's your general impression, may I ask?

Tim: Very impressive indeed, especially the speed of your AT Model.

Henry: That's our latest development. A product with high performance. We put it on the market just two months ago.

Tim: The machine gives you an edge over your competitors, I guess.

Henry: Certainly. No one can match us as far as speed is concerned.

Tim: Could you give me some brochures for that machine? And the price if possible.

Henry: Right. Here is our sales catalog and literature.

Tim: Thank you. I think we may be able to work together in the future.

Tim：谢谢你们陪同我看了整个工厂。这次参观使我对你们的产品范围有了很深入的了解。

Henry：带客户来参观工厂是我们的荣幸。不知道您总体印象如何？

Tim：非常好，尤其是你们的 AT 型机器的速度。

Henry：那是我们新开发的产品，性能很好，两个月前刚投放市场。

Tim：和你们的竞争对手相比，我想这机器让你们多了一个优势。

Henry：当然。就速度而言，目前没有厂家能和我们相比。

Tim：能给我一些那种机器配套的小册子吗？如有可能，可以附上价格。

Henry：好的。这是我们的销售目录和说明书。

Tim：谢谢。我想也许将来我们可以合作。

第三节　签订国际贸易合同

经过前一阶段的磋商，或者是客户亲自验厂，客户也许有下单意向了。这时，外贸业务人员一定要跟紧工作进度，在适当时机发出函件，促使客户下单。在国际贸易中，一般要用成交确认书等书面形式对贸易双方的权利、义务及各项交易条件做出明文规定，以便于检查执行。

一、国际贸易合同的订立形式

由于合同是具有法律约束力的，因此在订立合同前，外贸业务人员最好先了解一下相关法律知识，或者咨询有经验的律师。

在签订合同前，外贸业务人员要根据不同的业务需要选择不同的合同订立形式。合同订立形式可以分为口头形式、书面形式、公证形式、鉴证形式、批准形式和登记形式。国际货物买卖合同一般金额大，内容繁杂，有效期长，因此许多国家的法律要求采用书面形式。

常见的书面形式的合同有正式合同（Contract）、确认书（Confirmation）、协议（书）（Agreement）、备忘录（Memorandum）、订单（Order）及委托订购单（Indent）等。目前，我国的外贸企业主要使用正式合同和确认书两种，它们分别适用于不同的需要而被采用。虽然二者在格式、条款项目和内容的繁简上有所不同，但在法律上具有同等效力，对买卖双方均有约束力。

（一）正式合同

外贸业务人员在签订正式合同时，不仅要对商品的质量、数量、包装、价格、保险、运输及支付加以明确规定，还要对检验条款、不可抗力条款及仲裁条款详尽列明，明确地划分双方的权利和义务。为了明确责任、避免争议，合同内容应该全面详细，对双方的权利、义务及发生争议的处理均有详细规定，应使用第三人称语气。根据合同起草人的不同，合同分为售货合同（Sales Contract）和购货合同（Purchase Contract），前者由卖方起草，后者由买方起草。一般各公司会以固定格式印刷（有的制成表格）正式合同，在业务成交前由业务人员按双方谈定的交易条件逐项填写，并经授权人授权签字，然后寄交对方审核签字。合同一般为一式两份，一份供对方留存，一份经对方签字认可后寄回。

（二）确认书

确认书是一种简易合同。它在格式上与正式合同有所不同，条款也相对简单，主要是就交易中的一般性问题做出规定，而对双方的权利、义务规定得不是很详细。此种合同订立形式主要用于成交金额相对较小或者是已经订有代理、包销等长期协议的交易。

根据起草人的不同，确认书分为售货确认书（Sales Confirmation）和购货确认书（Purchase Confirmation）两种。如果双方建立业务关系时已经订有一般交易条件，对洽谈内容较复杂的交易，往往先签订一份初步协议（Premium Agreement），或先签订备忘录，把双方已商定的条件确定下来，其余条件以后再行洽商。在这种情况下，外贸企业可采用确认书的方式，将已签协议作为该确认书的一个附件。现在使用的简式确认书大多不包括仲裁、不可抗力及异议索赔条款等，在意外发生时容易造成纠纷，因此建议补加此类条款。

二、国际贸易合同的内容

对于一份完整的国际贸易合同，其基本内容可以分为三个部分：约首、基本条款和约尾。

（一）约首

约首包括合同名称、合同编号、签约的时间和地点，以及双方当事人的名称、地址、营业所在地及其电话、电子邮箱地址等信息，其作用是明确合同的当事人和合同包括的内容。

（1）合同名称：也就是合同的标题，一般采用销售合同或销售确认书的名称，其中销售合同多被一些经营大宗商品的企业所采用。

（2）合同编号：凡是书面合同，都应该有一个编号。因为在履约过程中，无论是在传真、信函、电子邮件等联系过程中，还是在开具信用证、制单、托运，乃至刷制运输标识等流程中，都要引用合同编号。

（3）签约的时间：一般应尽可能在成交的当天签约，即尽可能做到成交日期与签约日期相同。除非合同中对合同生效的时间另有规定，否则应以签约的时间为合同生效的时间。

（4）签约的地点：在我国外贸出口企业所使用的销售合同中，往往都列明了签约地点，但销售确认书中一般不列签约地点这一项目。实际上，当在履约过程中发生争议时，签约地点往往关系到该合同适用哪国法律的问题。根据国际司法的法律冲突规则，如果合同中对该合同所应适用的法律没有做出明确规定，在发生法律冲突时，一般应由合同的成立地的法律来确定，这时，签约地点的法律则成为合同履行的依据。所以，签约地点还是不要漏填为好。

（5）双方当事人的名称、地址、营业所在地及其电话、电子邮箱地址等：正确列明这些信息，不但能够确定双方的责任和便于卖方查对信用证、正确制单、发运及联系，而且能明确双方的债务承担情况。在发生诉讼时，由于企业的法律地位不同，出资者对企业的债务承担也不一样。例如，当具有法人地位的股份有限公司破产时，该公司的股东对公司的债务承担仅以其出资为限，除出资之外，不承担进一步的个人责任；而不具有法人地位的合伙企业一旦破产，普通合伙人就必须对企业的债务承担无限责任，即以个人所有的全部财产清偿企业的债务。所以，列明双方当事人的名称，确定其法律地位十分重要。

如果有代理人或中间商介入，由于洽谈交易的对方并非实际买方，这时往往会导致合同的当事人是与己方直接洽谈交易的代理人或中间商。在这种情况下，如果代理人或中间商要求以"委托人"（实际买方）为抬头拟制合同，不仅应在约首中注明实际买方（委托人）的名称、地址，还应注明代理人或中间商的名称、地址（如通过 ×× 成交）。特别是若能在合同中列明代理人应负履约责任的若干规定，将会促使代理人更加认真地对待合同的订立和履行。

如果书面合同签订的依据是来往函电，就应在约首中准确无误地列明双方来往的一切函电。当然，若双方来往的函电较多，也可择其重要的列明。如果是通过口头谈判达成的交易，那么可注明双方出席的人数、时间和地点，如"××公司（卖方）的林××经理和杨××先生等经与××公司（买方）的威廉·汤普逊先生、史密斯先生等于2020年10月18日在中国××交易会上的口头谈判决定……"。如果既有函电作依据，又有口头谈判加以确认，那么两者均须列明，除非双方约定以前的往来函电无效。

（二）基本条款

1. 品质条款

不同种类的商品，有不同的表示品质的方法。现将其中几种主要表示品质的方法及订立时应注意的事项简述如下。

（1）凭样品买卖。以样品作为交接货物的依据，就称为凭样品买卖。在这种情况下，通常是由卖方提交样品，送买方确认后成交；或由买方提交样品，卖方据此加工或生产。

① 样品的份数。样品一般分为三份，买卖双方各执一份，另一份送呈合同规定的商检机构或其他公证机构保存，以备买卖双方发生争议时作为核对品质之用。

② 订约注意事项。在凭样品买卖中，交货的品质必须与样品相符，这是卖方的一项法定义务。若在合同中对品质既有文字规定，又写明"凭样品"，那么交货的品质则不仅要符合文字说明，还须与样品一致。如果合同中规定样品仅供参考，那么只要交货的品质符合文字说明，又基本与样品一致，就表明卖方履行了交货品质方面的义务。但严格来说，后一种并非"凭样品买卖"的合同。

（2）凭规格、等级或标准。

① 商品规格：是指用来反映商品品质的一些主要指标，如成分、含量、纯度、性能、长短及粗细等。

在制定品质规格时，不但要明确、具体，还要切合实际，且具有必要的灵活性。

切合实际是指符合产品内在和外在的实际情况。就工厂生产方面而言，必须是在生产上实际做到的和应该做到的。如果定得过高，脱离了实际生产的可能，势必造成生产上的困难，甚至影响按时、按质、按量交货；如果定得过低，则会影响价格和销量。

必要的灵活性是指应根据生产的实际可能，适用一定的机动幅度和品质公差，不要定得过死，以免造成生产和交货的困难。因此，外贸企业在拟定品质条款时，可考虑采用下述几种方法，具体内容如表 2-18 所示。

表 2-18　拟定品质条款的方法

方法	描述	举例
规定极限	对商品的品质规格，规定上下、高低或大小极限	黑芝麻:含油量（最低）42%，水分（最高）8%，杂质（最高）1%
规定上下差异	卖方的交货品质可在规定的差异范围内波动	中国灰鸭绒，含绒量 90%，允许在 1% 上下浮动
规定范围	对某些商品的品质指标规定的差异范围	如白漂布 35/36 英寸 ×42 英寸①。这里的 35/36，就是指布的幅阔只要为 35 ～ 36 英寸，就是合格的
其他	对有些农副产品，由于其品质规格难以定出统一的标准，在进行交易时，可按"良好平均品质"条件来确定品质	在我国外贸业务中，"良好平均品质"主要是指装运地在一定时期内出口该种商品的平均品质水平或指合同约定的生产年份的货物的中等水平

②　商品等级:是指同一类商品按其规格上的差异分为品质各不相同的若干级别,如大、中、小,重、中、轻,一、二、三,甲、乙、丙级等。

③　商品标准：是由政府机关或商业团体统一制定用来进行商品品质鉴定的标准。但世界各国制定的品质标准是不一致的，因而在以标准成交时，必须在合同中明确规定以哪国的标准为依据，以及该项标准的出版年代和版本，以免产生歧义。

（3）凭牌号或商标：对于某些品质稳定且树立了良好信誉的商品，交易时可采用牌号或商标来表示其品质。这在工业制成品和部分小包装的农副产品的交易中使用得十分广泛，如涪陵榨菜、"双喜"牌乒乓球等。

（4）凭说明书：对于大型的成套设备和精密仪器，由于其构造和性能较复杂，无法用几个指标或标准来反映其品质全貌，因此必须凭详细的说明书具体说明其构造、性能、原材料和使用方法等，必要时还须辅以图样、照片来说明。

对于复杂的机电仪器产品，除订有品质条款以外，还须订有品质保证条款和技术服务条款，明确规定卖方须在一定期限内保证其所出售的机器设备质量良好，符合说明书上所规定的指标，以及售后服务项目和范围，否则买方有权请求赔偿。

①　1英寸等于0.0254米，余同。

（5）按现状条件：即按商品成交时的状态交货。在此种买卖中，卖方对货物的品质不负责任，只要货物符合合同所规定的名称，不管其品质如何，买方均须接受货物。此种交货方法多用于拍卖合同。

2. 数量条款

在制定数量条款时，外贸企业应注意以下几点。

（1）考虑商品的计量单位和计量方法。由于商品的品种、性质及各国度量衡制度的不同，它们所采取的计量单位和计量方法往往也不同。例如，粮食、橡胶、矿石、煤炭、生丝、棉纱及茶叶等交易通常使用质量单位；机械设备、服装、汽车、家电、钟表、毛巾及日用品等交易通常采用个数单位；棉布、木材等交易通常采用长度单位。但有些商品在交易中可以用多种计量单位表示，如石油产品既可使用质量单位，也可使用容积单位；木材既可使用长度单位，也可使用体积单位等。商品的计量单位如表2-19所示。

表2-19　商品的计量单位

序号	计量分类	计量单位
1	按质量	克、千克、吨、长吨、短吨、磅、克拉
2	按个数	件、双、套、打、罗、令、卷
3	按长度	米、英尺、码
4	按面积	平方米、平方英尺、平方码
5	按体积	立方米、立方英尺、立方码
6	按容积	公升、加仑、夸脱

（2）留意同一计量单位在不同国家所代表的数量。由于各国的度量衡制度不同，因此同一计量单位所代表的数量也各不相同。例如，"吨"就有长吨（1长吨约1016千克）、短吨（1短吨约907千克）、吨（1吨＝1000千克）之分；"尺"也有公尺（1米）、英尺（0.305米）、市尺（0.333米）之分等。因此，在签订合同时，除规定适当的计量单位以外，还必须明确使用哪种度量衡制度，以免发生不必要的误会和纠纷。

（3）以质量作单位时，须明确是以净重计算，还是以毛重计算；是以卖方装船时的质量计算，还是以买方收货时的质量计算。在以质量作单位时，由于各国习惯不同，因此还必须明确质量是以净重计算，还是以毛重计算。

有些商品在装运途中难免失重，若按装船时的质量计算，则卖方风险大；若按收货时的重量计算，则卖方又可能要承担很大的风险和损失（因为按有关法律，卖方交货的数量与合同不符，买方有权拒收并索赔）。实际中往往采用折中的办法，如规定卸货时缺重数量不得超过一定的百分比，超过部分由卖方负责。另外，如果以净重计算，其皮重是按约定皮重、实际皮重，还是按抽样估计皮重，最好也在合同中做出明确规定，以免引起纠纷。

（4）要规定一个浮动范围。有些农副产品和工矿产品在交易时，卖方实际交货的数量往往难以完全符合合同的规定数量，为避免引起纠纷，双方当事人往往在交易磋商时对交货数量规定一个机动幅度，这就是合同中的"溢短装条款"，即允许卖方多交或少交一定数量的货物。机动幅度有以下两种规定方法。

① 明确规定溢短装百分比。如"大米 1 000 吨，5％上下由卖方决定"。这时，只要在 1 000 吨的 5％上下的幅度范围内，都可履行交货的义务。溢短装百分比也可由买方决定，如"大米，2 000 吨，10％上下由买方决定"，这就表明买方在 2 000 吨、10％的范围内可以多要或少要。

② 在数字前加"约"字。如"大米约 1 000 千克"，这也可以使具体交货数量有适当的机动范围。但国际上对"约"字的解释不一，有的解释为可增减 2.5％，有的则解释为可增减 5％，而国际商会《跟单信用证统一惯例》（Uniform Customs and Practice for Documentary Credits，VCP）第 34 条 a 款中则规定为允许有 10％上下的机动。因此，为防止纠纷，使用时双方应先达成一致的理解，并最好在合同中予以规定。

目前，国际贸易中常用的度量衡制有英制、美制和公制。我国采用公制，但为了适应某些国外市场的习惯，有时也采用对方惯用的计量单位，所以必须掌握好几种常用度量衡制度中的一些较常用的计量单位及其换算方式。

3. 包装条款

商品是否需要包装及采用何种包装，主要取决于商品的特点和买方的要求。买卖需要包装的货物时，双方当事人必须在合同中对包装事宜进行明确和详细的规定。订立包装条款时，应注意以下事项。

（1）包装费用：许多包装条款中未涉及包装费用，因为包装费用已包括在货价之中。但若买方提出特殊包装要求，其费用应由买方自理。这时，包装条款中就须注明包装费用由买方负责。如下例：

筐装，外包麻布，麻绳捆扎，每筐 50 千克。若买方提出新的包装要求，需于装运月前 60 天通知卖方，其增加的费用由买方负责。

另外，如果买方要求自己提供包装物料（包括商标和其他装潢物料），也应在合同中明确规定包装物料送达的时间、地点、方法、费用和双方的责任等，以防止影响生产和交货。

（2）包装材料：包装材料的好坏直接影响成本，因而须在合同中明确规定。另外，包装材料还涉及有些国家的进口规定。如有些国家规定不得使用麻袋、木材及稻草等作为包装材料或衬垫物。在合同磋商时，须注意进口国家的有关规定，最好在合同中加以明确。

（3）包装装潢：如果客户或进口国对内外包装装潢上使用的标签、贴头及印记等有所要求或规定，也应在合同中反映出来。

（4）运输标识：按国际贸易惯例，运输标识（即唛头）可由卖方自行设计决定，并不一定要在合同中订明。而卖方自行设计的运输标识一般应包括收货人缩写，订单、合同或信用证号码，目的港，件号等四项内容。有时候买方要求标记运输标识，这时不但应该在合同中将买方的要求订明，而且应规定买方向卖方提供具体运输标识的最后期限及其逾期的补救措施等。

> 在包装条款中，应尽量避免使用含糊规定，如"习惯包装""出口包装""合理包装""适宜海运包装"等。因为这类规定看不出有关包装的基本内容，如果发生争议，双方当事人谁也解释不清其中的含义。

4. 价格条款

国际货物买卖合同中的价格条款主要包括单价和金额或总金额两个项目。

（1）单价。单价一项中包括计量单位、单位价格金额、计价货币和价格术语等内容，有时还要规定作价的办法。例如，"每吨 1 000 美元，CIF 伦敦（USD1 000 per M／T CIF London）"这一单价中就表明了计量单位是吨，计价货币是美元，单位价格是 1 000 美元，价格术语是成本加保险费加运费，目的港是伦敦。同时，由于对计价方法未做任何其他注明，因此表示该项贸易是按固定价格计价的。在表示单价时应注意如下几点。

① 单价的各组成部分必须表达具体、准确，并且应注意四个部分在中文、外文书写上的先后次序，不能任意颠倒顺序。

② 价格计量单位应与数量条款中所用的计量单位一致，不能发生矛盾。

如石油，不能在数量条款中使用容量"桶"，在价格条款中又使用重量"吨"；或者某种用重量单位计量的货物，在数量条款中采用吨，而在价格条款中又用长吨或短吨表示，这都是不行的。

③ 计价货币的名称要准确。不同国家或地区使用的货币名称可能相同，但币值却不一定相同，如"元"就有美元（US）、港元（HK）、日元（J）及人民币（RMB）等。另外，单价和金额或总金额中所使用的计价货币也必须一致。

④ 价格术语的选择要适当。在国际贸易中，一般都要使用一定的价格术语。价格术语不但确定了商品的价格构成，还表明了买卖双方在货物交接过程中的风险划分、费用负担及应办手续的责任，同时能确定合同的性质。

在选择使用某一贸易价格后，合同中的其他条款要与之适应，不能发生抵触。比如采用FOB这一价格后，在合同的其他条款中就不能出现"货不到，不成交"或"卖方对货物所承担的风险至目的港"或"货物务必于 ×× 日期到达目的港"等措辞，因为这些措辞实际上是指目的港交货，所以它改变了 FOB 合同的性质。

（2）金额或总金额。合同的金额是单价与数量的乘积，如果合同中有两种以上的不同单价，就会出现两个以上金额，几个金额相加就是合同的总金额。填写金额或总金额时，要认真细致、计算准确，否则可能导致不必要的纠纷。

合同中的金额除了用阿拉伯数字填写，一般还应用汉字再次注明金额大小，即所谓"大写"。

5. 装运条款

装运条款中主要包括装运时间、装运方式、装运通知和装运港与目的港等事项。

（1）装运时间。在国际贸易中，当采用 FOB 装运港交货条件成交时，卖方只要按时将货物在装运港装上指定的船只，即完成了交货义务。承运人在提单上所注明的日期就是交货日期，所注明的货物装运地点就是交货地点。因此，在装运港交货合同中，装运期与交货期在时间上是一致的。

当采用 FOB、CFR 和 CIF 这三种贸易价格成交时，装运时间通常有三种表示方法。

① 规定具体时间装运

例如，2022 年 8 月装，2022 年 6 月 /7 月 /8 月装。

若用前一种表示法，则卖方只要在 8 月 1 日至 8 月 31 日这一期间内的任何时候装运，都算履行交货义务；若用后一种表示法，则卖方可以在 6 月 1 日至 8 月 31 日这一期间内任何时候装运。

② 规定收到信用证后若干天装运

例如，收到信用证后 30 天内装，但买方必须最迟于 8 月 1 日前将有关信用证开抵卖方。

这种表示法有三层意思：

第一，只要在卖方收到信用证后的 30 天内完成装运，就算履行了合同的交货义务；

第二，卖方的交货义务是在收到买方信用证后才开始发生，否则无义务履行交货；

第三，买方必须在 8 月 1 日前将信用证开抵卖方，否则就要负违约责任，同时，如果买方想快点收到货物，就必须尽快开出信用证。

这种规定方法对于卖方特地为买方生产或包装的货物买卖，以及买方的资信情况不良或卖方对买方资信情况不甚了解的情况下非常必要。

③ 综合规定

例如，2022 年 8 月装，但买方必须于装运月前 20 天将有关信用证开抵卖方。

该表示法虽然规定了卖方具体装运期间，但其前提条件是买方必须于 7 月 10 日前将信用证开抵卖方。

（2）装运方式。装运方式主要指的是一次装运还是分批装运，是直达还是转运。装运方式在合同中也很重要。按照有些国家的法律，如果合同中没有规定卖方可分批装运或转运，卖方却擅自分批装运或转运，买方可拒收货物并索赔。不过，按照国际商会《跟单信用证统一惯例》，如果信用证上没有做相关规定，可准许卖方分批装运和转运。分批装运和转运这一条件的表示法有以下几种。

2022 年 6 月 /7 月 /8 月装运，允许分批装运和转运。

2022 年 6 月 /7 月 /8 月分三批装运，允许（或不允许）转运。

2022 年 6 月 /7 月 /8 月每月各装一批，允许（或不允许）转运。

2022 年 6 月 /7 月 /8 月分三批平均装运，允许（或不允许）转运。

2022 年 6 月 /7 月 /8 月分三批每月平均装运，允许（或不允许）转运。

2022 年 6 月装运若干，7 月装运若干，8 月装运若干，允许（或不允许）转运。

对卖方而言，以上表示法从上至下越来越不利。就拿"分三批每月平均装运"而言，卖方的机动余地很少，只要其中任何一批没有按期、按量装运，本批及以后各批货物就可能遭到买方拒收并索赔（除非合同规定，每批构成一份单独的合同），如果合同标的物是一种不可分割的货物（如一套大型的机械设备等），买方还可能退还已受领货物并索赔。所以，在表示时，一定要选择有利于己方的方法。

（3）装运通知。装运通知的目的是便于买卖双方互相配合，共同做好船、货衔接工作，避免在装运环节上出现漏洞。

① 按 FOB 条件成交时。按 FOB 条件成交时的装运通知要求如表 2-20 所示。

表 2-20　按 FOB 条件成交时的装运通知要求

序号	程序	具体内容
1	卖方货物备妥时	按 FOB 条件成交，卖方应于约定的装运期开始前（一般为 30 天）向买方发出货物备妥装船的通知，以便买方及时向船运公司或货物代理公司订舱位或派船到指定的装运港接货
2	买方接到通知后	买方接到备妥装船通知后，应按约定时间将船舶预计到达装运港截止收货日期通知卖方，或及时将预订的货物订舱单通过传真或电邮发给卖方，以便卖方安排拖车送货到船运公司指定的码头或仓库（如果是散货海运的话，是指海关监管仓库）
3	装船完毕	装船完毕，卖方应及时将有关合同号、货名、件数、唛头或质量、体积、发票金额、船名及装船日期、到达日期等有关事项（如果买方委托卖方代办托运时，卖方还需将有关船籍等事项）电告买方，以便买方投保及在目的港做好接货准备

② 按 CIF 和 CFR 条件成交时。在按 CIF 和 CFR 条件成交时，上述通知也十分必要，特别是在 CFR 条件下，上述通知就更为重要，因为买方需要根据卖方电告的装船通知购买货物运输保险。如果因卖方延误发出装船通知，致使买方未能及时投保，由此造成的损失将由卖方负责。

（4）装运港与目的港。在国际贸易中，装运港一般由卖方提出，经买方同意后确认，目的港由买方提出，经卖方同意后确认。由于装运港和目的港关系到卖方对货物装运的安排和买方的收货或转销，因此必须在合同中做出明确规定。

一般来说，FOB 合同必须注明装运港，如"FOB 上海""FOB 中国口岸"。而 CIF 和 CFR 合同则必须注明目的港，如"CIF 纽约"。但不管哪种合同，规定目的港时，都必须注意以下几点。

①不得将货物运往有包销代理或签有国家间贸易协定限制的国家或地区，不得将货物运往敌对国家或禁止贸易往来的地区。

②如果采用 CIF 或 CFR 条件成交，还得注意目的港是否属危险（如冰冻、罢工、战争及瘟疫等）港口。

③在规定目的港时，还应注意港口重名的问题，如叫维多利亚港（Victoria）的全世界有十多个。的黎波里港（Tripoli）在利比亚和黎巴嫩都有，波特兰（Portland）与波士顿（Boston）在美国和其他国家都有同名港等。因此，在填写目的港名（特别是同名的港口）时，应写明属地名称，以免发生差错。

6. 保险条款

（1）保险条款的内容。在国际货物买卖合同中，保险条款是一项重要条款。该条款的规定方法视合同所采用的价格术语而有所区别，具体内容如图 2-3 所示。

方法一 ▶ **按 FOB 和 CFR 条件成交时**

> 如果按 FOB 和 CFR 条件成交，货物的价格中不包括保险费用。因此，保险由买方自行负责。在这种情况下，其保险条款一般都规定得较简单，如"保险由买方自理"。但若应买方的要求，卖方愿意代买方办理保险手续，也应在合同中加以规定，如"应买方的要求，由卖方按若干保险价值在 ×× 保险公司代买方投保 ×× 险。其保险费由买方负责，并在信用证内做相应的规定"

方法二 ▶ **按 CIF 条件成交时**

> 如果按 CIF 条件成交，由于货价中包括了保险费，因此在保险条款中应具体规定卖方需投保的险别与保险金额等

图 2-3　保险条款的规定方法

（2）保险险别。

①常见的三大基本险别：FPA（Free From Particular Average），即平安险；WPA（With Particular Average），即水渍险；All Risks，即综合险、一切险。

②其他附加险险别：Theft, Pilferage & Non-Delivery Risks（T.P.N.D.），即偷窃、提货不着险；Fresh and ／ or Rain Water Damage Risks，即淡水雨淋险；Shortage Risk＝Risk of Shortage，即短量险；Intermixture & Contamination Risks，即混杂、沾污险；Leakage

Risk=Risk of Leakage，即渗漏险；Clash & Breakage Risks，即碰损、破碎险；Taint of Odor Risk，即串味险；Sweating & Heating，即受潮受热险；Hook Damage Risk，即钩损险；Rust Risk=Risk of Rust，即锈损险；Breakage of Packing Risk，即包装破损险；War Risk，即战争险；Strikes，Riots and Civil Commotions（S.R.C.C.），即罢工、暴动、民变险。

（3）保险金额。保险金额是保险公司可能赔偿的最高金额。为买方着想，习惯上保险金额按发票金额加一成预期利润和业务费用，即按发票金额的110%投保。不过，如果买方有要求，也可按发票金额加两成乃至三成的预期利润投保，但事先必须在保险条款中予以明确规定。例如，我方出口货物时保险条款可以做如下规定。

由卖方按发票金额的110%投保平安险（或水渍险，或一切险）、战争险和罢工险。按20××年版中国人民财产保险股份有限公司海洋运输货物保险条款负责。

由卖方根据20××版中国人民财产保险股份有限公司海洋货物运输保险条款，按发票金额的110%投保一切险和战争险。若来证规定货物需转运内陆城市或其他港口者，卖方代为办理至内陆城市或其他港口的保险，但此项额外保险费由买方负担，并在信用证中做相应的规定。

如果买方执意要求卖方按伦敦保险协会制定的《学会货物条款》（简称I.C.C）投保的话，也可接受，其规定如下：

由卖方按发票金额的110%投保一切险和战争险，按伦敦保险协会的《学会货物条款》负责。

（4）在洽商保险条款时，应注意以下几个问题。

① 应尊重对方的意见和要求。有些国家规定，其进口货物必须由本国保险，这些国家有40多个，包括缅甸、印度尼西亚、伊拉克、巴基斯坦、加纳、也门、苏丹、叙利亚、伊朗、墨西哥、阿根廷、巴西、秘鲁、索马里、利比亚、约旦、阿尔及利亚、扎伊尔、尼日利亚、埃塞俄比亚、肯尼亚、冈比亚、刚果、蒙古、罗马尼亚、卢旺达及毛里坦尼亚等。对这些国家的出口，不宜按CIF价格条件成交。

② 如果客户要求企业按伦敦保险协会条款投保，可以接受客户要求，将其在合同中予以明确。因为伦敦保险协会的《学会货物条款》在世界货运保险业务中有很大的影响，很多国家的进口货物保险都采用这种条款。

③ 经托收方式收汇的出口业务，其成交价应争取按CIF价格条件成交，以减少风险损失。

因为在企业交货后，如货物出现损坏或灭失，买方拒赎单，卖方保险公司可以负责赔偿，并向买方追索赔偿。

7. 支付条款

支付条款的内容应包括支付金额、支付工具及支付方式等。

（1）支付金额。一般来说，支付金额是指合同规定的总金额。但在图 2-4 所述情况下，支付金额与合同规定的总金额不一致。

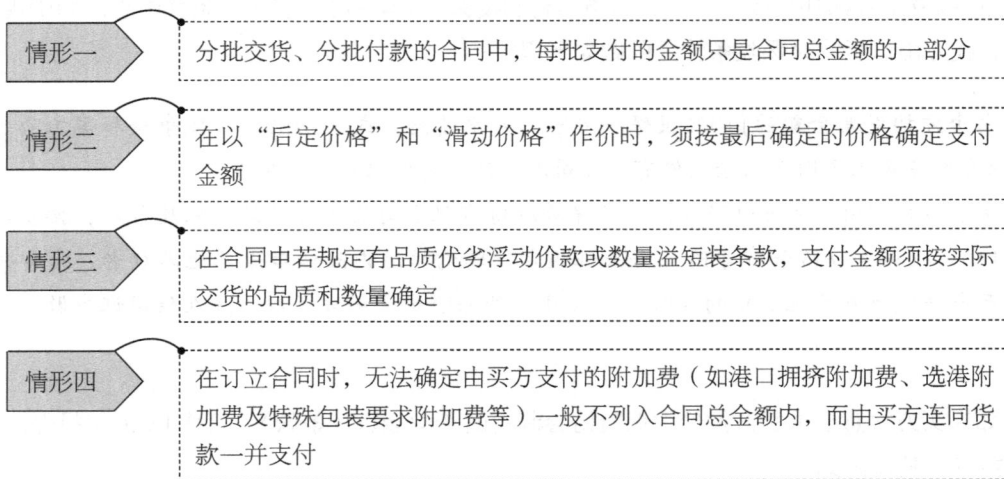

情形一	分批交货、分批付款的合同中，每批支付的金额只是合同总金额的一部分
情形二	在以"后定价格"和"滑动价格"作价时，须按最后确定的价格确定支付金额
情形三	在合同中若规定有品质优劣浮动价款或数量溢短装条款，支付金额须按实际交货的品质和数量确定
情形四	在订立合同时，无法确定由买方支付的附加费（如港口拥挤附加费、选港附加费及特殊包装要求附加费等）一般不列入合同总金额内，而由买方连同货款一并支付

图 2-4　支付金额与合同规定的总金额不一致的四种情形

在以上所列情况下，都有可能发生支付金额与合同总金额不一致的情形，所以在支付条款中，支付金额的规定方法也不尽相同。支付金额的规定方法及适用范围如表 2-21 所示。

表 2-21　支付金额的规定方法及适用范围

序号	规定方法	适用范围
1	按发票金额的 100% 支付	多适用于交货前能够确定附加费，以及无附加费或其他浮动费用的交易。在此种情况下，买方在付款时按发票金额支付
2	规定约数	即在金额前加上"约"字，多适用于交货数量有溢短装条款的交易
3	货款按发票金额支付，附加费等其他费用另行结算	适用于交货前无法确定附加费的交易。例如，"货款按全部发票金额确定，选港附加费凭支付费用的正本收据向买方收取"

（2）支付工具。在国际贸易货款收付中很少使用现金，大多使用汇票。

（3）支付方式。支付方式有三种：汇款、托收和信用证。

总之，支付条款在合同中要规定得具体、准确，以免发生误会。

8. 检验与索赔条款

买卖合同中通常都订有检验条款。由于检验与索赔有着密切的关系，有些买卖合同就把检验与索赔这两项合并在一起，称为检验与索赔条款。

检验条款主要包括检验权、检验期限、检验地点、检验机构和检验证书等内容。

（1）检验权。检验权是指买卖双方究竟由谁来决定商品的品质、数量及包装是否符合合同的规定。目前在国际贸易中，对检验权主要有以下规定：

① 以离岸品质、数量（质量）等为准；

② 以到岸品质、数量（质量）等为准；

③ 以装运港的检验证书为准，但货到目的地后允许买方复检。

（2）检验期限。

① 检验期限与索赔期限的关系：检验期限一般是指买方对货物品质、数量等的复检期限，通常与索赔期限联系在一起，但两者又有区别，具体内容如表 2-22 所示。

表 2-22 检验期限与索赔期限的区别

序号	类别	具体说明
1	检验期限	指买方对货物品质、数量的复检（或检验）期限。例如，"买方必须于货到目的港后 30 天内进行检验""买方必须于货物在目的港卸船后 15 天内进行检验"。在这种情况下，买方只有在合同规定的期限内进行检验，并取得约定的检验证书，其检验结果才能作为提出索赔的有效依据。否则，如果买方超过规定的期限不进行检验，就丧失了检验的权利
2	索赔期限	指经检验货物不符合合同规定，买方向卖方提出赔偿损失的期限

例如，"买方对于装运货物的任何索赔，必须于货到目的港后 30 天内提出，并需提供经卖方同意的公证机构出具的检验报告。"

在这种条件下，如果买方没有在 30 天内对货物的品质、数量等提出索赔，就丧失了索赔权。另外，即使在有效期间内提出索赔，也必须提供约定的检验报告。

总之，买方必须首先委托卖方可接受的检验机构进行检验，只有检验结果证明货物达不到合同的规定，才能索赔。其中，从检验到提供检验证书之间的时间差，对于不易腐品（如机械设备等）或较易保管的商品关系不大，但对于鲜活物品等特殊货物关系很大。

② 需区分检验期限与索赔期限的情况：在订立有关鲜活物品等特殊货物的检验与索赔条款时，应把检验期限与索赔期限区分开。

例如，"买方必须于货物在提单所订目的港卸船后的当天（或三天内）经由××商检机构（或××公证机构）进行检验；对于装运货物的任何索赔，必须于货物在提单所订目的港卸船后七天内提出，并须提供上述商检机构（或公证机构）出具的检验报告。"

③ 不需区分检验期限与索赔期限的情况：对于较易保管物品或不易腐蚀物品等普通商品，就不需要区分检验期限与索赔期限，仅仅规定索赔期限就已经足够了。其索赔期限的长短因商品不同而不同，对于机械设备等，可规定 60 天或 60 天以上；对于一般性货物，可规定 30 ~ 60 天；对于农副产品、食品等，通常规定的期限更短一些。

（3）检验地点：按照国际贸易惯例，在 FOB、CFR 和 CIF 合同中，除双方当事人另有协议外，检验地点是在目的港的卸货码头和关栈，而不是在货物的最后目的地或装运地点。

（4）检验机构：在国际贸易中，进行商检的机构主要有三类：一是由国家设立的商检机构，二是由私人或同业公会、协会开设的公证机构，三是由厂商或使用单位设立的检验部门。在订立检验条款时，必须对检验机构做出具体的规定。如在我国进行检验可规定："由中国商品检验局进行检验""……提供中国商品检验局出具的有关检验报告（或证书）"。

（5）检验证书：检验证书是指商检机构检验货物后的结果，以证明标的物是否符合合同的规定。常见的商检证书有品质检验证书、数量（质量）检验证书、植物检疫证书、兽医检疫证书及卫生检疫证书等。商品的特性不同，应提供的检验证书也有所不同，所以检验条款中也应对此做出明确规定。如"以中国商品检验局出具的品质、数量检验证书和卫生检疫证书作为有关信用证项下议付所提出单据的一部分……"。

（6）其他：除上述内容，为了避免不必要的纠纷和误解，在检验条款中还应规定适当的检验方法和检验标准。因为许多商品在检验时，如果采用的检验方法或标准不同，往往会导致检验结果上的差异。

（三）约尾

约尾是合同的结束部分，完整的合同应该在约尾部分注明合同正本份数、使用文字和效力，以及双方当事人的签字、盖章、日期等。通常情况下，合同至少一式两份，双方各执一份。

三、合同中常见错误及应对事项

在我国外贸企业执行出口合同的实践中，常会因一些合同中的漏洞与差错而贻误了合同的正常履行。

（一）出口合同中容易出现的漏洞与差错

在我国外贸企业的出口合同中，容易出现以下漏洞与差错：

（1）合同的客户名称写得不全，或字母拼写不准确；

（2）客户的电传、传真等信息被遗忘；

（3）价格计算有误或阿拉伯数字与相应的大写不符，货币单位错漏；

（4）包装条款含糊不清；

（5）合同条款中对双方约定的权责不清晰、不明确或前后矛盾；

（6）唛头标记不明确；

（7）目的港选择不当；

（8）装运港出现错误；

（9）船期安排不合理等。

以上种种漏洞与差错往往不容易引起外贸审核人员的注意，然而就是这些漏洞与差错影响了很多出口合同的正常履行，因而外贸业务人员要认真审核出口合同。

（二）应对策略

1. 合同条款要严格执行我国的对外政策

（1）成交对象和交货目的港要严格执行我国的对外政策。我国的对外政策不允许的不能成交，也不能将货物发往政策不允许的地区。

（2）对那些明确规定需在国内办理投保的国家，不要强制对方接受 CIF 条件。

2. 合同条款内容要一致

（1）成交条件与保险条款要一致。按 CIF 条件成交的应当由我方投保，按 FOB 或 C&F[①]条件成交的应当由对方投保。

（2）成交条件与交货港口要一致。按 CIF 或 C&F 条件要附带一个目的港即卸货港，按 FOB 条件要有装运港。

（3）单价和总值要保持一致，在币别的使用上也要一致。

---

① C&F指成本加运费，指定目的港。

（4）包装条件与刷唛标记要一致。

（5）付款方式与装运期限要一致。

（6）合同总数量与分批装运的数量要一致。

（7）交货期与信用证日期要一致。

（8）有些格式合同的某些条款需要填写内容和做出选择，在制作合同时要正确填写或删除。

3. 合同条款的内容要明确

（1）对于交货目的港不要只写国名或地区名称，如美国港口等，因一个国家有很多港口，如果只写国名，不利于船舶的安排。对有重名的港口，名称后要写上国名，如加拿大、几内亚等国家都有叫维多利亚的港口。对于对方派船合同，装货港必须明确，卸货港则可按买方要求安排。

（2）对于合同的交货期、信用证到期日等的书写，应写清年、月，不能只写月，不写年。

（3）对于包装条件的规定要明确，应列明用什么东西包装及每件（包）的质量。

（4）必须明确保险由谁办理，并须明确保险险别及适用条款。

（5）一般应明确溢短装比例，散装大宗货为 5% ~ 10%，一般件杂货物（普通货物）为 1% ~ 5%。

（6）必须在合同中明确支付方式。信用证必须明确是不可撤销的，并须明确到期日、到期地点及受益人名称。信用证的有效期至少应控制在装船期后 15 天。

（7）对于合同中的唛头标记，应争取按国际通常做法制作，即横式，共 4 行（第一行为收货人缩写，第二行为合同号码，第三行为目的港名称，第四行为箱号或件数），每行不超过 17 个字母。

（8）对于整船出运的货物，往往会涉及滞期 / 速遣条款。我方派船合同一般发生在国外目的港，对方派船合同发生在国内装货港。因此，应根据不同情况，分别在合同上附上一份运输条款。

四、签订合同的基本步骤

（一）达成签订合同的意愿

买卖双方可以通过不同的方式及条件达成签订合同的意愿，具体如下所示。

（1）通过谈判直接成交而签订正式合同。

（2）通过信件、传真达成协议，应一方或双方当事人的要求，须先签订确认书，然后再签订正式的合同。

（3）通过信件、传真达成协议，即以发盘、还盘及有效接受的往来函电作为合同的基础。

（二）制作售货合同或售货确认书

在我国的国际贸易业务中，各外贸企业都印有固定格式的进出口合同或成交确认书，即所谓的格式合同（Model Contract Forms）。它适用于某一类产品（如化工产品、机械设备等）的买卖。格式合同只具有建议性质，当事人可依据双方协议修改或变更其内容。当面成交的，双方共同签署；通过往来函电成交的，由我方签署后，一式两份送交国外买方签署，退回一份，以备存查，并用作履行合同的依据。售货合同样本如表 2-23 所示。

表 2-23 售货合同

（正面）   SALES CONTRACT（1）

			编号：（2） No. ：
卖方：（5a）	签约日期：（3）	签约地点：（4）	
SELLERS：LIAONING ARTS AND CRAFTS IMPORT AND EXPORT CORP.			DATE ：
			SIGN AT ：
地址：（5b） ADDRESS ：		传真：（5c） FAX ：	
买方：（6a） BUYERS ：			
地址：（6b） ADDRESS ：		传真：（6c） FAX ：	

兹经买卖双方同意，成交下列商品，订立条款如下：（7）
The undersigned buyers and sellers have agreed to close the following transactions according to the terms and conditions stipulated below:

品名及规格 NAME OF COMMODITY & SPECIFICATIONS （8）	单价 UNIT PRICE （9）	数量 QUANTITY （10）	金额及术语 AMOUNT & PRICE TERMS （11）

（续表）

数量及总值均允许增加或减少____%，由卖方决定。（12）
With percent more or less both in the amount and quantity of the S/C allowed.

总金额： TOTAL VALUE： （13）	包装： PACKING： （14）	装运期： TIME OF SHIPMENT： （15）	装运港和目的港： PORTS OF LOADING & DESTINATION （16）	是否允许分 批装运，是 否允许分批 转船 （17）

PORTS OF LOADING & DESTINATION: From any Chinese Port to With Partial shipments and transshipment allowed.

保险：由卖方按中国人民保险公司条款照发票总值110%投保一切险及战争险。如买方欲增加其他险别，须于装船前征得卖方同意，所增加的保险费由买方负担。（18）

INSURANCE：To be covered by the Sellers for 110 % of Invoice value against All Risks and War Risk as per the relevant clauses of The Peoples Insurance Company of China. If other coverage is required，the Buyers must have the consent of the Sellers before shipment and the additional premium is to be borne by the Buyers.

付款方式：买方应于装运月份前30天，由卖方可接受的银行申请开具以卖方为受益人的不可撤销的即期信用证，至装运月份后第15天在中国议付有效。（19）

PAYMENT：The buyers shall open with a bank acceptable to the Sellers an irrevocable sight Letter of Credit to reach the Sellers 30 days before the month of shipment, valid for negotiation in China until 15th days after the month of shipment.

唛头：买方应在合同装运期前30日内，将唛头的详细说明以明确的形式通知卖方，否则由卖方自行决定。（20）

SHIPPING MARKS：The detail instructions about the shipping marks shall be sent in a define form and reach the sellers 30 days before the time of shipment aforesaid. Otherwise, it will be at the seller's option.

买方开证时，请注明本合同号码。（21）
When opening L/C please mention our S/C Number.

一般条款：（请参看本合同背面）（22）
GENERAL TERMS AND CONDITIONS:（Please see overleaf）

买方签字：　　　　　　　　　　　　　卖方签字：（23）
THE SIGNATURE OF BUYERS　　　　　　THE SIGNATURE OF SELLERS

（合同背面）　　　　　　　　　　　　　　　　　　　　　　　（续表）

一般条款
GENERAL TERMS AND CONDITIONS

1. 付款条件：

买方所开信用证不得增加和变更任何未经卖方事先同意的条款。若信用证与合同条款不符，买方有责任修改，并保证此修改之信用证在合同规定的装运月份前至少15天送达卖方。即期付款交单：买方须凭卖方开具的即期跟单汇票，于见票时立即付款，付款后交单，否则卖方有权向买方追索逾期利息。

Terms of Payment:

In the Buyer's Letter of Credit no terms and conditions should be added or altered without prior to the Sellers consent. The Buyers must amend the letter of credit if it is inconsistent with the stipulation of this contract, and the amendment must reach the Sellers at least 15 days before the month of shipment stipulated in this contract.

2. 商品检验：

买卖双方同意以装运口岸中国进出口商品检验局提供的检验证据，作为品质和数量的交货依据。

Commodity Inspection:

It is mutually agreed that the Certificate of Quality and Quantity issued by the Chinese Import and Export Commodity Inspection Bureau at the port of shipment shall be took as the basis of delivery.

3. 装船通知：

卖方在货物装船后，立即将合同号、品名、数量、毛重、净重、发票金额、提单号、船名及装船日期以传真形式通知买方。

Shipping Advice:

The Sellers shall immediately upon the completion of the loading of the goods advise by fax the Buyers of the contract number, commodity, quantity, gross and net weight, invoiced value, bill of lading number, name of vessel and sailing date etc..

4. 索赔：

有关质量的索赔，应于货到目的地后3个月内提出。有关数量的索赔，应于货到目的地后30天内提出。提出索赔时，买方须提供卖方认可的公证机构出具的检验报告。但属于保险公司或轮船公司责任范围内者，卖方不负任何责任。

Claims:

Claims concerning quality shall be made within 3 months and claims concerning quantity shall be made within 30 days after the arrival of the goods at destination. Claims shall be supported by a report issued by a reputable surveyor approved by the Sellers. Claims in respect of matters within the responsibility of the insurance company or of the shipping company will not be considered or entertained by the Sellers.

5. 不可抗力：

因不可抗力事故所致，不能如期交货或不能交货时，卖方不负任何责任。但卖方必须向买方提供由中国国际贸易促进委员会或其他有关机构所出具的证明。

Force Majeure:

The Sellers shall not be responsible for late delivery or non-delivery of the goods due to the Force Majeure. However, in such case, the Sellers shall submit to the Buyers a certificate issued by the China Council for the Promotion of International Trade or other related organization as evidence.

6. 仲裁：

因执行本合同所发生的或与本合同有关的一切争议，双方应友好协商解决。若协商之后无法解决，则应提交中国国际贸易促进委员会对外贸易仲裁委员会，根据该仲裁委员会的程序进行仲裁。仲裁裁决是终局的，对双方均有约束力。

Arbitration:

All disputes arising from the execution of or in connection with this contract shall be settled through amicably negotiation. If no settlement can be reached through negotiation, the case shall then be submitted to the Foreign Trade Arbitration Commission of China Council for the Promotion of the International Trade in Beijing for arbitration in accordance with its provisional rules of procedure. The arbitral award is final and binding upon both parties.

7. 其他：

对本合同的任何变更和增加，仅在以书面经双方签字后方为有效。任何一方在未取得对方书面同意前，无权将本合同规定之权利及义务转让给第三者。

Other Conditions:

Any alterations and additions to the contract shall be valid only if they are made out in writing and signed by both parties. Neither party is entitled to transfer its right and obligation under this contract to a third party before obtaining a written consent from the other party.

8. 本合同附件为本合同不可分割的一部分。在合同中，中文和英文两种文字具有同等法律效力。

All annexes to this contract shall form an integral part of this contract. Both texts of this contract in English and Chinese are equally valid.

9. 其他条款：

本合同自双方签字之日起生效。

Other Terms:

This contract shall be valid from the date when it is signed by both parties.

售货合同的填写说明如下。

（1）售货合同（SALES CONTRACT）：文本约首应醒目地注明 SALES CONTRACT 或

SALES CONFIRMATION（售货合同确认书）等字样。一般来说，出口合同的格式都是由我方（出口公司）事先印制好的，因此有时会在售货合同（SALES CONTRACT）字样之前加上出口公司名称或是公司标识等（我国的外贸公司在进口时也习惯由我方印制进口合同）。

（2）编号（No.）：此栏填写合同的编号。一般来说，每家公司都有自己的系列编号，以便存储归档管理之用。

例如：04 S1 32/005。

（3）签约日期（DATE）：此栏填写实际的签约日期。

（4）签约地点（SIGN AT）：签约地点关系到如果发生争议，本合同适用哪国法律，因此须准确填写。

（5）卖方信息：包括以下几点。

①卖方名称（SELLERS）：此栏填写卖方的全称。注意：有时此栏内容已经由公司印制好，但如果公司名称已更改，那么需要更改为新名称，并加盖校对章，或重新印制合同。

②地址（ADDRESS）：此处为卖方公司详细地址，如已更改，使用新的地址。

③传真（FAX）：此处填写卖方公司的传真号，以方便联系。

（6）买方信息：此处填写买方名称（BUYERS）、地址（ADDRESS）和传真（FAX）。

（7）第七项多为买卖双方订立合同的意愿和执行合同的保证。

（8）品名及规格（NAME OF COMMODITY & SPECIFICATIONS）：此栏应详细写明各项商品的名称及规格。如果是据来往函电成交后签订的售货合同确认书，可只写商品名称，而后注 "SPECIFICATIONS AS PRR QUTATIONS"。

（9）单价（UNIT PRICE）：一般来讲，单价由四部分构成，例如，USD50FOB 大连 PER M/T，缺一不可。

（10）数量（QUANTITY）：此栏为计价的数量。

（11）金额及术语（AMOUNT & PRICE TERMS）：此栏填写每一项商品的累计金额及价格术语。

例如，如果一份合同涉及两种商品（化工原料001、陶瓷制品002），那么001的总金额、002的总金额分别与前面一一对应列明。

化工原料 001……001 的总金额

陶瓷制品002……002 的总金额

（12）溢短装条款：大宗散装货物多列明此条款。溢短装货物的单价仍以合同价计量。

例如，数量及总值均允许增加或减少____%，由卖方决定；即 With percent more or less both in the amount and quantity of the S/C allowed, decided by the seller.

如果此项只列 "With percent more or less in the quantity of the S/C allowed."，那么表明只允许数量增减，无金额增减，实为有名无实的虚条款。相关人员在订立合同和审核信用证时，需慎重考虑此情形。

（13）总金额（TOTAL VALUE）：本栏列明币种及各项商品累计金额之和。它是发票及信用证金额的依据。

（14）包装（PACKING）：此栏填写包装的种类、材料、包装及其费用由谁承担。若无特别声明，则由卖方承担。

例如，IN CARTONS or IN WOONDEN BOXES. 即用纸板箱或盒装。如无包装，可填写 NAKED（裸装）或 IN BULK（散装）。

（15）装运期（TIME OF SHIPMENT）：装运期有多种规定方法，可以规定具体时段，例如，4 月中旬或 3 月底前。另外，也可以用信用证或售货合同等为参照物规定相应时间。

例如，信用证开出后或到达卖方后 30 天。注意：若按后者的规定方式，则需相应规定信用证开出或到达的具体日期，而且注意信用证的有效期与装运期的关系，防止"双到期"的发生，导致不能安全收汇。

（16）装运港和目的港（PORTS OF LOADING & DESTINATION）：此处列明装运港和目的港。

对于 FOB 合同，装运港为合同要件，所以要特别列明装运港。对于 CIF 合同，目的港为合同要件，所以要特别列明目的港。即使在非为合同要件的情况下，在卖方开立信用证之时一般也要订明相关港口。若需转船，则列明中转地。

（17）是否允许分批装运，是否允许分批转船：此栏填写是否可以分批装运及转船（Y/N）。《跟单信用证》规定，如未列明是否允许分批装运或转船，则视为允许分批装运或转船。如有特别要求，可在备注栏补充注明，也可在此栏或"品名及规格"一栏空白处注明。

（18）保险（INSURANCE）：若按 FOB 价格成交，则选择 TO BE EFFECTED BY THE BUYERS（由买方自理）。若为 CIF 合同，则一般规定如下。

① 如无特殊要求，由卖方按中国人民保险公司条款按照发票总值 110% 投保最低险别 F.P.A.（平安险）。另外，根据国际商会规定，一般需按行业惯例替买方把保险交足。

② 如买方欲增加其他险别，须于装船前征得卖方同意，所增加的保险费由买方负担。

③ 如为长期客户，买卖双方协商按行业惯例加保险别，并确定保险费由哪一方负担。

例如，To be covered by the Sellers for 100% of Invoice Value against All Risks and War Risks as per the relevant clauses of the People's Insurance Company of China. If other coverage is required, the Buyers must have the consent of the Sellers before shipment and the additional premium is to be borne by the Buyers.

由卖方根据中国人民保险公司有关规定，按发票金额的 100% 投保一切险和战争险。如果需要其他保险，买方在装船前必须征得卖方的同意，并且额外保险费用由买方承担。

（19）付款方式（PAYMENT）：本栏注明付款条件。

在如今的国际贸易中一般使用信用证付款方式，此时需注意信用证的有效期与装运期的关系，以保证安全收汇。

装运期应与信用证到期日（有效期）之间有一段合理的间隔，不能太短，甚至"双到期"，致使装运单据取得后没有足够时间进行议付；也不能太长，否则会占压买方资金。

（20）唛头（SHIPPIING MARKS）：若为裸装货或中性包装，则填写"N/M"。一般使用卖方的唛头，个别情况由卖方结合买方的要求设计唛头，或由买方自行决定。

（21）一般条款（GENERAL TERMS AND CONDITIONS）[对应表中的（22）项]：主要就付款条款、商品检验、索赔、不可抗力、仲裁及其他事项等做出规定。此类条款通常印在合同背面。如果对方有异议之处可提出修改，如买方有特别指定的商品检验机构，双方可协商变更。

在一般条款中，还可以加上一个其他条款（OTHER TERMS/REMARKS）。如有特殊规定，可在此说明。因为多使用格式合同，难免有需改动和补充之处。

（22）买方和卖方分别签字盖章（THE SIGNATURE OF BUYERS/SELLERS）[对应表中的（23）项]。由公司法人签字、盖章。

（三）审核合同尽量避免差错

对于已方（出口方）制定的书面合同，在寄送给对方之前，外贸业务人员要做好审核工作，以免因合同的漏洞与差错而导致经济损失。合同的审核要点如表2-24所示。

表2-24　合同的审核要点

序号	事项	审核要点
1	约首部分	（1）必须仔细审核合同的编号，以免出现错误； （2）要仔细审核买方的各种信息，以防诈骗
2	质量条款	对于合同约定的表示方式，一定要明确其要求： （1）在进行实物说明的情况下，应在合同中力争详细标注关于产品品质描述的关键指标，最好以我方能完全实现的指标为前提，对于色差等不可控指标，最好提前约定其不属质量系数，以保证我方履约能力； （2）对于依据说明书表示的，一般应注意是否订有品质保证条款和技术服务条款，以确定售后服务的范围及出现问题时的解决方法
3	数量条款	（1）要注意考虑商品的计量单位和计量方法； （2）以质量作单位时，须明确是以净重还是毛重计算； （3）要在合同中约定一个机动幅度
4	包装条款	必须在合同中进行明确和慎重的规定，不能出现模糊用语
5	价格条款	仔细审核贸易价格，确保合同的其他条款不能与之抵触
6	装运条款	不同的贸易条件会有不同的装运时间、方式等，在审核时，要仔细检查以确保前后一致
7	保险条款	检查是否按约定的要求投保和选择保险险别
8	支付条款	审核是否按规定选好了支付方式，尤其对于信用证，必须明确是不可撤销的，并须明确到期日、到期地点及受益人名称
9	违约条款与不可抗力条款	要注明是协商订立的，不能只是免去某一方的责任

在进行具体审核时，外贸业务人员可以设计一个表格用以做好记录，以便已方更好地履行合同。合同审核单如表2-25所示。

表 2-25　合同审核单

合同编号：	签订日期：	信用证到期地点：
买方地址：	电话：	传真：
成交方式：	价格术语：	

品名及规格	单价	数量	金额

质量：	溢短装比例：

包装要求：

唛头：

质量要求：

保险	保险金额：
	保险险别：

装运	装运期： 装运港： 目的港： 装运方式：□不可分批装运 　　　　　□可分批装运，可以分＿＿批，时间规定：

商品检验	检验时间：　　　　　地点：　　　　　机构： 是否要复验：　　　复验时间：　　　地点：　　　　机构： 检验内容： 检验项目： 检验证书要求：

本合同有疑义的地方：

（四）出口合同核算

外贸业务人员应根据与客户最终达成的交易条件，仔细地进行出口合同核算。核算的内容包括总成交金额、实际总成本、实际国内费用、总海运费、总保费、总佣金、总利润额和利润率。

（五）寄出成交签约函

外贸业务人员应给客户寄送成交签约函，感谢对方的订单，并说明随后会寄出售货合同或售货确认书，催促其迅速回签，并及时开出信用证。

Dear Sirs,

Thank you very much for your trust and sincerity showed in you letter dated sep. 6th, 2022. We really appreciate your efforts to pave the way of our business. So we are glad to place the initial order No. **FD-FLESC03** with you as follows:

Item. NO.	Commodity & Specifications	Unit	Quantity	Unit Price （US$）	AMOUNT （US$）
	CHANGJIANG BRAND CLOCK			CIFC5 KUWAIT	
1	8130G3	SET	4056	1.48	6002.88
	CHANGJIANG BRAND CLOCK			CIFC5 KUWAIT	
2	7808J1	SET	4056	1.61	6530.16
3	7808P	SET	4056	1.22	4948.32
4	8130G2	SET	4056	1.29	5232.24
				TOTAL	22 713.60
TOTAL CONTRACT VALUE :	SAY US DOLLAR TWENTY TWO THOUSAND SEVEN HUNDRED AND THIRTEEN POINT SIXTY ONLY				

We are looking forward to your confirmation in the sales contract, and the irrevocable sight letter of credit should not later than April 25th 2021.

Your sincerely,

×××× LTD.

××××

Manage

（六）审核其回签合同

对客户签回的书面合同，外贸业务人员应及时认真地审核，检查客户是否对合同做了我方不能接受的修改，如果有，应立即通知客户不能接受其对合同的修改，或者依据存档的副本向客户提出异议。

以上是我方起草合同的情况，如果合同是由对方制作好并签字寄来，我方应做如下审核工作：

（1）从头到尾仔细检查各项条款是否合理，确保合同内容与洽谈过程中达成的条件、协议相一致，至少没有我方不能接受的条款；

（2）若有不能接受的条款，则不能签字，应直接寄给对方，请对方修改；

（3）在签署退回时，要防止重复签署，造成一份合同两笔交易；

（4）合同签好字后，我方留存一份，给对方寄回一份。

第四节 信用证跟催和审核

外贸订单获得最终确认的标志是收到定金或信用证。信用证是国际贸易中使用最普遍的付款方式，其特点是受益人（通常为出口人）在提供了符合信用证规定的有关单证的前提下，开证行承担第一付款责任，其性质属于银行信用。应该说，在满足信用证条款的情况下，利用信用证付款既安全又快捷。但必须特别注意的是，受益人要事先对信用证条款进行审核，对于不符合出口合同规定，或无法做到的信用证条款，应及时提请开证人（通常为进口方）进行修改，这样可以避免因信用证导致的各种问题。

一、催开信用证

如果买卖双方约定采用信用证方式付款，买方应严格按照合同规定按时开立信用证，这是卖方履约的前提。但在实际业务中，有时买方在市场发生变化或资金发生短缺的情况下，往往会拖延开立信用证。因而，外贸业务人员有必要催促对方尽快办理开立信用证手续。

（一）什么情况下应催开信用证

外贸业务人员遇到以下情形时，应注意向买方发出函电提醒或催促对方开立信用证。

（1）在合同规定的期限内，买方未及时开立信用证这一事实已构成违约。如卖方不希望中断交易，外贸业务人员可在保留索赔权的前提下，催促对方开证。

（2）签约日期和履约日期相隔较远，外贸业务人员应在合同规定开证日之前向对方表示对该笔交易的重视，并提醒对方及时开立信用证。

（3）卖方货已备妥，并打算提前装运，外贸业务人员可征求对方是否同意提前开立信用证。

（4）买方资信欠佳，外贸业务人员应提前进行提示，这有利于督促对方履行合同义务。

（二）催开函不能使用责备和厌烦的口吻

外贸业务人员在催促对方开立信用证时，一般要撰写一封催开函，并通过 E-mail 发送给对方。撰写催开函时用词、用句要得体，不得使用责备和厌烦的口吻。

> 外贸业务人员在撰写催开函时，应有礼貌地说明所订货物已经备妥，但没有收到有关的信用证。如果第一封信函没有回音，可以发送第二封信函。第二次撰写催开函时，仍应克制情绪，但可以适当表达失望的心情。

外贸业务人员在撰写催开函时可使用以下常用语句。

（1）As the goods against your order No.111 have been ready for shipment for quite some time. It is imperative that you take immediate action to have the covering credit established as soon as possible.

由于贵方订单第 111 号的货物已备待运有相当长时间了，贵方须立即行动并尽快开出信用证。

（2）We repeatedly requested you by faxes to expedite the opening of the relative letter of credit so that we might affect shipment for the above mentioned order. But after the lapse of 3 months, we have not yet received the covering L/C.

我们已经多次传真要求贵方从速开来有关信用证，以使我们装运上述订单的货物。但是 3 个月过去了，仍未收到有关信用证。

（3）We hope that you will take commercial reputation into account in all seriousness and open L/C at once, otherwise you will be responsible for all the losses arising therefrom.

希望贵方认真考虑商业信誉，立即开证。否则，由此产生的一切损失均由贵方负责。

（4）The shipment time for your order is approaching, but we have not yet received the covering L/C. Please do your utmost to expedite the same to reach here before the end of this month so that shipment may be effected without delay.

贵方订单的装船期已经临近，但我们尚未收到有关信用证。请尽最大努力从速将信用证在本月底前开到，以便及时装运。

下面提供两份催开信用证函件的范本，仅供参考。

【范本】催开信用证函件（1）

催开信用证函件

Dear Mr. Smith,

We are so glad that we made a conclusion with you and signed the contract No. NEO2001/026. Please note that the delivery date is approaching and opening the relative L/C immediately is necessary.

To avoid the subsequent amendment, please make sure that the stipulations in the L/C must be strictly conformed with those of the contract.

Yours faithfully,

亲爱的史密斯先生：

我们非常高兴和贵公司的合作终于有了结果，我们签订的合同编号是"NEO2001/026"。

请注意装运期越来越近，您有必要尽快开立信用证了。

为了避免将来改证，请确保信用证中的条款和合同中的条款一致。

【范本】催开信用证函件（2）

催开信用证函件

Dear Sirs:

With regard to your order No. AB 153 for 3,000 metric tons of cotton we regret up to this date we have received neither the required credit nor any further information from you.

Please note that, as agreed, the terms of payment for the above order are sight Letter of Credit established within 2 weeks upon the arrival of our Sales Confirmation.

We hereby request you to open by cable an irrevocable sight Letter of Credit for the amount of … in our favor, with which we can execute the above order according to the original schedule.

Yours truly,

× × ×

敬启者：

有关贵方 3 000 吨棉花的订单 AB153 号，我们对至今尚未收到信用证，也未听到贵方任何消息感到遗憾。

请注意，上述订单的货款经双方同意是以即期信用证方式支付，而信用证必须在收到我们的销货确认后两个星期内开出。

我方在此恳请贵方电开金额为……以我方为受益人的不可撤销即期信用证，使我方得以按原定计划执行上述订单。

（署名）

二、受理信用证通知书

跟随信用证一起交给企业的，通常还有份信用证通知书，这是开户银行出具的，主要列明了此份信用证的基本情况，如信用证编号、开证行、金额及有效期等，盖有公章。除了银行公章，还会有一个"印鉴相符"或"印鉴不符，出货前请洽我行"一类的章。因为信用证一般是通过电报传递的（通行的是 SWIFT 电传，一个银行专业的电信服务机构，有特定的编码格式），理论上有伪造的风险，有人会冒充银行名义开具信用证，因此银行间会预留密码和印鉴，以兹核对。不过现实生活中这种现象很少见，印鉴不符多为交接操作问题。因此，企业碰到"印鉴不符"的情况也不必紧张，必要时咨询银行即可。

（一）受理情形

1.直接出口

如果企业自己直接出口，国外的信用证开到企业名下，企业的开户银行收到信用证后会直接通知企业，并把正本或复印件（一般是复印件，如无必要，正本建议留在银行保存）交给企业。

2. 代理出口

如果企业是通过代理出口，信用证开到代理人名下，企业就要及时敦促代理人进行查询，在收到信用证后及时传真给企业。在实际业务中，由于代理人不熟悉企业的客户，因此交接上容易出现问题，如果代理人接到信用证却不知道是哪家企业的，可能会导致延误。企业一旦得知客户开立信用证了，就要把名称、金额告诉出口代理人，盯紧进度。一般来说，从客户开立信用证到企业收到信用证，快则 7 天，慢则 10 天。

以下提供一份信用证通知书的范本，仅供参考。

【范本】信用证通知书

信用证通知书

ADVICE OF LETTER OF CREDIT

交通银行

BANK OF COMMUNICATIONS

ADDRESS：NO. 2066 SHENNAN ROAD

CENTARL, SHENZHEN, CHINA

TEL：

FAX：

SWIFT：COMMCNSHSZN

致（TO）：SHENZHEN JINWONIU TRADING CO., LTD.	开证日期（DATE OF ISSUE）：07 MAY，2022
	我行编号（OUR REF NO.）：LAZC018200400472
	通知日期（DATE）：10 MAY，2022
	信用证号码（L/C NO）：4BTU0021
	信用证金额（AMOUNT）：USD 15,000.00
开证行（ISSUING BANK）：ABN AMRO BANK N. V. TAIBEI TAIWAN	有效期（EXPIRY DATE）：17 JUNE，2022
	最迟装运期（LATEST SHIPMENT DATE）：7 JUNE, 2022
	未付费用（CHARGE）：RMB0.00
	费用承担人（CHARGE BY）：BENEFICIARY
	是否生效（AVAILABLE）：VALID

（续）

转递行（TRANSMITTING BANK）: ABN AMRO BANK. 24/F SHENZHEN □□ DEVELOPMENT CENTRE，SH	印押是否相符（TEST/SIGN）: YES
	我行是否保兑（CONFiRM）: NO

DEAR SIRS，（敬启者）

WE HAVE PLEASURE IN ADVISING YOU, THAT WE HAVE RECEIVED FROM THE A/M BANK A LETTER OF CREDIT, CONTENTS OF WHICH ARE AS PER ATTACHED SHEET (S). THIS ADVICE AND THE ATTACHED SHEET (S) MUST ACCOMPANY THE RELATIVE DOCUMENTS WHEN PRESENTED FOR NEGOTIATION.

　　兹通知贵司，我行收到上述银行信用证一份，现随付通知，贵司交单时，请将本通知书及信用证一并提示。

REMARK（备注）:

PLEASE NOTE THAT THIS ADVICE DOES NOT CONSTITUTE OUR CONFIRMATION OF THE ABOVE L/C NOR DOES IT CONVEY ANY ENGAGEMENT OR OBLIGATION ON OUT PART.

　　本通知书不构成我行对此信用证的保税及其他任何责任。

　　如贵司发现该证中有任何条款难以接受，请与开证申请人联系以便及时修改，避免单据提示时可能发生的问题。

If you find terms and conditions which you are unable to comply with in this L/C, please directly contact applicant in order to make timely amendment and avoid any difficulties which may arise when documents are presented.

THIS L/C IS ADVISED SUBJECT TO ICC UCP PUBLICATION NO. 600.

本信用证通知书遵循国际商会第 600 号出版物《跟单信用证统一惯例》办理。

YOURS FAITHFULLY

FOR BANK OF COMMUNICATIONS

（二）审核信用证通知书

对于银行开具的信用证通知书，外贸业务人员应对其内容一一进行审核，具体如表 2-26 所示。

表 2-26　信用证通知书的审核要点

序号	内容	审核要点
1	上方空白栏	（1）审核信用证的通知行中英文名称、英文地址与传真号； （2）出口方一般选择自己的账户行为通知行，以便于业务联络及解决将来可能发生的贸易融资问题
2	日期	即通知日期。收到国外开来的信用证后，外贸业务人员应仔细审核通知行的签章、业务编号及通知日期
3	致	受益人名称及地址，即信用证上指定的有权使用信用证的人，一般为出口方
4	开证行	一般为进口方所在地银行
5	转递行	转递行负责将开证行开给出口方的信用证原件递交给出口方。只有信开信用证，才有转递行；电开信用证无转递行
6	信用证号	（1）信用证号必须清楚、没有变字等错误； （2）如果信用证号多次出现，应前后保持一致，否则应电洽修改
7	开证日期	信用证上必须注明开证日期，如果没有开证日期，那么视开证行的发电日期（电开信用证）或抬头日期（信开信用证）为开证日期
8	信用证的币别和金额	（1）信用证中规定的币别、金额应该与合同中的保持一致； （2）币别应是国际可自由兑换的币种，货币符号为国际普遍使用的世界各国货币标准代码； （3）金额采用国际通用的写法，若有大、小写两种金额，应注意大、小写金额保持一致
9	信用证的有效地点	（1）有效地点是受益人在有效期以内向银行提交单据的地点； （2）国外来证一般规定有效地点在我国境内，但如果规定有效地点在国外，那么应提前交单，以便于银行有足够的时间将单据寄到有效地的银行
10	信用证的有效期限	（1）信用证的有效期限是受益人向银行提交单据的最后期限，受益人应在有效期限日期之前或当天将单据提交给指定地点的指定银行； （2）如果信用证没有规定该期限，按照国际惯例，银行将拒绝受理于装运日期后 21 天提交的单据
11	信用证付款期限	分为即期付款和远期付款两种
12	未付费用	即受益人尚未支付给通知行的费用，审核是否填制清楚
13	费用承担人	信用证中规定的各相关银行的银行费用等由谁来承担

（续表）

序号	内容	审核要点
14	来证方式	开立信用证可以采用信开和电开两种方式： （1）信开信用证，由开证行加盖信用证专用章和经办人名章并加编密押，寄送通知行； （2）电开信用证，由开证行加编密押，以电传方式发送通知行
15	信用证是否生效	（1）"生效"通常表示为"VALID"； （2）如果信用证在一定条件下才正式生效，通知行就在正本信用证上加注"暂不生效"字样
16	印押是否相符	（1）收到国外开来的信用证后，应仔细审核印押是否相符，填写"YES"或"NO"； （2）电开信用证应注意其密押，看有无密押核符签章（SWIFT 信用证因随机自动核押，无此章）
17	是否需要保兑行	根据信用证内容，填写"YES"或"NO"
18	审核通知行签章	收到国外开来的信用证后，应仔细审核通知行的签章、业务编号及通知日期

三、及时填写信用证登记管理表

企业从银行收到国外来证后，要立即进行登记，以便查询和管理。外贸业务人员可以设计一个管理表格，内容应包括信用证编号、合同编号、开证行名称及地址、货物描述、信用证金额、货物交期及信用证有效期等，具体内容如表 2-27 所示。

表 2-27　信用证登记管理表

序号	信用证编号	合同编号	开证行		货物描述	信用证金额	货物交期	信用证有效期	备注
			名称	地址					

为了使各信用证对应的业务清晰明确，应采取一证一卷进行记录的办法。

对于要修改的信用证，由于银行转来的信用证修改书只显示原证号及修改的内容，如不登记来证，就无法将修改书对号入座。

信用证的正本在内部流动使用时，也要做好交接登记手续。

四、阅读信用证

外贸业务人员在收到信用证后要马上进行阅读，并要注意以下事项。

（一）检查信用证的项目组成

信用证的开证项目主要由以下内容组成。

必选：20 DOCUMENTARY CREDIT NUMBER（信用证号码）。

可选：23 REFERENCE TO PRE-ADVICE（预先通知号码）。

如果信用证是采取预先通知的方式，该项目内应该填入"PREADV/"，再加上预先通知的编号或日期。

必选：27 SEQUENCE OF TOTAL（电文页次）。

可选：31C DATE OF ISSUE（开证日期）。

如果这项没有填，那么开证日期为电文的发送日期。

必选：31D DATE AND PLACE OF EXPIRY（信用证有效期和有效地点），该日期为最后交单的日期。

必选：32B CURRENCY CODE, AMOUNT（信用证结算的货币和金额）。

可选：39A PERCENTAGE CREDIT AMOUNT TOLERANCE（信用证金额上下浮动允许的最大范围）。该项目的表示方法较为特殊，数值表示百分比的数值，例如5/5，表示上下浮动的最大范围为5%。

可选：39B MAXIMUM CREDIT AMOUNT（信用证最大限制金额）。

39B 与 39A 不能同时出现。

可选：39C ADDITIONAL AMOUNTS COVERED（额外金额），表示信用证所涉及的保险费、利息及运费等金额。

必选：40A FORM OF DOCUMENTARY CREDIT（跟单信用证形式）。 跟单信用证有六种形式：IRREVOCABLE（不可撤销跟单信用证）；REVOCABLE（可撤销跟单信用证）；IRREVOCABLE TRANSFERABLE（不可撤销可转让跟单信用证）；REVOCABLE TRANSFERABLE（可撤销可转让跟单信用证）；IRREVOCABLE STANDBY（不可撤销备用信用证）；REVOCABLE STANDBY（可撤销备用信用证）。

必选：41A AVAILABLE WITH... BY...（指定的有关银行及信用证兑付的方式）。

（1）指定银行付款、承兑、议付。

（2）兑付的方式有五种：BY PAYMENT（即期付款）、BY ACCEPTANCE（远期承兑）、BY NEGOTIATION（议付）、BY DEFPAYMENT（迟期付款）和 BY MIXED PAYMENT（混合付款）。

（3）如果是自由议付信用证，对该信用证的议付地点不做限制，该项目代号为 41D，内容为：ANY BANK IN...

可选：42A DRAWEE（汇票付款人），必须与 42C 同时出现。

可选：42C DRAFTS AT...（汇票付款日期），必须与 42A 同时出现。

可选：42M MIXED PAYMENT DETAILS（混合付款条款）。

可选：42P DEFERRED PAYMENT DETAILS（迟期付款条款）。

可选：43P PARTIAL SHIPMENTS（分装条款），表示该信用证的货物是否可以分批装运。

可选：43T TRANSSHIPMENT（转运条款），表示该信用证是直接到达，还是通过转运到达。

可选：44A LOADING ON BOARD/DISPATCH/TAKING IN CHARGE AT/FROM（装船、发运和接收监管的地点）。

可选：44B FOR TRANSPORTATION TO...（货物发运的最终地）。

可选：44C LATEST DATE OF SHIPMENT（最后装船期），装船的最迟日期。

可选：44D SHIPMENT PERIOD（船期）。

44C 与 44D 不能同时出现。

可选：45A DESCRIPTION OF GOODS AND/OR SERVICES（货物描述），指货物的情况、价格条款。

可选：46A DOCUMENTS REQUIRED（单据要求），写明各种单据的要求。

可选：47A ADDITIONAL CONDITIONS（特别条款）。

可选：48 PERIOD FOR PRESENTATION（交单期限），表明开立运输单据后多少天内交单。

必选：49 CONFIRMATION INSTRUCTIONS（保兑指示）。其中，CONFIRM：要求保兑行保兑该信用证；MAY ADD：收报行可以对该信用证加具保兑；WITHOUT：不要求收报行保兑该信用证。

必选：50 APPLICANT（信用证开证申请人），一般为进口商。

可选：51A APPLICANT BANK（信用证开证银行）。

可选：53A REIMBURSEMENT BANK（偿付行）。

可选：57A "ADVISE THROUGH" BANK（通知行）。

必选：59 BENEFICIARY（信用证的受益人），一般为出口商。

可选：71B CHARGES（费用情况），表明费用是否由受益人（出口商）负担，如果没有这一条，表示除了议付费、转让费以外，其他各种费用由开出信用证的申请人（进口商）负担。

可选：72 SENDER TO RECEIVER INFORMATION（附言）。

可选：78 INSTRUCTION TO THE PAYING/ACCEPTING/NEGOTIATING BANK（给付款行、承兑行、议付行的指示）。

（二）阅读的方法

外贸业务人员可以用荧光笔把重要部分（如日期、金额、单证项目等）标示出来，这样在备货制单的时候，就可以一目了然。

此外，可以采用编号看证法，重点查看信用证各个项目编号，既直接又醒目。重点查看以下核心内容：

（1）40A 条款看信用证类型；

（2）50 条款看客户名；

（3）59 条款看受益人；

（4）45A 条款看货物品名；

（5）32B 条款看金额对否；

（6）31D 条款看有效期限；

（7）44C 或 44D 条款看交货期；

（8）46A 条款看单证；

（9）47A 条款看特殊条款；

（10）48 条款看交单期限。

交单期限即在货物装船后什么时限内备齐所有单证交给银行，这一点非常重要。

以上所提的 40A 条款、45A 条款等是跟单信用证的一些条款。

在实际工作中，外贸业务人员还可以通过制定信用证分析单（见表 2-28）来对信用证各条款的内容形成更清晰、明了的认识。

表 2-28　信用证分析单

1. 信用证文本格式　　□信开　　　□电开　　　□ SWIFT
2. 信用证号码 _____
3. 通知银行编号 _____　□未注明
4. 开证日 _____
5. 到期日 _____
6. 到期地点 _____　□未注明
7. 付款方式　　□付款　　　□承兑　　　□议付
8. 货币 _____
9. 金额（具体数额）_____
10. 最高限额规定（具体数额）_____　□未注明
11. 金额允许增减幅度 _____　□未注明
12. 交单期（中文）_____
13. 开证申请人（名称）_____
14. 受益人（名称）_____
15. 开证银行（名称）_____
16. 通知银行（名称）_____　□未注明
17. 议付银行（名称）_____　□未注明
18. 付款／偿付银行（名称）_____　□未注明
19. 货物名称 _____
20. 合同／订单／形式发票号码 _____　□未注明
21. 合同／订单／形式发票日期 _____　□未注明
22. 价格／交货／贸易术语 _____　□未注明
23. 最迟装运日 _____
24. 装运港 _____
25. 目的港 _____
26. 分批装运　　□允许　　　□不允许

（续表）

27. 转运　　　□允许　　□不允许

28. 运输标识 _____ □未注明

29. 运输方式　　□海运　　□空运　　□陆运

30. 向银行提交单据列表（用阿拉伯数字表示）

名称	汇票	发票	装箱单	质量单	尺码单	承运人证明	船运公司证明	船程证明	受益人证明	寄单证明	装船通知
份数											
名称	海运提单	空运提单	产地证	贸促会产地证	普惠制产地证	商检证	官方商检证	商会商检证	保险单	投保通知	寄单快件收据
份数											

五、审核信用证

在实际单证业务中，由于各种原因，买方开来的信用证常有与合同条款不符的情况。为了维护己方的利益，确保收汇安全和合同顺利履行，外贸业务人员应对照合同对国外来证进行认真的核对和审查。审核信用证时的主要依据是国内的有关政策和规定、交易双方成交的合同、国际商会《跟单信用证统一惯例》及实际业务中出现的具体情况。

（一）审核信用证的原则

审核信用证的原则如图 2-5 所示。

信用证条款规定比合同条款严格时，应当对信用证中存在的问题提出修改	原则	当信用证的规定比合同条款宽松时，往往不需要修改信用证

图 2-5　审核信用证的原则

（二）信用证审核的基本要点

信用证审核的基本要点如表 2-29 所示。

表 2-29　信用证审核的基本要点

项目		基本要点
信用证本身	信用证性质	（1）信用证是否不可撤销； （2）信用证是否存在限制性生效及其他保留条款； （3）电开信用证是否为简电信用证； （4）信用证是否申明所应用的国际惯例规则； （5）信用证是否按合同要求加保兑
	开证申请人和受益人	要仔细核对名称及地址
	到期日和到期地点	（1）信用证的到期日应该符合买卖合同的规定，一般为货物装运后 15 天或者 21 天； （2）到期地点一定要规定为出口商所在地，以便做到及时交单
专项审核	信用证金额、币种、付款期限	是否与合同一致
	货物项目	货物名称、货号、规格、数量及包装（含唛头）等是否与合同一致
	装运项目	装运 / 卸货港、装运期限、分批转运的规定是否与合同一致
	单据项目	信用证项下要求受益人提交议付的单据通常包括商业发票、海运提单、保险单、装箱单、原产地证、检验证书及其他证明文件。审核时要注意单据由谁出具，能否出具，信用证对单据是否有特殊要求，单据的规定是否与合同条款一致等
	对信用证批注的审核	对信用证上用铅字印好的词句内容和规定，特别是信用证空白处、边缘处加注的字，缮写或橡皮戳记加注字句时应特别注意。这些词句往往是信用证内容的主要补充或修改，如不注意可能造成损失

（三）信用证审核中的常见问题

外贸业务人员要注意信用证审核中的一些常见问题，具体内容如表 2-30 所示。

表 2-30 信用证审核中的常见问题

序号	项目	常见问题
1	信用证的性质	（1）信用证未生效或有限制性生效的条款； （2）信用证为可撤销的； （3）信用证中没有保证付款责任的内容； （4）信用证内漏列适用国际商会 UCP 规则的条款； （5）信用证未按合同要求加保兑； （6）信用证密押不符
2	信用证有关期限	（1）信用证中没有到期日（有效期）； （2）到期地点在国外； （3）信用证的到期日和装运期有矛盾； （4）装运期、到期日或交单期规定与合同不符； （5）装运期或有效期的规定与交单期矛盾； （6）交单期过短
3	信用证当事人	（1）开证申请人公司名称或地址与合同不符； （2）受益人公司名称或地址与合同不符
4	金额货币	（1）信用证金额不够（不符合合同规定、未达到溢短装要求）； （2）金额大小写不一致； （3）信用证货币币种与合同规定不符
5	汇票	（1）付款期限与合同规定不符； （2）没有将开证行作为汇票的付款人
6	分批和转运	（1）分批规定与合同规定不符； （2）转运规定与合同规定不符； （3）转运港口与合同规定或成交条件不符； （4）目的地与合同规定或成交条件不符； （5）转运期限与合同规定不符
7	货物	（1）货物品名不符； （2）货物数量不符； （3）货物包装有误； （4）货物单价数量与总金额不吻合； （5）漏列溢短装规定
8	贸易术语	（1）贸易术语错误； （2）使用术语与条款有矛盾

（续表）

序号	项目	常见问题
9	单据	（1）发票种类不当； （2）商业发票要求领事签证； （3）提单收货人一栏的填制要求不当； （4）提单抬头和背书要求有矛盾； （5）提单运费条款规定与成交条件矛盾； （6）正本提单全部或部分直寄客户； （7）产地证明出具机构有误（国外机构或无授权机构）； （8）漏列必须提交的单据（如 CIF 成交条件下的保险单）； （9）费用条款规定不合理； （10）运输工具限制过严； （11）要求提交的检验证书种类与实际不符； （12）保险单种类不对； （13）保险险别范围与合同规定不一致； （14）投保金额未按合同规定； （15）信用证中援引的合同号码与日期错误

六、处理信用证的遗漏或差错

（一）对遗漏或差错要立即采取措施

如果按信用证的审核要点进行审核，发现有任何遗漏或差错，外贸业务人员要按以下要求立即做出决定，采取必要的措施。

（1）不修改信用证，而考虑能否更改计划或单据内容来达成一致。

（2）一旦发现有需要进行修改的情形，就必须立即采取相应措施提出修改申请。

信用证修改与不修改的情形如表 2-31 所示。

表 2-31　信用证修改与不修改的情形

类别	具体内容	具体说明
需要 修改的 情形	来证标明是 "REVOCABLE" （可撤销的）信用证	根据 UCP，受益人只能接受不可撤销的信用证，否则收汇无保障

（续表）

类别	具体内容	具体说明
需要修改的情形	受益人及开证人名称、地址有严重错漏	与合同不一致，影响合同的履行，必须进行修改
	信用证内容与合同不符	（1）来证所列商品名称、规格型号、单价或作价办法、包装、唛头等内容与合同明显不符； （2）来证金额不足，或使用币种与合同规定不符； （3）来证所用贸易术语与合同不符； （4）来证规定的装运港、目的港与合同不符； （5）来证的装船期距离有效期太近或我方收到信用证后，估计余留的时间不足以备货、订舱和调运货物； （6）来证有效到期地点不是在受益人所在国的，必须改证，否则对受益人非常不利； （7）来证所列的保险条款、商检方法等与合同不符； （8）来证所列的特别条款属于"软条款"，即"陷阱"条款，对我方不利
	要求将信用证展期	（1）由于货源或船期等出现问题，需要展期； （2）由于市场或销售情况发生变化，无法按期装货
	要求改变投保险别和装运条件等	进口国的经济形势或政治局势出现风险，使出口风险增加，必须修改信用证
不需要修改的情形	字母、单词的拼写错误	（1）一般的拼写错误不会造成信用证当事人对重要信息的误解或不同解释； （2）在制单时，将错就错，按照来证的信息填写，但须在其后面括号中标注正确的信息
	未显示允许分批装运和转运	根据 UCP，除非信用证另有规定，允许分批装运和转运
	未规定交单期限	根据 UCP，如未规定交单期，银行将不接受晚于装运日 21 天后提交的单据
	信用证的延迟生效	（1）如果来证有"本证暂未生效""本证须在开证申请人获得进口许可证后方始生效"之类的条款，不必改证； （2）可把来证放入"待生效"卷宗内，待对方通知生效后再使用
	装运数量不符	可以只修改单证，在制单时数量照打，但要在后面括号内注明实际装运数量

（二）修改信用证注意事项

如果外贸业务人员在检查信用证的时候发现有任何遗漏或差错，那么应该就下列各点立即做出决定，并采取必要的措施。

（1）能不能更改计划或单据内容来达成一致？

（2）是不是应该要求买方修改信用证？如果要求修改信用证，应注意以下几点。

① 凡是需要修改的内容，应一次性向客户提出，避免多次修改信用证的情况。

② 对于不可撤销信用证中任何条款的修改，都必须获得当事人的同意。

③ 对信用证修改内容的接受或拒绝有以下两种表示形式：一是受益人做出接受或拒绝该信用证修改的通知；二是受益人以行动按照信用证的内容办事。

④ 收到修改的信用证后，应及时检查修改内容是否符合要求，并分情况表示接受或重新提出修改。

⑤ 对于修改内容要么全部接受，要么全部拒绝，部分接受修改内容是无效的。

⑥ 有关信用证的修改，必须通过原信用证通知行才具真实性、有效性；通过客户直接寄送的修改申请书或修改书复印件无效。

⑦ 明确修改费用由谁承担，一般按照责任归属来确定。

（三）拟写改证函

要让客户修改信用证，外贸业务人员要做的一项重要工作就是拟写改证函。一份规范的改证函主要包括以下三方面内容：

（1）感谢对方开来信用证；

（2）列明不符点，并说明如何修改；

（3）感谢对方合作，并希望尽快开出信用证修改书。

下面提供一个改证函的范本，仅供参考。

【范本】改证函

· ·

改证函

Dear Sirs,

RE：EXTENDING VALIDITY OF THE L/C.

We regret to say that we have not received your L/C related to above mentioned Sales

Confirmation until today. It is stipulated clearly in the Sales Confirmation that the relevant L/C must reach to us not later than the end of August. Although reaching time of the L/C is overdue, we would like still to ship your goods in view of long-standing friend relationship between us. However we can not make shipment of your goods within the time stipulated in the Sales Confirmation owing to the delay of the L/C. Therefore the L/C needs to be extended as follows.

（1）The time of shipment will be extended to the end of Oct..

（2）Validity of the L/C will be extended to Nov. 15.

Your kind attention is invited to the fact that we must receive your L/C amendment before Sep. 30. Otherwise we will not be able to effect the shipment in time.

Look forward to receiving your L/C amendment early.

Yours sincerely,

×××

敬启者：

关于延展信用证有效期。

我们遗憾地告诉你方，直到今天我方才收到你方有关上述售货确认书的信用证。在所述确认书上清楚地规定有关信用证应不迟于 8 月底到达我处。虽然你方信用证到达的期限已过，但鉴于我们之间长期的友好关系，我们仍愿装运你方订货。然而，由于信用证迟到，我们不能按售货确认书所定时间装运货物。因此，需将信用证展期如下。

（1）将装运期延期至 10 月底。

（2）将信用证有效期延展至 11 月 15 日。

请注意，我们要求在 9 月 30 日之前收到信用证修改书。否则，我们无法如期装运货物。

期盼及早收到你方信用证修改通知书。

（署名）

七、妥善保管信用证

信用证的正本是银行凭以办理结汇的依据，无论是交单结汇还是押汇，银行都要求提供信用证的正本。因此信用证正本十分重要，必须妥善保管，不可丢失。

保管信用证有以下注意事项：

（1）所有的信用证必须按不同客户进行分类保管；

（2）如果信用证有修改，要将修改书与原证一起保存；

（3）在该证项下，货物装运出口并制单结汇完毕后，要将正本与合同副本、留底单据副本及来往函电装订成册存档；

（4）对于用完的信用证，不得随意销毁，应与留底单据一同装订好妥善保存。

扫码观看视频讲解

第三章

备货环节业务跟进

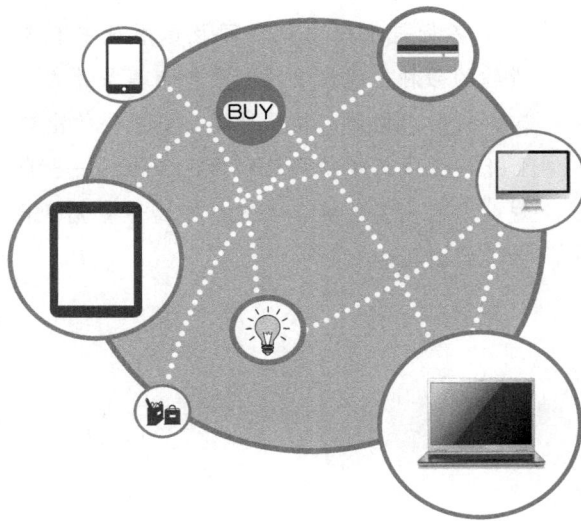

备货是根据出口合同及信用证中有关货物的品种、规格、数量及包装等条款的约定，按时、按质、按量地准备好应交的出口货物，并做好申请报检和领证工作。一般来说，所有出货前的各项工作都属于备货环节的业务范围。

第一节　跟进工厂的生产

外贸企业在收到客户的定金或者信用证后，就可以备货了。备货工作的内容主要包括按合同和信用证的要求，企业生产加工或仓储部门组织货源、催交货物，核实货物的加工、整理、包装和刷唛情况，并对应交的货物进行清点和验收。

一、将英文订单转为中文订单

客户下单后，外贸业务人员应第一时间将英文订单转为中文订单，并立即将订单下发到相关部门。客户下单后，外贸业务人员应立即放下手头其他非紧急的事情，全身心投入到对客户订单的分析上，并与相关部门核对品名、规格、数量及交期等。如有客户交代不清的，应立即发送电子邮件与客户书面确认。客户确认后，立即打印出中文订单并下发到相关部门。

中文订单的发放范围应在订单的最上面显示清楚。显示发放范围的标准格式是："发：沈××（1）、张××（6）、李××（3）、王××（6）、李××（1）……共23份。"

中文订单中应杜绝使用模糊语句，如"与上次一样""与去年一样""有关部门"等。

在中文订单的右下角，外贸业务人员应亲笔签下自己的姓名，而不能在计算机中打出自己的姓名。

当然，订单最终确认的另一个重要指标是客户定金到账（如30%定金）或开来信用证。如定金或信用证未到位，可下发订单，让计划部先计算用料，但要书面通知采购部"所有物料的采购要再等通知"，以免因各种原因客户未能最终确认订单而造成损失。

二、安排生产

安排生产分两种情况，一种是公司自己的工厂生产，另一种是直接向供货商订货。

（一）公司有工厂时的生产安排

在确认订单后，外贸业务人员要根据同客户所签订的合同，把客户的要求转化成易于生产部理解的生产通知单。在转化过程中，外贸业务人员必须明确客户订单中的产品名称、规格、型号、数量、包装要求及出货时间等，并且要保证各项信息没有差错，同时要在生产通知单（见表 3-1）中注明特殊需求。只有这些资料明确，各相关部门才能凭此备料、生产，安排好生产计划。

表 3-1　生产通知单

订单编号		品牌		生产批量	
验货日期			交货日期		
一、生产项目总览表					
序号	名称	规格	颜色	条形码	……	数量（套）	箱数	包装要求
合计								
二、特别要求								
三、附件								

在打印生产通知单后，外贸业务人员要将其交由部门主管或经理确认，待部门主管或经理签字后将其下发到生产部。如有可能，公司在每次下发生产通知单时，要召集相关部门主管开会，由负责此订单的外贸业务人员再次向其他部门讲解订单的详细要求，使相关部门对每份订单都有充分了解。

在将订单转化成生产加工单时，交货期可以设置得提前一些，如交货期为 12 日，可以设置为 10 日，为生产多预留出几天，以应对特殊情况。

（二）与国内生产企业签订供货合同

如果外贸企业没有自己的工厂，那么就要积极寻找供货商，与之签订供货合同，并做好跟催工作。

外贸企业与供货商签订供货合同的要点如表 3-2 所示。

表 3-2　签订供货合同的要点

序号	要点类别	具体说明
1	合同号、日期、地点、买卖双方名称、地址及联系方式	应如实详尽填写，不能简写，因为提供货物的人并不一定是供货合同的供方。有许多工厂下属有分厂或独立的加工车间，一个集团内部也会有很多独立的公司。签订供货合同后，供方要求需方将货款支付给另一收款人，需方一定要要求供方出具书面指示，以防产生纠纷
2	购货商品的名称、规格、单位、数量、单价及总值	这是购货合同最重要的一部分，出口商要对所采购货物的材质、规格、型号、尺寸及颜色等在合同中做出尽可能详细的描述，以防止生产厂家提供的货物与出口合同不符导致外商拒收或索赔；货物的数量要与出口合同和信用证的规定相符
3	交货日期和地点	（1）交货日期一定要与出口合同或信用证规定的日期衔接好，因为出口合同或者信用证上规定的交货日期是指货物装船后提单签发的日期，而这个日期与工厂交货期之间应留有足够的时间，供出口商履行租船订舱、商检（如有必要）及报关等手续； （2）外贸业务人员在与生产厂家洽谈价格时，一般应要求对方报到港价，即厂家负责将货物运送至指定港口，在此以前发生的包装费、国内运费等各项杂费由厂家承担。否则，如果厂家报的是出厂价，双方会因货物从出厂到港口的费用产生分歧而影响合同的顺利履行
4	包装及标识	（1）在购货合同中，需要对包装材料、包装质量及包装方法予以约定，要做到既能保护商品完好运输，又与出口合同和信用证的要求相符； （2）如果出口合同和信用证中做出了具体规定，运输标识应严格按照规定；如果出口合同和信用证中未做出具体规定，出口商应自行编制，并写入购货合同中。运输标识应简洁明了，一般编制原则为"出口合同号 + 目的港"

下面提供一份加工定做合同范本，仅供参考。

【范本】加工定做合同

加工定做合同

定做方：_____   合同编号：_____

承揽方：_____   签订地点：_____

签订时间：____年__月__日

一、定做物品名或项目、规格型号、计量单位、数量、单价、总金额、交货数量及交货期限

定做物品名或项目	规格型号	计量单位	数量	价款或酬金		交货数量及交货期限
				单价	总金额	

二、定做方带料

材料名称	规格型号	计量单位	数量	质量	提供日期	消耗定额	单价	总金额

三、质量要求、技术标准
四、承揽方对质量负责的条件及期限
五、技术资料、图纸提供办法及保密要求
六、验收标准、方法和期限
七、包装要求及费用负担
八、交（提）货方式及地点
九、交付定金预付款数额及时间
十、结算方式及期限
十一、违约责任

（续）

十二、如需提供担保，另立合同担保书，作为本合同附件		
十三、解决合同纠纷的方式		
十四、双方协商的其他条款		
定做方 单位名称（章） 单位地址： 法定代表人： 委托代理人： 电　　话： 电报挂号： 开户银行： 账　　号： 邮政编码：	承揽方 单位名称（章） 单位地址： 法定代表人： 委托代理人： 电　　话： 电报挂号： 开户银行： 账　　号： 邮政编码：	鉴（公）证意见： 经办人： 鉴（公）证机关（章） 　　　年__月__日 注：除国家另有规定外，鉴（公）证实行自愿原则

有效期限：＿＿＿年__月__日至＿＿＿年__月__日

三、生产进度跟踪

为了更好地把控进度，外贸业务人员在下发生产通知单或与供货商签订供货合同后，必须要求对方提供一份生产进度安排表（见表3-3），然后根据该表对生产进行全面跟踪。

表 3-3　生产进度安排表

订单号：

序号	产品型号	订单数量	拟生产日期	实际完成日期	负责人

制表人：　　　　　　　　　　　　　　审批人：

为了使订单产品能保质、保量、保期地出货，外贸业务人员必须重点跟进产品的生产进度。生产进度跟踪事项如图 3-1 所示。

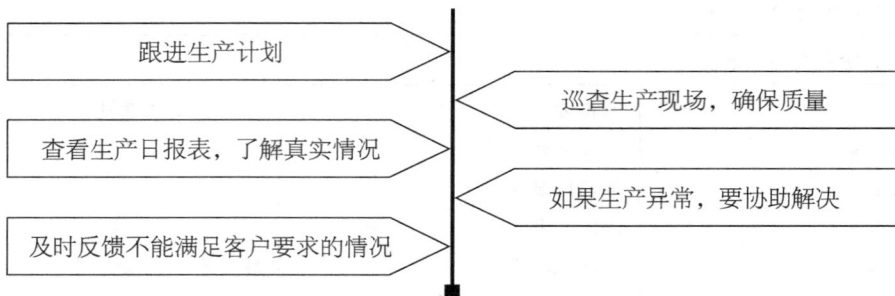

图 3-1　生产进度跟踪事项

（一）跟进生产计划

在下发生产通知单后，外贸业务人员要协助生产部将生产通知单转化为具体的生产计划，并要求生产部提供具体的生产进度安排表，依据该表对生产进行全面跟踪。

（二）巡查生产现场，确保质量

为了做好生产进度的跟踪，外贸业务人员要亲自到生产现场进行督促检查，以确保生产过程符合进度要求。通常而言，外贸业务人员要做好以下工作。

（1）了解生产过程的流程次序（工序），顺着流程行进方向跟进各个过程（工序），要注意对各个生产环节进行巡视。

（2）在现场查看时，要多看少动，多听少问，多记少说，多征求意见少发表观点。尤其要与一线生产人员进行适当的交流，了解生产的实际进度和面临的问题。

（3）与各班组长进行沟通交流，确保各班组的生产顺利进行。如有异常，外贸业务人员应及时与车间主管沟通解决。

（三）查看生产日报表，了解真实情况

生产日报表是一种直接反映生产结果的报表（见表 3-4），生产部按计划安排生产，具体结果如何，一般会用企业规定格式的生产日报表进行总结并报告。通过生产日报表，可以了解当日完成的成品数、不良品数，或者生产到哪一道工序等，从而对生产情况有更加真实的了解，以确保准时交货。外贸业务人员可以制定生产情况跟踪表（见表 3-5）进行具

体的跟进操作。

表 3-4 生产日报表

日期：　　　　　　　　　　　　作业人员：

产品名称	产品编号	型号规格	工序	当日成品数	当日不良品数	累计产量	累计不良品数	备注

表 3-5 生产情况跟踪表

客户名称：　　　　　　　　　　下单日期：

生产安排日期：

产品型号／规格	订单数	指定完工日期	实际生产					
			日期	生产数	累计	日期	生产数	累计

备注：如果生产进度落后，可用不同颜色标识。

（四）如果生产异常，要协助解决

生产异常是指造成生产现场停工或生产进度延迟的情形。生产异常主要表现在两个方面：

生产进度落后和发生生产事故。这时，外贸业务人员需要主动地协助处理，尽量消除对交货的影响，具体应做好以下工作。

（1）及时赶到生产现场，配合生产现场主管调查生产异常的具体情形。

（2）结合异常情形，分析对生产可能造成的影响，判断是否影响生产进度、影响程度等。

（3）根据生产异常情况，做出下一步的跟单安排，包括跟踪进度的频次、相关部门协调及督促执行改进措施等。

（五）及时反馈不能满足客户要求的情况

在生产过程中，如有意外情况而不能满足客户要求，外贸业务人员一定要及时将相关情况反映给公司高层，寻求解决办法。同时，为了跟踪产品的质量问题，有时候，外贸业务人员要亲自到生产车间检查产品质量、查看产品质量检查报告。

> 外贸业务人员要多同本厂内的各部门沟通，面对生产部，外贸业务人员就是客户，所做的一切工作既要对公司负责，更要对客户负责。

四、客户供料跟催

有的外贸客户要求用自己的物料，如彩盒、说明书或贴纸等。在这种情况下，外贸业务人员对客户的供料一定要跟紧。当收到客户寄来的物料后，外贸业务人员需要开立客户供料通知单（见表3-6），然后将其交由仓管点数、品管验收。

表3-6　客户供料通知单

制表人：　　　　　　　　　　　　　　　　　　　　　　　　　日期：

客户名		订单号		数量	
品名		交货日期			
交货方式：					

（续表）

制作要求：	
客户检验报告：	
客户检验规范：	
检测仪器：	
备注：	

　　当品管提出物料有异常时，外贸业务人员需要填写客户供料异常处理单（见表3-7），并将其传真给客户处理。

表 3-7　客户供料异常处理单

至 :＿＿＿＿＿＿＿＿＿　　　　　　从 :＿＿＿＿＿＿＿＿＿

□特急件　　　　　　　　□急件　　　　　　　　□一般件

相关单号		品名		品号	
数量		交货期			
异常内容： 　　　　　　　　　　审查人：　　　　　　　　　　　　　填表人：					
客户回文处理： 　　　　　　　　　　　　　　　　　　　　　　　客户签字：					

（续表）

异常内容：		
	审查人：	填表人：
备注：特急件请客户2小时内回复；急件请客户8小时内回复；一般件请客户24小时内回复		

五、交货期延误的处理

当发现有交货期延误的迹象时，外贸业务人员应立即与客户联系，寻求妥善的解决办法。

（一）己方工厂原因

如果是己方工厂的原因，如因待料、技术问题等需延迟出货，外贸业务人员应与生产部确认新的交货期，再以传真或电话方式告知客户，取得客户同意后，更改订单交货期。如果客户不同意延迟交货，或者取消订单，可与客户协商，工厂负担部分运费或其他杂费，做出让步以取得客户同意。

（二）部分订单客户供料不及时

如果因客户未提供其应提供的包装材料、网印材料等，工厂需打电话或发传真要求客户提供材料，一般在客户给齐包装材料后半个月出货。

外贸业务人员必须与工厂（生产企业）密切合作，定期去工厂督促检查，对工厂的生产设备、技术条件及生产人员的操作水平都要做到心中有数。对一些具有特殊要求的产品，外贸业务人员要帮助工厂一起制订生产工艺和生产计划，并根据拟定的跟单计划适时敦促工厂及时安排生产，以保证各项工作顺利进行。

六、订单有变更要及时处理

对于所下的订单，客户不可避免地会发生临时更改订单的情况。一般来说，更改订单主要是对数量、产品结构及包装要求的更改。外贸业务人员在接到客户变更订单的通知后，要马上放下手头的事情，第一时间处理这件事情，若耽误，可能会给企业造成很大的损失。例如，产品的结构有变化，外贸业务人员若不及时通知相关部门，待出货时现再更改，返工成本会很高，有的甚至会使产品直接变为废品。

（一）确认更改

收到客户的更改通知后，外贸业务人员首先应确认更改内容、工厂能否接受、工厂现有的生产条件能否满足。如果是工厂不能完成的修改，那么要同客户协商采用其他方法或本批货不修改。

（二）书面通知相关部门

如果是工厂可以完成的修改，外贸业务人员应第一时间以书面形式把更改内容通知相关部门，特别是生产部。

（1）订货通知单发出后，如客户临时有数量、交期或技术方面的变更要求，外贸业务人员应另行填写订货变更通知单（见表3-8），然后将其下发到各相关部门。

表3-8　订货变更通知单

客户		订单批号		订货通知单号码	
变更原因说明					
项目	变更前		变更后	备注	
产品名称					
规格／型号					
单位					
订货数量					
交期					
其他					
说明					
核准人		审核人		填单人	

（2）变更后的订货通知单应加盖"已修订"字样，并标记取消原订货通知单的号码，应在分发新订货通知单的同时回收旧订货通知单，以免混淆。

（3）在订货通知单发出后，如客户取消订单，那么外贸业务人员应立即发出订货变更通知单，通知各相关部门订单取消，并收回原发出的订货通知单。

（4）如果是客户修改订货的产品型号、规格，那么视同原订单变更，外贸业务人员按订单变更流程处理，并将客户订单依新订单发出订货变更通知单。

第二节　申领出口许可证

在国际贸易中，根据一国出口商品管制的法令规定，由有关当局签发的准许出口的证件就是出口许可证。出口许可证制是一国对外出口货物实行管制的一项措施。一般而言，某些国家对国内生产所需的原料、半制成品及国内供不应求的一些紧俏物资和商品实行出口许可证制。通过签发许可证进行控制，限制出口或禁止出口，以满足国内市场和消费者的需要，保护民族经济。此外，某些不能复制、再生的古董文物也是各国的保护对象，严禁出口；根据国际通行准则，鸦片等毒品或各种淫秽物品也禁止出口。

一、哪些商品需申领出口许可证

出口以下商品需申领出口许可证。

（1）根据国家规定，凡是国家宣布实行出口许可证管理的商品，不管任何单位或个人，也不分任何贸易方式（对外加工装配方式按有关规定办理），出口前均须申领出口许可证。

（2）非外贸经营单位或个人运往国外的货物，不论该商品是否实行出口许可证管理，凡价值在人民币 1 000 元以上的，一律须申领出口许可证。

（3）属于个人随身携带出境或邮寄出境的商品，除符合海关规定自用、合理数量范围外，也都应申领出口许可证。

二、执行审批并签发出口许可证的机关

目前，我国执行审批并签发出口许可证的机关为商务部及其派驻在主要口岸的特派员办事处；各省、自治区、直辖市及经国务院批准的计划单列市的对外经贸行政管理部门，实行按商品、按地区分级发证办法。

三、办理出口许可证应提供的文件和材料

办理出口许可证应提供的文件和材料，根据不同情况分别有以下几项。

（一）各类进出口企业

（1）出口许可证申请表（正本）需填写清楚并加盖申领单位公章，所填写内容必须规范。

（2）出口商品的出口合同（正本复印件）。

（3）申领单位的公函或申领人的工作证；代办人员应出示委托单位的委托函。

（4）非外贸单位（指没有外贸经营权的各机关、团体和企事业单位，下同）申领出口许可证，需提供其主管部门（司、局级以上）证明。

（5）第一次办理出口许可证的申领单位，应提供商务部或经其授权的地方对外经贸主管部门批准企业进出口经营权的文件（正本复印件）。

（6）外商投资企业第一次出口申领许可证，应提供政府主管部门批准该企业的批准证书和营业执照（复印件），由发证机关存档备案。

（二）一般贸易项下出口

一般贸易项下出口，还应分别提交以下材料。

（1）属配额管理商品，国家部委各类进出口企业应提交商务部出口配额审批部门的批件，各地各类进出口企业应提交各地对外经贸主管部门的出口配额审批文件。

（2）属军民通用化学品，应提交化工部的批件；易制毒化学品，应提交商务部的批件；重水，应提交商务部的批件；计算机，应提交商务部批准的出口计算机技术审查表。

（3）属配额有偿招标商品，应提交有关招标委员会下发的申领配额有偿招标商品出口许可证证明书；对无偿招标商品，应提交有关招标委员会下发的中标证明书。

（三）承包工程带出商品

配额有偿招标商品按招标的有关规定办理，国家部委各类进出口企业应提交商务部的项目批件及出口单位的合同；各地各类进出口企业应提交各地对外经贸主管部门的项目批件及出口单位的合同。出口合同应列明承包工程需带出的许可证商品的品类和数量。

（四）进料加工出口

属于占用出口额度的商品，国家部委各类进出口企业应提交商务部批准的出口配额文件

和进料加工的文件；各地各类进出口企业应提交各地对外经贸主管部门批准的出口配额和进料加工的文件。

非占用额度的进料加工复出口商品，国家部委各类进出口企业应提交商务部的批准文件和进料加工登记手册。

钢材、生铁、锌及食糖等商品的进料加工复出口，全国各类进出口企业应提交商务部的批件及进料加工登记手册。

（五）非贸易项下出口

1. 出运样品

（1）非外贸单位出口货样时，每批货样价值高于人民币5 000元、不超过人民币1万元的，应提交上级主管部门（司、局级以上）出具的公函。

（2）各类进出口企业，出运实行许可证管理的货样，每批货样价值高于人民币5 000元的，应按一般贸易管理规定申领出口许可证。

2. 出运展品

（1）非外贸单位主办出国展览会所带物品，凡需要在外销售或展后不带回国的，应提交经商务部批准的举办展览会的批件。

（2）商务部授权的部委直属总公司主办出国展览会所带在外销售的物品，属许可证管理商品，应提交经商务部批准的举办展览会的批件。

四、出口许可证的申领程序

出口许可证是商务部授权发证机关依法签发的、批准某项商品出口的具有法律效力的证明文件，也是海关查验放行出口货物和银行办理结汇的依据。

出口许可证的申领程序如下。

（一）查阅出口商品是否需要申领出口许可证

外贸企业应明确出口商品是否在出口许可证管理范围内，以及该商品属于哪一级发证机关发证。外贸企业可先查看《中华人民共和国进出口贸易管理措施：进出口关税及其他管理措施一览表》确定商品的H.S.编码，然后检索该编码项下商品的具体海关监管条件。如果显示海关监管条件为"4"，那么说明需要申领出口许可证。

（二）填写出口许可证申请表

出口许可证申请表如表3-9所示。

表 3-9　出口许可证申请表

1. 出口商：　　代码：		3. 出口许可证号：			
2. 发货人：		4. 出口许可证有效截止日期：____年__月__日			
5. 贸易方式：		8. 进口国（地区）：			
6. 合同编号：		9. 付款方式：			
7. 报关口岸：		10. 运输方式：			
11. 商品名称：　　　　　商品编码：					
12. 规格／型号	13. 单位	14. 数量	15. 单价（币别）	16. 总值（币别）	17. 总值折美元
18. 总计：					
19. 备注 申请单位盖章： 申请日期：		20. 签证机构审批（初审人）： 经办人：			
		终审人：			

填表说明：1. 本表应用正楷逐项填写清楚，不得涂改，不得遗漏，否则无效；
　　　　　2. 本表内容需打印多份许可证的，请在备注栏内注明。

1. 出口许可证申请表的填写要求

凡申领出口许可证的单位，应按表3-10所示的规范填写出口许可证申请表。

表 3-10　出口许可证申请表的填写要求

序号	栏目	填写要求
1	出口商	（1）配额管理出口商品，应填写出口配额指标单位的进出口企业全称； （2）一般许可证管理出口商品，应填写有出口经营权的各类进出口企业的全称； （3）还贷出口、补偿贸易项目出口，应填写有出口经营权的代理公司全称； （4）非外贸单位经批准出运货物，此栏填写该单位名称； （5）企业编码应按商务部授权的发证机关编定的代码填写
2	发货人	（1）配额招标商品（包括有偿和无偿招标）的发货人与出口商必须一致； （2）其他出口配额管理商品的发货人原则上应与出口商一致，但与出口商有隶属关系的可以不一致； （3）还贷出口、补偿贸易出口和外商投资企业委托代理出口时，发货人与出口商可以不一致
3	出口许可证号	由发证机关编排
4	出口许可证有效截止日期	（1）实行"一批一证"制的商品，其许可证有效期自发证之日起最长为三个月，供我国香港、澳门地区（不包括转口）鲜活冷冻商品的许可证有效期为一个月； （2）不实行"一批一证"制的商品、外商投资企业和补偿贸易项下的出口商品，其许可证有效期自发证之日起最长为六个月； （3）许可证证面有效期如需跨年度，可在当年将许可证日期填写到次年，最迟至 2 月底
5	贸易方式	（1）此栏内容包括一般贸易、易货贸易、补偿贸易、进料加工、来料加工、外商投资企业出口、边境贸易、出料加工、转口贸易、期货贸易、承包工程、归还贷款出口、国际展销、协定贸易及其他贸易； （2）进料加工复出口，此栏填写"进料加工"； （3）外商投资企业进料加工复出口时，贸易方式填写"外商投资企业出口"； （4）非外贸单位出运展览卖品和样品每批价值在 5 000 元以上的，此栏填写"国际展览"； （5）各类进出口企业出运展览卖品，此栏填写"国际展览"，出运样品填写"一般贸易"
6	合同编号	（1）指申领许可证、报关及结汇时所用出口合同的编码； （2）原油、成品油及非贸易项下出口，可不填写合同编号； （3）展品出运时，此栏应填写商务部批准办展的文件号

（续表）

序号	栏目	填写要求
7	报关口岸	指出运口岸，此栏允许填写三个口岸，但仅能在一个口岸报关
8	进口国（地区）	指最终目的地，即合同目的地，不允许使用地域名（如北美洲等）
9	付款方式	此栏的内容包括信用证、托收、汇付、本票、现金、记账和免费等
10	运输方式	可填写海上运输、铁路运输、公路运输、航空运输、邮政运输及固定运输
11	商品名称和商品编码	按商务部发布的出口许可证管理商品目录的标准名称填写
12	规格／型号	（1）本栏用于对商品做具体说明，包括具体品种、规格（如水泥标号、钢材品种等）、等级（如兔毛等级）。同一编码商品规格型号超过四种时，应另行填写出口许可证申请表。"劳务出口物资"也应按此填写； （2）出运货物必须与此栏说明的出口品种、规格或等级一致
13	单位	指计量单位。非贸易项下的出口商品，此栏以"批"为计量单位，具体单位在备注栏中说明
14	数量、单价及总值	（1）数量表示该证允许出口商品的多少。此数值允许保留一位小数，凡位数超出的，一律以四舍五入进位，计量单位为"批"的，此栏均为1； （2）单价是指与计量单位相一致的单位价格，计量单位为"批"的，此栏则为总金额
15	备注	填写以上各栏未尽事宜

2. 缮制许可证应注意的事项

（1）出口许可证申请表中的数量应严格与合同和信用证规定的数量保持一致，实际数量不得超出出口许可证允许的数量。

（2）出口许可证申请表中的贸易方式、报关口岸等项目应与出口报关单一致。

（3）签订合同时，商品的单价不得低于出口许可证允许的单价。

（4）出口许可证实行"一批一证"制，每一份出口许可证有效期自发证日起最长不超过三个月，在有效期内，只能报关一次。

某些特殊商品不实行"一批一证"制，这些商品的出口许可证有效期最长为六个月，允许多次报关使用，但最多不能超过12次，由海关逐批签注出运数。

出口许可证一般不能跨年度使用，其有效期最迟到当年12月31日。如需跨年度使用，出口企业须向原发证机关换证，该证的有效期最迟只能延续至次年的2月底，并不得再延。

（5）出口许可证应由出口企业或单位根据分级管理的原则分级申请，于货物装运前向签证机关提出书面申请，经签证机关审核，符合有关规定，手续完备的，三个工作日内即可予以签发。委托代理出口的，由接受代理的单位申领出口许可证。

（6）出口许可证一经签发，出口单位需变更许可证内容时必须到原发证机关换证，并应在原出口许可证和合同有效期内进行，任何涂改或伪报，都要追究责任。

（三）提交申报

出口许可证申请表填写好后，要加盖公章，然后连同一份出口合同复印件及相应的资料，向有权签发该商品出口许可证的机关提交申报手续。经审核符合要求的，由发证机关将出口许可证申请表中各项内容输入计算机。

（四）领证

发证机关在出口许可证申请表送交后的三个工作日内，签发《中华人民共和国出口许可证》，一式四联，将第一联、第二联和第三联交由领证人，凭此向海关办理货物出口报关和银行结汇手续。同时，办证收取一定的费用，外贸企业要在三个工作日内交费、领证。

第三节 办理原产地证书

根据我国的相关规定，外贸企业最迟于货物报关出运前三天向签证机构申请办理原产地证书，所以外贸业务人员要及时申领原产地证书。

一、原产地证书的种类

我国的原产地证书主要分为三大类——非优惠原产地证书、优惠原产地证书和专用原产地证书。

（一）非优惠原产地证书

非优惠原产地证书俗称一般原产地证书或普通原产地证书，英文名称为 Certificate of origin，简称 C/O 或 CO。签发这种证书的通常是中东、非洲、东南亚及中南美洲等地的国家。

（二）优惠原产地证书

优惠原产地证书包括绝大多数发达国家给予我国的普惠制待遇（FORMA 证书），以及我国与一些国家或地区签订有双边或多边优惠贸易协定的（FORMB 证书、FORME 证书、FORMF 证书、FORMP 证书、FORMN 证书及 FORMX 证书等）。优惠原产地证书一般由各地出入境检验检疫机构签发。

（1）普惠制原产地证书（FORMA 证书）。

可签发 FORMA 证书的国家为英国、法国、德国、意大利、荷兰、卢森堡、比利时、爱尔兰、丹麦、希腊、西班牙、葡萄牙、奥地利、瑞典、芬兰、波兰、匈牙利、捷克、斯洛伐克、斯洛文尼亚、爱沙尼亚、拉脱维亚、立陶宛、塞浦路斯、马耳他、保加利亚、罗马尼亚、瑞士、列支敦士登、挪威、俄罗斯、白俄罗斯、乌克兰、哈萨克斯坦、日本、澳大利亚、新西兰、加拿大和土耳其。

（2）《亚太贸易协定》原产地证书（FORMB 证书）。

可签发 FORMB 证书的国家为中国、印度、斯里兰卡、孟加拉国、老挝和韩国。

（3）中国－东盟自由贸易区原产地证书（FORME 证书）。

可签发 FORME 证书的国家为中国、老挝、越南、泰国、缅甸、柬埔寨、菲律宾、文莱、印度尼西亚、马来西亚和新加坡。

（4）中国－巴基斯坦自由贸易区原产地证书（FORMP 证书）。

中国产品出口到巴基斯坦，我国出口商向各地出入境检验检疫机构申请签发 FORMP 证书，巴基斯坦给予 FORMP 证书项下货物关税优惠待遇；巴基斯坦产品出口到我国，巴基斯坦出口商向巴基斯坦有关部门申请签发 FORMP 证书，我国给予 FORMP 证书项下货物关税优惠待遇。这是互惠的证书，跟 FROMA 的单边给惠有根本区别。

以下 FORMF、FORMN、FORMX、FORMS 等证书同理，都是互惠的优惠原产地证书。

（5）中国－智利自由贸易区原产地证书（FORMF 证书）。

（6）中国－新西兰自由贸易区原产地证书（FORMN 证书）。

（7）中国－新加坡自由贸易区优惠原产地证书（FORMX 证书）。

（8）中国－瑞士自由贸易协定原产地证书（FORMS 证书）。

（9）中国－秘鲁自由贸易区优惠原产地证书（中国－秘鲁 FTA 证书）。

（10）中国－哥斯达黎加自由贸易区优惠原产地证书（FORML 证书）。

（11）中国－韩国自由贸易协定原产地证书（FORMK 证书）。

（三）专用原产地证书

专用原产地证书是专门针对一些特殊行业的特殊产品，如农产品、葡萄酒、烟草、奶酪制品及毛坯钻石等，根据进出口监管的特殊需要而产生的原产地证书。这些特殊行业的特殊产品只有符合一定的原产地规则，才能合法进出口。

专用原产地证书的签证依据为我国政府与外国政府所签订的双边或多边协议。专用原产地证书如下。

（1）《输欧盟农产品原产地证书》。

（2）《烟草真实性证书》。

（3）《金伯利进程国际证书》。

（4）《手工制品原产地证书》。

（5）《原产地标记证书》。

（6）各种原产地命名证书，如《奶酪制品证书》《托考伊葡萄酒原产地名称证书》等。

二、原产地证书企业注册登记

外贸企业要办理原产地证书，必须先进行注册登记。

所有向出入境检验检疫局申请签发原产地证书的单位必须先在出入境检验检疫局注册登记，经审核，被确认具有申请资格者，才能按正常程序申请签发原产地证书。

（一）注册登记流程

办理原产地证书企业注册登记流程如下：先进入检验检疫局网站→检务大厅→产地证管理→单击"原产地证注册登记"按钮→下载相关表格→到检验检疫局检务大厅窗口提交资

料→检验检疫局审核和实地调查→注册登记。

1. 提交资料

（1）企业法人营业执照原件和加盖公章的复印件。

（2）进出口企业资格证书或对外贸易经营者备案登记表的原件和加盖公章的复印件（仅指拥有进出口经营权的生产加工企业）。

（3）填制完整的产地证注册登记表。

2. 实地调查

（1）生产加工企业须填写出口产品加工工序及成分明细表，提供生产过程中所使用的所有原辅料的采购发票复印件，并安排检验检疫机构人员进行实地调查。

（2）出口产品加工工序及成分明细单按每一不同系列产品各选择一个主要规格产品填写一份。成本计算按照每一单位的产品计算，填写制造一件（或套）该产品所用到的各种原辅料的费用，但包装材料的费用不需要列出，全部以人民币计算，单位用料价值＝单价 × 单位用料。

（二）企业备案等级内容变更

（1）已在检验检疫机构备案的企业，如发生备案内容变动等情况，应办理企业备案登记内容变更手续，提供原产地证备案等级内容变更表。

（2）外贸企业在备案登记后，如新增其他产品，还须提供相应产品的出口产品加工工序及成分明细单。

（三）注意事项

（1）在首批货物从生产企业出货前至少一个星期提出申请。

（2）可到出入境检验检疫局网站上下载上述表格。

三、原产地证书的申领与签发

外贸企业完成注册登记后，其授权及委派的手签员和申领员应接受相关机构的业务培训，并由申领员前往签证机构申领。

（一）原产地证书的申领

1. 申领时间

外贸企业最迟应于货物报关出运前三天向签证机构申请办理原产地证书。

签发机构通常不接受货物出运后才递交的申办原产地证书申请，但如遇特殊情况，签发机构可接受迟交的申请书，并酌情办理补证。在此情况下，申请单位递交原产地证书和申请书时，必须提交下列证明书：

（1）解释迟交申请书原因的函件；

（2）商业发票及提单、报关单。

货物出运后申请原产地证书，证书第十一栏应为实际申请日期和签发日期，签证机构须在证书第五栏加盖英文"ISSUED RETROSPECTIVELY"（后发）印章。

2. 申领时需预备的资料

申请原产地证书时，申请人需提交以下文件资料。

（1）普惠制原产地证书申请书或一般原产地证书申请书一份，申请书需加盖申请单位公章。

（2）缮制完整的普惠制原产地证书或一般原产地证书一套，证书需签字、盖章。签字人员应是取得原产地证书申领资格的人员。

（3）正式出口商业发票副本一份，发票需盖章，并应注明包装、数量、毛重，否则还需另附装箱单。

（4）含有进口成分的商品，需提供含进口成分商品成本明细单。

（5）后发证书，需提供提单。

（6）如有必要，还需提供合同、信用证等其他有关的单据。

（二）签发

签发机构接受企业在网上申领原产地证书，企业可通过系统输入发票、原产地证书等相关原始资料或数据，在保存并发送后，系统能够根据原产地证书规则即时校验，将原产地证书的申领发送到贸促会进行审证，并将审核结果回送到企业端显现。签发机构将及时签发经网上审核合格的原产地证书。

第四章

出口运输环节业务跟进

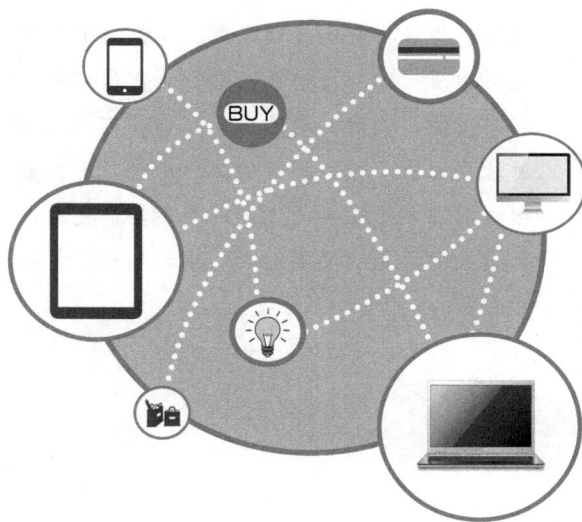

外贸业务人员应该在确认可以出货的前提下，将货物情况告知客户，让其指定验货公司验货。验货合格后，向货运代理订舱，安排出货。同时，要建议与跟催买方办理国际货运保险。这一环节的工作比较烦琐，若要货物顺利地在合同规定的交货期内交运，外贸业务人员有必要耐心、细致地跟踪好每项业务。

扫码观看视频讲解

第一节　出货跟踪流程

外贸业务人员要经常跟进工厂订单的生产进度，在交货期前十多天，询问工厂是否可以按时交货。若可以，则准备向货代订舱，同时安排验货人员验货。验货合格后，跟单员要向货运代理订舱，并在规定的日期内安排出货。这一阶段的工作事项很多，为使货物顺利地在合同规定的交货期内交运，外贸业务人员要跟踪好每个生产环节和交货环节。

一、给客户发送发货装箱资料单

外贸业务人员应提前通知客户出货信息。外贸业务人员应制作发货装箱资料单（见表 4-1），并将其发送给客户，通知客户此单产品可以出货。

表 4-1　发货装箱资料单

客户名称		订单号	
货物名称		规格／型号	
数量		装箱数	
净重		毛重	
外箱尺寸		总体积	

一般而言，客户接到发货装箱资料单后，会通知出货日期、方式。

二、开具出货通知单

一般情况下，外贸企业只有在得到客户确认的书面文件后才可以出货。客户在接到发货装箱资料单后，一般会通知出货的日期、方式，如果外贸业务人员有任何疑问，一定要询问清楚。外贸业务人员接到客户的通知后，即可开具出货通知单（见表 4-2）、出厂申请单等票据，并联系运输公司。

表 4-2　出货通知单

通知日期：　　年　月　日　　　　　　　　　　　　　　　　单号：

客户名称			订单号码			
序号	品名	规格 / 型号	出货数量	单位	装货（出货）方式	
是否需提供易损件　　是□　　　否□						
报关时间			柜号			
来柜时间			要求货柜离厂时间			
要求配合部门	□品管部　　　□业务部　　　□仓库					
相关部门 经理及签收						
业务经理意见及签名						

制表人：　　　　　　　　　　　　　　审批人：

三、找一个好的货运代理

货运代理，简称为"货代"，是指通过接受发货人的委托，以委托人的名义为其办理国际货运及相关业务，并收取相应的报酬。

扫码观看视频讲解

（一）收集货代信息

从事货运代理的公司很多，外贸业务人员在选择货代前，需要收集各种货代信息，主要

可通过以下途径进行收集：

（1）在网上发布信息，吸引相关的货代公司主动联系；

（2）登录各种外贸论坛（如福步论坛），与论坛人员交流，了解各货代的优劣势；

（3）使用搜索引擎，输入关键词，了解货代信息；

（4）通过朋友的介绍了解货代信息。

（二）初步筛选货代

收集完货代的相关信息后，外贸业务人员要进行初步筛选，主要从优势航线、航运价格和服务水平三个方面进行考虑，具体要点如表4-3所示。

表4-3　货代的初步筛选要点

序号	考虑因素	要点
1	优势航线	了解各货代的主营航线，在这些主营航线上船次多、价格优惠、代理点多，且服务相对有保障
2	航运价格	（1）比较不同货代的航运价格； （2）在进行比较时，要明确所报价格的组成； （3）尽量选择"All In"价（包括运费、杂费的总和）
3	服务水平	（1）主要了解货代是否掌握专业知识和具体的业务操作流程； （2）通过网络搜索、其他客户评价等形式了解货代的服务质量

相关链接

分辨货代收费

在选择货代时，要了解货代运费的构成，能分辨货代收费中哪些是合理的，哪些是货代巧立名目收取的。

1.运费的构成

货代运费除了纯粹的价格运费，还包括各种杂费，这些杂费有些是船东收取的，有些是出货港／目的港码头收取的，还有些是货代巧立名目收取的。很多费用并没有明确的标准，非常灵活。除了向发货人收取费用，货代还会向收货人（也就是我们的国外客户）收取某些费用。这就很容易产生两个陷阱：

（1）某些货代巧立名目多收费用；

（2）货代在收货人和发货人之间调节、转移部分费用。

2. 了解杂费

通常来说，常见的杂费主要包括以下几种。

（1）ORC：全称是 Origin Receiving Charge，即起运港码头附加费。

（2）DDC：全称是 Destination Delivery Charge，即目的港提货费。

（3）THC：全称是 Terminal Handling Charge，即码头操作（吊柜）费。

（4）BAF：全称是 Bunker Adjusted Factor，即燃油附加费，或称 FAF（Fuel Adjusted Factor）。

（5）CAF：全称是 Currency Adjustment Factor，即货币贬值附加费。

（6）DOC：全称是 Document Charge，即文件费。

（7）PSS：全称是 Peak Season Surcharge，即旺季附加费。

（8）AMS（America Manifest System，美国舱单系统）附加费。美国自 2003 年起，出于反恐需要，规定凡是运往美国的货物，船运公司必须将货物资料通过 AMS 系统报美国海关。同样，货代必须把货物资料如实报给船运公司。货代因此向货主收取 AMS 附加费，通常为 25 美元 / 单～ 35 美元 / 单。

（9）ENS（Entry Summary Declaration，即入境摘要报关单）相关费用。

ENS 适用的是欧洲海关提前舱单申报规则。自 2011 年 1 月 1 日起，欧盟将对前往或途经欧盟港口的所有货运强制执行舱单提前申报的规则。该规则适用于欧盟全部成员国。

① ENS 提交方式：针对所有进入欧盟的货物，企业必须向集装箱船挂靠的欧盟国家首个停靠港提交 ENS，而且必须在起运港装载前 24 小时之前提交。

② 需要申报 ENS 的货物种类：包括所有进口到欧盟的货物，所有中转的货物（无论最终目的地是否属欧盟境内），所有过境的货物（如通过拖车、火车运到欧盟以外的国家），船上未卸货物（如货物到乌克兰，船舶在希腊停靠但不卸货）。总之，只要船先挂靠欧盟港口的所有目的港，都必须申报 ENS。

③ ENS 申报数据：申报 ENS 所需的信息与现有的提单确认件信息基本相同。不同的是 ENS 对地址、货物描述及任何所提供的号码的精确度要求更高。应特别注意以下几点。

◆ Shipper 即发货人（如有 EORI 号，请提供）：应提供完整的公司名称、详细地址、电话传真以及所属的国家、城市和邮编。

◆ Consignee 即收货人（如有 EORI 号，请提供）：应提供完整的公司名称、详细地址、电话传真及所属的国家、城市和邮编。

◆ Notify 即通知人（"TO ORDER"提货单则必须提供通知人信息；如有 EORI 号，请提供）：需有完整公司名称、详细地址及国家、城市和邮编。且此通知人必须在欧洲国家。

AMS 数据是在装船前 24 小时向美国海关申报的舱单数据，ENS 数据是在装船前 24 小时向欧盟区海关申报的舱单数据。这些数据最终都要显示在提单上。

AMS 和 ENS 数据有误，一定要修改吗？答案是必须修改。改单的费用一般是 500 元人民币 +40 美元。

以上费用收取项目会根据时间和航线不同而有所调整，但全行业基本固定。也就是说，要收都会收，如果只有某个货代列名目收取，那么就有问题，需要慎重考虑。

（三）选择合作的货代

对货代进行初步筛选后，外贸业务人员要与可能合作的几家货代进行商谈，并最终确定合作的货代。一般来说，在初步筛选货代时，主要从航线、航运价格、服务水平进行考虑，以确保能按时交货。在最终选择时，主要考虑航运价格，所以要就价格与货代进行协商。

外贸业务人员在与货代协商价格时，要从节省运费开支的角度出发，但也不能太过苛刻。具体应注意以下事项。

（1）货运淡旺季和油价的变动，会导致航运价格有所变动。因此，外贸业务人员在询问价格的时候，要告知货代大致的出货时间，请货代告知可能的运费变动趋势。

（2）多询问几家货代以了解实际运费变动趋势，并选择那些能够如实相告、提供合理建议的货代合作。

（四）配合货代的工作

在确定好货代，谈好价格以后，外贸业务人员要积极配合货代的工作，把运输安排得稳妥周详一些。只要条件允许，就提前安排好相关工作，给货代足够的时间进行后续的操作。一般来说，工作过程大致如下。

（1）向货代订舱。

（2）货代发送货物进仓通知。

（3）对于整柜货物，货代会安排集装箱拖车；对于拼柜货物，委托企业要按照货代进仓通知的指示将其按时运送至指定仓库。

（4）外贸业务人员要把报关资料（即报关所需的发票、装箱单、报关单及其他所需单证）及时交给货代，委托货代报关。如果是企业自己报关，那么要按照货代规定的时限完成报关。

（5）报关装船的同时，外贸业务人员应与货代核对提单内容，把客户对提单的各种要求告诉货代，请货代按照客户要求制单。货代以最后确认的内容格式出具提单。

（6）船开后，货代会核算、告知所需费用，并出具运费发票，外贸业务人员要及时付清费用，取得提单。

时间安排上则很有讲究，一般采取倒推计算方法，先确定最后交货期限，再根据操作步骤倒推计算出货等具体时间。下面举例说明。

案例

出货相关时间安排

假设我们与客户拟定 8 月 18 日出货，运往澳大利亚的悉尼港口。注意并不是每天都有船开往悉尼的。开船航次通常会以周为单位，如逢周二、周五有船。经查 8 月 18 日是周四，之前最接近的航次是 8 月 16 日周二的船。这样一来，16 日才是我们实际操作中的最后交货日。可能的话，最好安排提前的一个航次，如 8 月 12 日周五的船。这样即使届时发生延误货物没赶上船，我们也还可以改 8 月 16 日的航次，在期限内完成交货。否则就只能通过倒签提单解决了。

如果确定乘 8 月 16 日的船，按照规定必须提前半天到一天截止装船，即行话中的"截放"，更须提前一两天完成报关装船事宜，行话称为"截关"。因此，一般情况下，我们应在 8 月 14 日左右把货物运至码头并完成报关。而在本案例中，8 月 14 日逢周日，为稳妥起见，最好在上一个周五即 8 月 12 日完成报关。考虑到订舱及安排拖车装柜所需时间，提前一周为宜。所以，8 月 9 日左右向货代订舱，8 月 12 日左右完成报关，8 月 16 日如期上船是本案例中比较稳妥的办法。可见，合同约定 8 月 18 日交货的，在实际操作中 8 月 9 日就要动手准备了。

外贸业务人员了解了过程，基本上就理解了时间安排的惯例，即一般提前一周订舱，提前两天完成货物进仓和报关事宜。

其中，需要格外注意的就是节假日和周末的影响。因为报关出运需要出口方、货代、码头及海关等几方操作，节假日和周末特别容易造成配合与联系上的脱节。尤其春节、劳动节及国庆节长假，是海运出货最容易出问题的时段，而一旦出问题，就没法及时解决。因此，在与客户订立合同的时候，最好避免在假期内出货。实在需要假期内出货的，则要提前完成相关机构的衔接工作，同时与货代、工厂之间保持密切联系，索要经手人的手机号码等应急联系方式，预先理顺操作环节，预计可能的意外，并准备必要的应急预案。

四、租船、订舱

在货物交付和运输过程中，如货物数量较大，可以洽租整船甚至多船来装运，这就是"租船"。如果货物量较小，可以租赁部分舱位来装运，这就是"订舱"。当卖方备妥货物，收到国外开来的信用证，并且经过审核无误后，能否做到船货衔接，按合同及信用证规定的时间及时将货物运出，主要决定于租船、订舱这个环节。

扫码观看视频讲解

（一）基本要求

租船、订舱的基本要求主要包括以下几点。

（1）根据合同中不同的价格条件，在具体租船、订舱时，应遵循各自的要点，具体说明如图4-1所示。

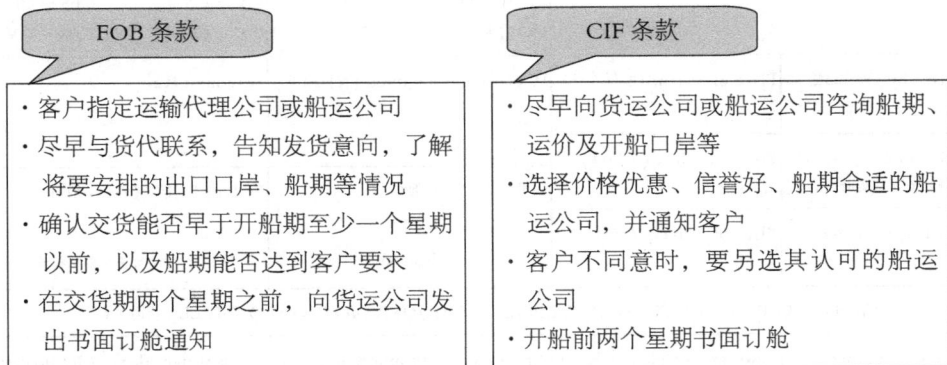

FOB 条款	CIF 条款
·客户指定运输代理公司或船运公司 ·尽早与货代联系，告知发货意向，了解将要安排的出口口岸、船期等情况 ·确认交货能否早于开船期至少一个星期以前，以及船期能否达到客户要求 ·在交货期两个星期之前，向货运公司发出书面订舱通知	·尽早向货运公司或船运公司咨询船期、运价及开船口岸等 ·选择价格优惠、信誉好、船期合适的船运公司，并通知客户 ·客户不同意时，要另选其认可的船运公司 ·开船前两个星期书面订舱

图4-1　租船、订舱时应遵循的要点

（2）如果货物不够装满一个集装箱（集装箱是一种能反复使用的、便于快递装卸的、标准化货柜），需以散货的形式运输，应向货代公司订散货舱位。拿到入舱单后，还要了解货物截舱时间、货物入舱报关要求等内容。

（3）向运输公司订舱时，一定要发送书面订舱单，注明所订船名、船期、货柜类型及数量、装货港、目的港、货物名称、质量、体积、发货人及收货人信息等内容，以免出现差错。

（二）租船、订舱程序

1.填写货物订舱委托书

发货人委托货运公司（船运公司或货代）托运货物时，需要填写货物订舱委托书（见表4-4）预订舱位。

表4-4　货物订舱委托书

** 订舱时，请务必清楚填写箱型、箱量、起运港、目的港和货品的中英文名称、货重、体积、运费、运输条款、截关期及所需配载船运公司，并请签名及加盖公章。如有特别要求，请在备注中写明。

Shipper（发货人）		SHIPPING ORDER		S/O :
Tel :　　　　PIC:		公司 Logo	×× 国际货运代理有限公司 ×× Logistics Co., Ltd TEL: MAIL: Celina@XX.com.cn Monica@XX.com.cn	
Consignee（收货人）				
Notify party（通知人）		Sea Freight PREPAID □ COLLECT □	Service Type on Receiving and Delivery CY - CY □ CFS - CFS □ CY - CFS □ CFS - CY □	
Pre-Carriage by（前程运输）	Place of receipt（收货地点）	Reefer temp. required（冷藏温度） ℃　　℉	Seahonest Ref.	
Ocean Vessel / Voy. No.（船名/航次） 订舱时此处写截关时间	Port of loading（装货港）	提单类型：船东单 电放单 Seaway Bill	FCL or LCL（整箱货/散货） 此处填柜型及柜量	
Port of discharge（卸货港）	Place of delivery（交货地）			
PARTICULARS FURNISHED BY SHIPPER - CARRIER NOT RESPONSIBLE（托运人填写）				
Marks and numbers（标记与号码）	No. of ctns/pkgs（箱数或件数）	Kind of packages : description of goods（包装种类与货名）	Gross weight (kgs)（毛重/公斤）	Measurement (cbm)（尺码/立方米）

（续表）

OCEAN FREIGHT		
B/L Type HBL or MBL		Signature & Chop by Shipper （托运人签名及盖章）
Trucking Arrangement（拖车安排） （若由我司安排拖车，请填写装柜时间、地点、联系人、电话、报关方式）	托运人声明：我司托运的货物名称及质量为真实的，如因虚报或瞒报产生的一切连带责任及后果将由我公司全部承担！ Person in Charge（经办人） Date（托运日期）：	

　　发货人根据贸易合同和信用证条款内容填制货物订舱委托书，委托船运公司或货代办理货物托运。船运公司或货代依据订舱委托书内容，并结合船舶的航线、装货港、目的港、船期和舱位等条件预订船期及舱位，并将装货单（Shipping Order, S/O，俗称"落货纸"或"出仓纸"）发送给发货人，让其及时安排拖车公司将货物运输到指定地点。

　　订舱委托书的制作要求如表4-5所示。

表4-5　订舱委托书的制作要求

序号	项目	填写要求
1	目的港	名称须明确具体，并与信用证描述一致，如有同名港，须在港口名称后注明国家、地区或州、城市。若信用证规定的目的港为选择港（Optional Ports），则应是同一航线上的、同一航次挂靠的基本港
2	运输编号	即委托书的编号。每个具有进出口权的托运人都有一个托运代号（通常也是商业发票号），以便核查和财务结算
3	货物名称	应根据货物的实际名称，用中、英文两种文字填写，更重要的是要与信用证所列货名相符
4	标记及号码	又称唛头（Shipping Mark），是为了便于识别货物、防止错发货，而在进出口货物的包装上所做的标记，通常由型号、图形、收货单位简称、目的港、件数或批号等组成
5	质量及尺码	质量的单位为千克，尺码的单位为立方米。托盘货要分别注明盘的质量、尺码及货物本身的质量、尺码，对超长、超重、超高的货物，应提供每一件货物的详细的体积（长、宽和高）及质量，以便货运公司计算货物积载因素，安排特殊的装货设备

（续表）

序号	项目	填写要求
6	运费付款方式	一般有运费预付（Freight Prepaid）和运费到付（Freight Collect）。有的转运货物，一程运费预付，二程运费到付，要分别注明
7	可否转船、分批，以及装货期、有效期	均应按信用证或合同要求——注明
8	通知人、收货人	根据贸易合同或信用证条款填写
9	有关的运输条款	关于订舱，如果客户有特殊要求，也要——列明

在实际贸易操作中，一般是船运公司或货代给发货人发送正式的 S/O，发货人在验货完成后把 S/O 传真给拖车行（S/O 上注明拖柜时间、地点及联系电话等信息），用来制作相关运输单据。

2. 货运代理办理托运（以集装箱发货为例）

（1）货代接到货物订舱委托书后，根据和客户谈好的情况让船运公司安排舱位。

（2）船运公司发送 S/O：船运公司确认有舱，并给货代发送 S/O。S/O 是货物提柜、装船的凭证。

（3）凭 S/O 提柜：货代拿到 S/O 后，根据 S/O 的指示打单去指定地点提柜。

（4）货代提柜后，将其运送至工厂装货，当货物装卸完毕后，关柜门、打铅封，并将铅封上的编号登记在还柜纸上。

注：封条其实就是一个由塑料或金属制成的锁头，是一次性的。

下面分别提供一份散货海运装货单据和整柜海运订舱单据的范本，仅供参考。

【范本】散货海运装货单据

散货海运装货单据

入外运仓进仓通知书					
订舱号：	SZXPIT3896560V	目的港：	PITTSBURGH	目的国：	美国
外运代码：	TJHX（不能修改）		预约号：		01609266
请送货前预约入仓时间：网上服务系统预约（通过预约号登录）： 入仓时间电话自动语音预约：×××××					

（续）

货物名称（必填）	唛头	数量和包装	质量（千克）	体积（立方米）	备注
请自行填写	请自行填写	10 CTNS	455	4.12	请如实申报货物的质量，货名和目的港，否则后果自负！我司一律不收危险品，请知悉，谢谢！
截仓时间	2022-12-19 17:00	请于 12 月 14 日至截仓日期间送货，否则将产生仓租 RMB2/CBM/ 天，如需 LATE COME（延迟），请提前申请			

如实申报及非危险品申明

　　我方承诺上述货物名称、唛头、尺码、质量等相关信息与实际货物一致，不存在虚报和隐瞒的情况；承诺并保证办理入仓货物为一般物品，非易燃、非易爆、非腐蚀性、非有毒有害物质、非氧化剂、非麻醉品、非精神性药品、无放射性，亦非用于制造化学武器的原料，不属于《国际海运危险货物规则》（IMDG Code）和国家标准《危险货物品名表》（GB 12268—2012）所列之危险品；亦非外运仓公告禁止入仓货物。以上申报俱属实，因此货物存储运输产生的一切后果，由我方承担全部责任。

送货人签名：　　　　　　　　　　　联系电话：

发货方签章：　　　　　　　　　　　日期：____年__月__日

入仓注意事项

　　1.入仓程序。承运车辆到仓库后，送货人凭此单直接到操作中心大厅 1 ~ 6 号窗口办理卸货登记手续，然后凭指示交单卸货。

　　2.收费标准。按 80 元 /PO 号 / 车的标准收取进仓登记费，进仓登记费及其他所有收费均开具正式发票。

　　3.收货时间。星期一 8:30 至星期六 19:00，期间 24 小时收货：星期日 8:30 至 17:30，星期六只收取转关货物，日期日只收取清关货物。如遇节假日另行通知。

　　4.货物要求。（1）禁止入仓货物：《国际海运危险货物规则》（IMDG Code）和国家标准《危险货物品名表》（GB 12268—2012）所列之危险品；裸装货物或货物包装不适合存储和运输；单件货物重量超过 5 吨（含 5 吨）；货物外包装单边长度超过 4 米（含 4 米）；仓库公告列明的禁止入仓货物。（2）限制入仓货物：包装无唛货物或单票货物超过五种唛头（现场收费贴唛）；易碎品（如玻璃、石材等）外包装为纸箱或单边长度超 2 米或单件质量超 1.5 吨（需办理入仓审批手续，提供货物尺寸、图片和保函）；货物单边宽度小于 50 厘米，必须打三加形支撑架使之成为独立的牢固包装的货物。化工产品、粉状、液体及膏状货物（办理审批手续，提交 MSDS 和保函）。（3）我司不接受变频器、电池组、胶水、腐蚀品、易燃易爆等危险物品及易腐烂物品入仓。

　　5.货物名称、质量等数据务必真实准确，否则由此造成的报关延误等问题由送货人自行负责。

　　6.由于海关加强对报关单申报件数的审核力度，按照申报规范要求，报关件数必须以货物的最小包装申报，所以对于打托或者木箱等包装的货物，必须与客户核实是否含纸箱包装，若是含有纸箱，必须以纸箱件数进行申报，对于客户不按照纸箱申报造成退单的，由客户自行承担责任。

（续）

入仓报关单证要求			
清关报关资料要求及说明		转关报关资料要求及说明	
销售合同	一份，盖公章，中文	装箱单、发票、合同中必须填写中文货品名，否则会罚款	1. 司机本、司机纸、报关单原件和复印件
品牌申明书	一份，盖公章，中文		2. 存出仓委托书，填写完整并盖公章
装箱单	一份，盖公章，中文		3. 装箱单，列明项数、毛净重，并提供 PO 号与报关单申报货物一一对应的列表
发票	一份，盖公章，中文		
报关单	一份，盖公章（电脑打印）		4. 转关车必须在 15:00 之前进仓，方可出司机本
报关委托书	一式三联，盖公章		5. 其他报关单证填写内容注意事项
存出仓委托书	一份，盖公章		6. 出口口岸： 　运输方式： 　备注栏：

7. 根据海关申报规范的要求，出口商品申报要素都要上网查询。各个海关的查询网址不同，此处略。

8. 应提供加盖公章的经营单位营业执照复印件和《中华人民共和国海关进出口货物收发货人报关注册登记证书》复印件。

9. 其他要求：视货物而定需提供相应商检／许可证文件；请在报关单备注栏注明是否退税；上述文件中的报关资料除代理报关委托书外，销售合同、装箱单、发票、报关单和存出仓委托书必须为电脑打印件，不可手写。

10. 如果一份报关单的货值超过 5 万美元，需要提供如下文件：（1）营业执照复印件；（2）税务登记证明；（3）增值税发票（进出口专用发票）；（4）货物中文说明书（附照片）。以上资料需加盖经营单位公章。所有资料齐全后，需交外运仓部门主管（报关金额 50 000 元至 100 000 元）或经理（报关金额 100 000 元及以上）签名后，方可递单申报。

外运仓库详细地址：（略）

路线一：（略）

（续）

路线二：（略）
路线三：（略）

★报关资料递交地址：（略）
报关资料联系我司驻仓员：（略）

【范本】整柜海运订舱单据

整柜海运订舱单据

××集装箱运输（香港）代理有限公司

×× Container Lines (Hong Kong) Agency Co., Ltd.

订舱确认

FROM：   Date：2022-12-30

Tel.：   Fax：   CONTRACT No.：

SHIPPER：   Fax：

ATTN：

船名/航次：

定仓号：CWNMIT100392   TERM：CYCY

柜型/柜量：1×20GP   其他：付款地——香港

货名：FURNITURE   货类：普通货

卸货港：MANZANILLO, PANAMA

目的港：MANZANILLO, PANAMA

特殊要求：

还柜地：   打单地点：

提空柜/开舱时间：2023-01-01   文件截止时间：2023-01-02 16:00

截柜时间：2023-01-06 08:00   截放行条时间：2023-01-06 12:00

备注：（1）是否含木包装：   （2）是否需要杀虫：

文件补料 FAX：

仅接受客户补料至公共邮箱，并在邮件主题上标注订舱号和船名。

收到本确认单后请仔细核对以上内容。

（续）

注意事项
注意：拖车公司必须在本单上盖公司或业务章 ××集运盐田办公室：　　　　　　　　　FAX： Tel.：　　　　　　　　　　　　　　　联系人： ××集运蛇口码头操作部（××打单点）： Tel.：　　　　　　　　　　　　　　　联系人： 　文件补料内容、超重附加费及特种柜免费期和收费标准详见我司网页（略）。 　对于不如实申报货重的客户，我司将会加收罚款。 　注： （1）请于船期指定限期内完成准确提单补料提交工作，否则产生的费用和引起的任何责任由托运人承担； （2）40HQ 开仓期由船到前 7 日起计； （3）如需我公司协助，请与上述客户服务人员联系； （4）如需拖车，请填写拖车单并联系：（略）； （5）如需海铁联运安排，请联系：（略）。 　　货运代理机构接受发货人托运委托后，即可向承运单位或其货运代理办理租船、订舱业务。待承运人（船运公司）或其代理人签发装货单后，货运代理机构填制显示船名、航次和提单号码的提单，连同装货单、收货单一起交付出口企业，托运工作即告完成。
特别提示
办理订舱手续时，力求准确无误，尽量避免加载（增加订舱数量）、退载和变载的情况发生，以免影响承运人和船、货代理人以及港务部门的工作。

五、制作装箱单

装箱单是发票的补充单据，它列明了信用证（或合同）中买卖双方约定的有关包装事宜，便于国外买方在货物到达目的港时供海关检查和核对货物。通常，外贸企业可以将其有关内容加列在商业发票上，但是在信用证有明确要求时，就必须严格按信用证约定制作。

（一）装箱单的格式

装箱单（Packing List）着重表现货物的包装情况，应包括出货的品名规格、数量、箱数、毛净重、包装尺码、总体积、箱号及唛头等。不同公司的装箱单，其格式也不一样。下面提供一份装箱单范本，仅供参考。

【范本】装箱单

PACKING LIST

装箱单

To Messrs:　　　　　　　　　　　　　　Date:

客户：　　　　　　　　　　　　　　　　日期：

No.:　　　　　　　　　　　　　　　　　Invoice No.

编号：　　　　　　　　　　　　　　　　发票号：

S/C No.:

合同编号/销售确认书号：

Shipping By:

运输方式：

FROM:　　　　　　　　　　　　　　　　TO:

从：　　　　　　　　　　　　　　　　　至：

MARKS & No. 唛头	DESCRIPTION 货物名称及规格	QUANTITY 数量	Case No. 箱数	N.W. 净重（千克）	G.W. 毛重（千克）	MEASUR-EMENT 外箱尺寸	CBM 体积（立方米）
TOTAL AMOUNT:							

Signature :

签名：

177

（二）装箱单的内容和缮制要点

装箱单的内容和缮制要点如表 4-6 所示。

表 4-6　装箱单的内容和缮制要点

序号	内容名称	缮制要点
1	装箱单名称	应按照信用证规定使用。通常用"Packing List""Packing Specification" "Detailed Packing List"。如果来证要求用中性包装单（Neutral Packing List），那么包装单名称打"Packing List"，但包装单内不打卖方名称，不能签章
2	编号	编号与发票号码一致
3	合同编号或销售确认书号	注明此批货物的合同号或者销售确认书号
4	唛头	唛头与发票内容一致，有的注明实际唛头，有时也可以只注"as per invoice No. ××"；若没有唛头，则可注"N/M"
5	箱号	箱号又称为包装件号码。在单位包装货量或品种不固定的情况下，需注明每个包装件内的包装情况，因此包装件应编号
6	货物名称	与发票内容一致
7	货物描述	要求与发票内容一致。货名如有总称，应先注总称，然后逐项列明详细货名。与第5项、第6项栏对应，逐一注明每一包装件的货名、规格及品种
8	数量	应注明此箱内每件货物的包装件数，如"bag 10""drum 20""bale 50"，在合计栏注明合计件数
9	毛重	注明每个包装件的毛重和此包装件内不同规格、品种、花色货物各自的总毛重，最后在合计栏中注明总货量。信用证或合同未要求，不注也可。若为"Detailed Packing List"，则此处应逐项列明
10	净重	注明每个包装件的净重和此包装件内不同规格、品种、花色货物各自的总净重，最后在合计栏中注明总货量。信用证或合同未要求，不注也可。若为"Detailed Packing List"，则此处应逐项列明
11	外箱尺寸	注明每个包装件的尺寸

（续表）

序号	内容名称	缮制要点
12	体积	注明每个包装件的体积，单位一般是立方米
13	合计	此栏对箱号、数量、毛重及净重等栏进行合计。以英文大写标明总包装数量，必须与数字表示的包装数量一致。如：FOUR THOUSAND FOUR HUNDRED CARTONS ONLY
14	出票人签章	由出口公司的法人代表或者经办制单人员代表公司在装箱单右下方签名。上方空白栏填写公司英文名称，下方则填写公司法人英文名称

装箱单每项内容的填写一定要准确无误，特别是品名、件数、数量及质量等，一定要与实物一致。否则，一旦被国外海关查实，轻则以走私货罚没，重则要追究刑事责任。

（三）装箱单缮制中的注意事项

（1）有的出口公司将两种单据的名称印在一起，当来证仅要求出具其中一种单据时，应将另一种单据的名称删去。单据的名称必须与来证要求相符。如果信用证规定为"Weight Memo"，那么单据名称不能用"Weight List"。

（2）单据的各项内容应与发票和其他单据的内容一致。例如，装箱单上的总件数和质量单上的总质量应分别与发票、提单上的总件数或总质量一致。

（3）包装单所列的情况应与货物的包装内容完全相符。

（4）如来证要求提供"中性包装清单"（Neutral Packing List），应由第三方填制，不要注明受益人的名称。这是由于进口商在转让单据时，不愿将原始出口商暴露给其买主，因此才要求出口商出具中性单据。如来证要求用"空白纸张"（Plain Paper）填制这两种单据，在单据内一般不表现出受益人及开证行名称，也不加盖任何签章。

六、排柜

排柜的目的是尽量降低海运费。例如，20英尺柜和40英尺柜都可以装下一批货物，企业一般会选择20英尺柜，因为20英尺柜的各项费用肯定比40英尺柜低；另外一种情况是，客户订单里的产品规格、型号比较多，尺寸也不一样，所以需要经过仔细计算，使装货数量尽量多，通常的做法是选择最经济、最合适的柜型，装尽可能多的货物数量。

（一）了解货柜尺寸

货柜共分 20 英尺和 40 英尺两种规格，20 英尺柜的外尺寸为 20 英尺 ×8 英尺 ×8 英尺 6 英寸[1]；40 英尺柜的外尺寸为 40 英尺 ×8 英尺 ×8 英尺 6 英寸。此外，20 英尺柜和 40 英尺柜还分一般柜及高柜。表 4-7 是常用集装箱尺寸基本情况一览表。

表 4-7　常用集装箱尺寸基本情况一览表

序号	柜型	内尺寸	配货毛重	体积
1	20 英尺柜	5.89 米 ×2.35 米 ×2.39 米	28 吨	24 ~ 28 立方米
2	40 英尺柜	12.03 米 ×2.35 米 ×2.39 米	26 吨	58 立方米
3	40 英尺高柜	12.03 米 ×2.35 米 ×2.69 米	28 吨	68 立方米
4	40 英尺高冻柜	11.58 米 ×2.29 米 ×2.50 米	28 吨	67 立方米
5	20 英尺开顶柜	5.89 米 ×2.32 米 ×2.31 米	28 吨	28 立方米
6	40 英尺开顶柜	12.01 米 ×2.33 米 ×2.35 米	26 吨	67 立方米
7	20 英尺平底货柜	5.63 米 ×2.23 米 ×2.21 米	28 吨	—
8	40 英尺平底货柜	12.05 米 ×2.12 米 ×1.96 米	40 吨	—
9	45 英尺高柜	13.58 米 ×2.34 米 ×2.71 米	一般 29 吨	78 立方米

注：20 英尺和 40 英尺平底货柜属于特装柜，在实际操作中，一般以其实际承运货物的质量来确定其体积，
　　但是，所装货物的质量与体积均不能超过集装箱容量的量大数值（即理论数值）。

（二）排柜方法

各种排柜尺寸不一，外贸业务人员在做具体安排时，应注意以下技巧。

（1）在计算货物外箱体积的时候，在外箱实际尺寸的基础上长、宽、高各加 0.01 米算单个外箱的体积。

（2）20 英尺柜一般是 24 ~ 28 立方米，不要超过 28 立方米，40 英尺柜体积的安全上限是 58 立方米，45 英尺高柜体积上限是 78 立方米。这里所说的上限是实际能装的体积，并不

---

[1] 1 英尺等于 0.304 8 米，一英寸等于 0.025 4 米。余同。

是柜子内部的空间体积，因为装柜时有浪费，很难百分之百地利用空间。

（3）每种柜子的质量也是有限制的，货物的毛重不能超过其限制，尤其要考虑有些国家的相关规定。

（4）要尊重客户的要求，如唛头朝柜门口、同一款号要堆放在一起等。

（5）要考虑到海关查验的需要。

案例

如何正确排柜

　　某工厂有一批需要排柜的货物，要用一种滑托板打包装，箱子的尺寸是 0.56 米 ×0.3 米 ×0.4 米，总共有 610 箱。客户要求高度不能超过 1.2 米。现订购滑托板的尺寸是 1.12 米 ×0.9 米，堆两层，高度是 0.8 米。每个滑托板装 12 个箱子，大概需要 51 个滑托板。如果准备装 40 英尺柜，那么以下排柜方法可有效地利用空间。

　　（1）堆两层，第一层每托 3 层高，共 18 箱一托，第二层每托 2 层高，共 12 箱一托。总高度是 0.4×3+0.8=2 米。

　　（2）排两列，每托的宽度是 0.9 米，共 1.8 米宽。

　　（3）每列排 10 行，共 11.2 米长。

　　第一层：放 20 托 ×18 箱 =360 箱。

　　第二层：放 20 托 ×12 箱 =240 箱。

　　合计 600 箱，余下的 10 箱可以放在空隙里。

（三）统计货柜安排

对于排柜情况，应以表格形式列明，并将该表格交给工厂，以便其做好相应准备。下面是一份货柜安排情况表的范本，仅供参考。

【范本】货柜安排情况表

货柜安排情况表

客户名：　　　　　　　　　　　　　　　　订单号：

货柜类型：　　　　　　　　　　　　　　　到厂日期：

序号	型号 / 规格	每箱产品数量	箱数	体积

七、出口商品出厂前检验

出口商品出厂前的检验，主要分为生产检验、验收检验和第三方检验。要确保出口商品的质量，外贸业务人员必须做好出厂前的检验。

（一）生产检验

生产检验又称为第一方检验、卖方检验，是由生产企业或其主管部门自行设立的检验机构对所属企业进行原材料、半成品和成品产品的自检活动。生产检验的目的是及时发现不合格产品，保证产品质量，维护企业信誉。如果是自己加工的企业，外贸业务人员要在平时做好跟踪工作。如果是代理加工，外贸业务人员则应选择信誉较好的工厂代加工。

（二）验收检验

验收检验又称为第二方检验、买方检验，是由商品的买方为了维护自身及其客户利益，保证所购商品符合标准或合同要求所进行的检验活动。验收检验的目的是及时发现问题，反馈质量信息，促使卖方纠正或改进商品质量。外贸企业应常派驻厂员，对商品质量形成的全过程进行监控，如发现问题，可及时要求生产方解决。

（三）第三方检验

第三方检验又称为公正检验、法定检验，是由处于买卖利益之外的第三方（如专职监督检验机构），以公正、权威的非当事人身份，根据有关法律、标准或合同所进行的商品检验活动，如公证鉴定、仲裁检验及国家质量监督检验等。第三方检验的目的是维护各方合法权益和国家权益，协调矛盾，促使商品交换活动的正常进行。

（四）填写检验单

外贸业务人员在对出口商品进行出厂检验后，需要填写出口商品出厂检验单（见表4-8）。

表 4-8　出口商品出厂检验单

品名 / 规格		数量 / 质量	
合同 / 信用证号		生产日期	
批号		包装生产厂代号	
货物状况：货存_____，用_____包装 包装情况： 检验依据： 抽样情况：按_____标准随机抽取代表性样品_____件			唛头 N/M
检验项目： 检验结果： （本栏填不下可加附页并注明：详细结果见附页）			
评定意见： 			
检验员		检验日期		审核人	
质量声明：我公司保证遵守国家的有关法律法规，该批货物的质量经本公司按照以上检验依据检验，符合标准要求，厂检结果完全属实。如出现问题，本公司承担一切责任。特此声明。					
检验检疫审核		审核日期		检验检疫审批	

八、接待客户或第三方验货

在交货期前一周，外贸业务人员要通知客户验货。如果客户要自己或指定验货人员来验货，要在交货期的一周前，约客户查货，并将查货日期告知生产部（或生产厂家）。如果客户指定由第三方验货公司或公正行等验货，要在交货期两周前与验货公司联系，预约验货时间，确保在交货期前安排好时间。

（一）准备工作

外贸业务人员在验货前，要做好以下准备工作。

1. 了解验货标准

如果合同规定客户验货或第三方验货，那么在订货后，外贸业务人员应要求客户或第三方验货公司提供一套验货标准。

2. 了解验货内容

外贸业务人员只有了解验货内容，才能做到心中有数。一般来说，验货内容主要包括以下几个方面。

（1）在正式验货前，询问订单的情况，如整批货物是否都已生产完成。如没有全部完成，那完成了多少，已包装好的成品有多少，没完成的是否正在生产中。如货物正在生产中，验货人员要去现场查看生产情况，了解余数什么时候完成。对已完成的货物，验货人员要查看并记录堆放情况并点数（点箱数／卡板数）。注意，这些情况都会填写在验货报告中。

（2）用照相机拍下和核对外箱唛头和装箱情况，查看其是否与落货通知书要求相同，如果货物还没有装箱，验货人员会询问工厂纸箱是否到位。如果纸箱已经到位，就算货物还没有装箱，其也会先检查纸箱唛头、尺寸、质量、清洁度和颜色等，但通常会让工厂先装一箱进行检查；如纸箱没有到位，其会询问何时到。

（3）称货物的质量（毛重），量度外箱的尺寸，看是否与所印的落货通知书符合。

（4）在验货报告中填写具体的装箱信息，如多少只（个）入一内盒（中盒），多少只（个）入一外箱，写法为："50只／内盒，300只／外箱"。另外，还要检查纸箱是否已打包好，外箱是否用工字形封箱胶带封好。

（5）按照指示进行摔箱测试。

（6）抽样检查外箱是否有破损，检查内盒（中箱）是否是四页盒，内盒内的间格卡是否有杂色。

（7）检查产品有无破损。

（8）根据标准数量指示抽查货物。

（9）用照相机拍下货品情况，包括不良品和在生产线上的情况。

（10）核对货品与菲林片和有关要求是否一致，如产品颜色、商标颜色和位置、大小、外观、产品表面处理效果及产品功能等。

（11）检查彩盒有无破损，有无折痕，印刷效果是否优良，是否和打样一致。

（12）检查货品是否使用全新原料，原料要无毒，油墨也要无毒。

（13）检查货品各零件是否装好、装到位，不可松动或脱落。

（14）检查货品功能是否正常，操作是否正常。

（15）检查货品有无披锋，不可有毛边利角。

（16）检查货品和纸箱（包括包装彩盒、纸卡、塑料袋、不干胶、气泡袋、说明书及发泡等）的清洁度。

（17）检查货品是否完好，以及是否在良好情况下存放。

（18）验货人员填写验货报告后，应告知不良品及其具体情况，然后让负责人签名并写上日期。

（二）接待并配合验货

外贸业务人员要提前通知相关部门将所验货品准备好，并派人协助搬运、开箱等工作。在实际验货时，要全程陪同跟踪，并回答验货人员的各种问题，确保验货工作正常进行。

（三）应对第三方验货人员的刁难

在生产产品之前，外贸业务人员一定要与客户就相关的检验、技术达成一致，并形成文件，以防止第三方验货人员的刁难。

如果在实际验货时，第三方验货人员违背文件的规定，外贸业务人员可以请他们在提出问题的样品上签名，留下证据。

九、安排拖柜

货物生产完成并验货通过后，外贸业务人员就可以委托拖车公司提柜、装柜，并注意以下事项。

（1）外贸业务人员应选择与安全可靠、价格合理的拖车公司签订协议，长期合作，以确保安全及准时。

（2）外贸业务人员要给拖车公司发送以下资料：订舱确认书／放柜单、船运公司名称、订舱号、拖柜委托书、装柜时间、柜型及数量、装柜地址、报关行及装船口岸等。

> 如果有验货公司监督装柜，外贸企业要专门声明其不能晚到，并要求回传一份上柜资料，列明柜号、车牌号、司机及联系电话等。

（3）外贸业务人员要给工厂发送一份装车资料，列明上柜时间、柜型、订舱号、订单号、车牌号及司机的联系电话。

十、跟踪装柜

在货物装柜时，外贸业务人员要进行全程监督。

（一）装柜前的跟踪

外贸业务人员应在出货前一天通知相关人员，并确定出货数量。在出货日，外贸业务人员应跟踪货柜是否到厂。如果货柜没有到厂，应与船运公司联系，询问具体情况，并且与货柜车司机联系，询问其到厂的大概时间，以便通知工厂做好准备。

（二）协助装柜

外贸业务人员应协助生产部安排好人员装柜。货柜到厂后，外贸业务人员要监装，指导货物的摆放。如果一个货柜中装有几种货物，那么每一规格的货物都要留一两箱放在货柜尾部用于海关查货。

（三）填制提货单

待货物快装完时，外贸业务人员要为每个货柜填制一份提货单，待装货完毕后，要求货柜车司机签名确认；告诉货柜车司机报关地点和报关员的联系电话。如果有报关资料，应请货柜车司机带给报关员，做好签收工作。

下面是一份提货单的范本，仅供参考。

【范本】提货单

提货单

客户：　　　　　　　　订单号：　　　　　　　　日期：

序号	品名	产品代码	规格／型号	颜色	数量	箱数
总计						
货柜公司			货柜号码			
提货车牌			提货人			

业务主管：　　　　　　　　仓库：　　　　　　　　制单人：

（四）通知放行

出货手续办理完毕后，工厂会通知保安人员放行。为确保安全，许多工厂都设置了保安人员，并制定了相关的物品出入管理制度与表单，任何人都必须遵守。外贸业务人员应将当日出货事宜告知保安人员，并填写相关放行条。

> 如果外贸业务人员没有去监装，货柜离开工厂后，外贸业务人员一定要让工厂尽快给业务部发送一份装货通知，列明货柜离厂时间、实际装货数量等，并记录集装箱号码和封条号码，作为制作提货单的资料，同时要求工厂在装柜后一定要贴上封条。

十一、出货反馈跟踪

（一）发出装运通知

货物装船后，外贸业务人员应及时向国外买方发出装运通知，以便对方准备付款、赎单，办理进口报关和接货手续。

装运通知的内容一般包括订单号或合同号、信用证号、货物名称、数量、总值、唛头、装运口岸、装运日期、船名及预计开航日期等。在实际业务中，外贸业务人员应根据信用证的要求和对客户的习惯做法，将上述项目在电文中适当地列明。

下面是一份装运通知的范本，仅供参考。

【范本】装运通知

装运通知

SHIPPING ADVICE

Messrs :

Dear Sirs :

Re : Invoice No.

L/C No.

We hereby inform you that the goods under the above mentioned credit have shipped. The details of the shipment are as follows :

Commodity :

Quantity :

Amount :

Bill of Lading No. :

Ocean Vessel :

Port of Loading :

Port of Destination :

Date of Shipment :

We hereby certify that the above content is true and correct.

Company name :

Address :   Signature :

（二）反馈运输状态信息

货物发出后，外贸业务人员应通过有效的反馈系统，掌握与货物相关的运输状态信息，主要包括以下信息：

（1）运输安全与否，运输途中是否发生意外，安全保障状态如何；

（2）通关是否顺利，如果不顺利，需要采取哪些补救措施；

（3）运输效果如何，是否能够按预期的计划交给客户；

（4）其他不可控的必要信息，如台风、地震等。

（三）统计出货情况

外贸业务人员要统计订单的实际出货完成情况，落实未完成事项能够完成的具体日期，并把统计结果呈报责任部门和上级领导。

下面是一份出货统计表的范本，仅供参考。

【范本】出货统计表

出货统计表

年 月 日

序号	订单号	客户	品名	规格/型号	数量	订单交期	实际出货日	备注

核准人： 审核人： 制表人：

（四）客户收货追踪

货物运出工厂后，外贸业务人员需要将所出货物订单规格及数量等信息登记在客户出货追踪表中。司机要将具有接收者签名的货运单或入舱单签名回联带回，以便业务部门确认，必要时将此单发送给客户，表示货物已从工厂运出。

下面是一份客户出货追踪表的范本，仅供参考。

【范本】客户出货追踪表

客户出货追踪表

订单号	客户名称	品名	规格	数量	出厂日期	装船日期	客户收到日期

在估计客户收到货物时，外贸业务人员应将收货确认单交给客户，要求确认后签名盖章传回，表示已收到货物。

下面是一份收货确认单的范本，仅供参考。

【范本】收货确认单

收货确认单

客户名称：

为尽量减少与贵公司在对账中不必要的麻烦，请确认以下表格中所列货物是否如数收到。如收到，请在客户签名盖章处签名并盖章，并请回传，多谢合作！

订单号：

产品编号	产品名称	产品规格	数量	箱数	出厂时间	运输方式	到货时间

客户签名盖章：　　　　　　　审核人：　　　　　　　　制单人：

（五）出货遗留事项处理

对于出货遗留及其变动事项，外贸业务人员需要进行彻底的处理，以确保达到出货目的。

出货遗留事项处理主要包括统计订单的实际出货完成情况，落实能够完成未完成事项的具体日期，把统计结果呈报责任部门和上级领导，让其确认发货日期，以便做相应的验货、订舱等安排。

十二、获得运输文件

出货后，外贸业务人员要及时与船运公司联系，催促其出具货运提单样本及运费账单，以便做好结算工作。

（一）督促船运公司出具货运提单

最迟在开船后两天内，外贸业务人员要将提单补料①内容发送给船运公司或货运代理，催促尽快开出货运提单样本及运费账单。补料要按照信用证或客户的要求完成，保证货物数量准确。船运公司应随同货运提单开出装船证明等。

（二）仔细核对货运提单样本

外贸业务人员在仔细核对货运提单样本无误后，应向船运公司书面确认提单内容。如果提单需要客户确认，那么要先给客户发送货运提单样本，待客户确认后，再要求船运公司出具正本。

货运提单样本就是货运提单草稿，一般在开船后才会出具，然后传给托运人。因为可能存在输入错误等，所以需要托运人核对确认，没有问题就写上"好"后回传。要确保补料的准确性，因为每更改一次货运提单都要收费，所以最好一次完成。

货运提单的审核非常重要，否则会导致很多麻烦。外贸业务人员应着重审核提单种类、份数、抬头、收货人、通知人、出单人、承运人、指示方、装货港、卸货港、货物描述、转船分批装运描述、清洁性描述、装船批注及背书描述等信息，原则是要符合信用证要求、事实和常理。

（三）及时支付运杂费

支付运杂费时，外贸业务人员应填写运杂费支付登记表（见表4-9）。付款后，外贸业务人员应通知船运公司，并及时取得货运提单等运输文件。

---

① 提单补料，即Shipping Information，简称SI，即订舱一方向船运公司提供这批货物的详细资料，简单来说，就是提单上要求提供的各项内容，即关于客户的资料、柜号、封号、毛重、总立方数、唛头及货物描述等。

表 4-9　运杂费支付登记表

订单号	客户名	装船日期	船运公司	运杂费	支付情况	提单号

　　一般来说，只有先付清运杂费，才能拿到货运提单正本，所以要及时付款。付款方式可以是支付现金、电汇或者支票。如果支付现金或者电汇，需要将银行付款水单发送给船运公司，证明已经付清了运杂费，然后就可以让船运公司快递提单，或是自取提单；有些船运公司则要确认款项到账后才提供货运提单正本。如果采用支票付款，只要支票到达船运公司，就可以要求寄出货运提单正本。

扫码观看视频讲解

第二节　国际货物运输保险办理

　　合同中约定使用的贸易价格不同，外贸业务人员在办理保险时的工作重点就不同。如果按 FOB 或 CFR 条件成交，保险由买方办理，外贸业务人员要催促买方及时办理。如果按 CIF 条件成交，卖方就要自行办理保险。

一、选择投保形式

货物运输险投保的形式有以下几种。

（一）预约保险

专业从事出口业务的贸易公司，或者长期出口货物的企业，可与保险公司签订预约保险合同（简称为"预保合同"，是一种定期统保契约）。凡属于预保合同约定范围以内的货物，一经起运，保险公司即自动承保，即凡签订预保合同的单位，在每批保险标的出运前，由投保人填制起运通知，一式三份，交保险公司。

下面分别是一份出口货物运输预约保险合同和中国人民保险公司国际运输预约保险起运通知的范本，仅供参考。

【范本】出口货物运输预约保险合同

出口货物运输预约保险合同

合同编号：＿＿＿＿＿＿＿＿　　　日期：＿＿＿＿＿＿

甲方：＿＿＿＿＿＿＿＿

乙方：＿＿＿＿＿＿＿＿保险公司

双方就出口货物的运输预约保险，拟定下列各条以资共同遵守。

一、保险范围

甲方出口到国外的全部货物，不论运输方式，凡贸易条件规定由卖方办理保险的，都属于合同范围之内。甲方应根据本合同规定，向乙方办理投保手续并支付保险费。

乙方对上述保险范围内的货物，负有自动承保的责任，在发生本合同规定范围内的损失时，均按本合同的规定负责赔偿。

二、保险金额

保险金额以出口货物的 CIF 价为准。如果交易不是以 CIF 价成交，那么折算成 CIF 价。计算时，运费可用实际运费，也可由双方协定一个平均运费率计算。

三、保险险别和费率

各种货物需要投保的险别由甲方选定并在投保单中填明。乙方根据不同的险别，规定不同的费率。现暂定如下。

货物种类	运输方式	保险险别	保险费率

四、保险责任

各种险别的责任范围，按照所属乙方制定的"海洋货物运输保险条款""海洋货物运

（续）

输战争险条款""航空运输综合险条款"和其他有关条款的规定为准。

五、投保手续

甲方一经掌握货物发运情况，即应向乙方发出起运通知书，办理投保。通知书一式五份，由保险公司签订、确认后，退回一份。如果不办理投保，货物发生损失，乙方不予理赔。

六、保险费

乙方按甲方寄送的起运通知书，按照相应的费率逐笔计收保险费，甲方应及时付费。

七、索赔手续和期限

本合同所保货物发生保险范围以内的损失时，乙方应按制订的"关于海运出口保险货物残损检验和赔款给付办法"迅速处理。甲方应尽力采取防止货物扩大受损的措施，对已遭受损失的货物，必须积极抢救，尽量减少货物的损失。向乙方办理索赔的有效期限，以保险货物卸离海轮之日起满一年终止。如有特殊需要，可向乙方提出延长索赔期。

八、合同期限

本合同自____年__月__日开始生效。

甲方：   乙方：

日期：   日期：

【范本】中国人民保险公司国际运输预约保险起运通知

中国人民保险公司国际运输预约保险起运通知

被保险人：   编号：   字第   号

保险货物项目（唛头）：	包装及数量：	价格条件：	货价（原币）：
合同号：	发票号码：	提单号码：	合同号：
运输方式：	运输工具名称：	运费：	运输方式：
开航日期： 年 月 日 运输路线： 自 至			
投保险别：	费率：	保险金额：	保险费：

中国人民保险公司
 	
        年 月 日
	被保险人签章
	
	    年 月 日
		备注	

（二）逐笔投保

未与保险公司签订预约保险合同的外贸企业，需要对出口货物逐笔填制投保单，并办理货物运输险投保。

（三）联合凭证

凡陆运、空运到我国港澳地区的，可使用联合凭证，由投保人将联合凭证一式四份提交给保险公司。保险公司将其加盖联合凭证印章，并根据投保人提出的要求注明承担险别、保险金额和理赔代理人名称，经签章后退回三份，自留一份，凭此统一结算保费。

二、选择保险险别

关于海洋运输货物保险，按照国家保险习惯，可将各种险别分为基本险别和附加险别。

（一）基本险别

基本险别有平安险、水渍险和一切险。不同的险别，其责任范围也不一样，具体内容如表 4-10 所示。

表 4-10 基本险别的责任范围

序号	险别	责任范围
1	平安险	（1）在运输过程中，由于自然灾害和运输工具发生意外事故，造成被保险货物实物的实际全损或推定全损； （2）只要运输工具曾经发生搁浅、触礁、沉没、焚毁等意外事故，无论意外事故发生之前，或者以后是否曾在海上遭遇恶劣气候、雷电及海啸等自然灾害，所造成的被保险货物的部分损失； （3）由于运输工具遭遇搁浅、触礁、沉没、互撞、与流冰或其他物体碰撞，以及失火、爆炸等意外事故造成被保险货物的部分损失； （4）在装卸转船过程中，被保险货物一件或数件落海所造成的全部损失或部分损失； （5）运输工具遭遇自然灾害或意外事故，在避难港卸货所引起被保险货物的全部损失或部分损失； （6）如运输工具遭遇自然灾害或意外事故，需要在中途的港口或者在避难港口停靠，因而引起的卸货、装货、存仓及运送货物所产生的特别费用；

（续表）

序号	险别	责任范围
1	平安险	（7）发生共同海损所引起的牺牲、公摊费和救助费用； （8）如发生保险责任范围内的危险，被保险人对货物采取抢救、防止或减少损失的各种措施，因而产生合理施救费用。但是保险公司承担费用的限额不能超过这批被救货物的保险金额。施救费用可以在赔款金额以外的一个保险金额限度内承担
2	水渍险	除了包括上列"平安险"的各项责任，还负责被保险货物由于恶劣气候、雷电、海啸、地震及洪水等自然灾害所造成的部分损失
3	一切险	除了包括上列平安险和水渍险的各项责任，还包括货物在运输过程中，因各种外来因素所造成保险货物的损失。无论全损或部分损失，除对某些运输途耗的货物，经保险公司与被保险人双方约定在保险单上载明的免赔率外，保险公司都给予赔偿

（二）附加险别

附加险别包括一般附加险和特殊附加险。

1. 一般附加险

一般附加险不能作为一个单独的项目投保，而只能在投保平安险或水渍险的基础上，加保一种或若干种一般附加险。如加保所有的一般附加险，就叫投保一切险。常见的一般附加险及其说明如表 4-11 所示。

表 4-11　常见的一般附加险及其说明

序号	险别	说明
1	偷窃、提货不着险	保险有效期内，保险货物被偷走或窃走，以及货物运抵目的地以后，整件未交的损失
2	淡水雨淋险	货物在运输中，由于淡水、雨水以至雪溶所造成的损失
3	短量险	保险货物数量短缺和质量的损失
4	混杂、沾污险	保险货物在运输过程中混进了杂质，或被其他物质接触而玷污所造成的损失
5	渗漏险	流质、半流质的液体物质和油类物质，在运输过程中因为容器损坏而引起的渗漏损失

（续表）

序号	险别	说明
6	碰损、破碎险	碰损主要针对金属、木质等货物，破碎则主要针对易碎性物质
7	串味险	货物（如香料）在运输中与其他物质一起储存而导致的变味损失
8	受潮受热险	由于气温骤变或船上通风设备失灵等原因引起货物的损失
9	钩损险	货物在装卸过程中因为使用手钩、吊钩等工具所造成的损失
10	锈损险	货物在运输过程中因为生锈造成的损失
11	包装破损险	包装破裂造成物资的短少、沾污等损失

2. 特殊附加险

特殊附加险也属附加险类别，但不属于一切险的范围，主要包括各种战争险，罢工、暴动、民变险，交货不到险，进口关税险，黄曲霉素险等。

三、计算保险金额与保险费

保险金额是投保人对出口货物的实际投保金额；保险费则是投保人应缴纳的相关费用。

（一）保险金额

按照国际保险市场的习惯做法，出口货物的保险金额一般按 CIF 货价另加 10% 计算，这增加的 10% 也被称为保险加成，是买方进行这笔交易所付的费用和预期利润。如果客户要求将保险加成率提高到 20% 或 30%，其保费差额部分应由买方负担。同时，如果客户要求的保险加成率超过 30%，应先征得保险公司的同意。

保险金额的计算公式如下：

$$保险金额 = CIF货值 \times （1 + 加成率）\tag{4-1}$$

如果换算成 CFR 价，则：

$$CFR = CIF \times [1 - 保险费率 \times （1 + 加成率）]\tag{4-2}$$

（二）货运保险保险费

投保人按约定方式缴纳保险费是保险合同生效的条件。保险费率是由保险公司根据一定时期、不同种类的货物的赔付率，按不同险别和目的地确定的。保险费则根据保险费率表的费率来计算，其计算公式如下：

$$保险费＝保险金额×保险费率 \qquad (4-3)$$

如按 CIF 加成投保，上述公式可更改为：

$$保险费＝CIF×（1+投保加成率）×保险费率 \qquad (4-4)$$

例如，商品 03001 的 CIF 价格为 10 000 美元，进口商要求按成交价格的 110% 投保一切险（保险费率 0.8%）和战争险（保险费率 0.08%），根据上述公式计算：

保险金额 ＝10 000×110%＝11 000（美元）

保险费 ＝11 000×（0.8%+0.08%）＝96.8（美元）

四、办理投保手续

（一）准备单证

在投保之前，外贸业务人员要将以下单证准备好。

1. 信用证

投保人应按信用证上规定的要求投保，保证"单单一致，单证一致"，以便顺利结汇。

2. 外贸发票

外贸发票不仅是出口货物的必备凭证，还是投保时确定保单要素的重要依据，发票上列明的项目如发票号码、商品名称、包装数量及货物价格都是填写投保单及确定投保金额时必不可少的项目。

3. 货运提单

货运提单可以用来明确保险公司的签单日期。虽然所有保险公司都要求进出口货运保险的投保日期应在货运开始之前，但在实际操作中，由于各种各样的原因，常常会发生投保人投保时货物已出运的情况。一般情况下，只要投保人无恶意行为，保险公司会根据货运提单上的出运日期，出具签单日为实际投保日之前的保险单。

4. 装箱单

装箱单可以用来明确出运货物的包装方式和包装件数。

（二）填写运输险投保单

外贸业务人员办理投保时，必须填写运输险投保单。运输险投保单一式二份，一份由保险公司签署后交投保人作为接受承保的凭证；另一份由保险公司留存，作为缮制、签发保险单（或保险凭证）的依据。

1. 运输险投保单内容

运输险投保单的内容包括投保人名称、货物名称、运输标识、船名或装运工具、装运地（港）、目的地（港）、开航日期、投保金额、投保险别、投保日期和赔款地点等。

下面是一份运输险投保单的范本，仅供参考。

【范本】运输险投保单

中国人民保险公司
The People's Insurance Company Of China

运 输 险 投 保 单
Application for Transportation Insurance

被保险人：

Assured's Name：

兹有下列物品拟向中国人民保险公司投保：

Insurance is required on the following commodities：

标记 Marks & No.	包装及数量 Quantity	保险货物项目 Description of goods	保险金额 Amount insured

装载运输工具：

Per conveyance：

开航日期： 　　　　　　　　　　　　 提单号码：

Slg. on/abt.：＿＿＿＿＿＿＿＿＿ B/L No.：＿＿＿＿＿＿＿＿＿

自 　　　　　　　　　　　　　　　 至

From＿＿＿＿＿＿＿＿＿＿＿＿＿ to ＿＿＿＿＿＿＿＿＿＿＿＿＿

请将要保的险别标明：

Please indicate the Conditions & / or Special

Coverage：

（续）

备注：
Remarks：

投保人（签名盖章）：　　　　　　　　　　电话：
Name/Seal of Proposer：_____　　Telephone No.：_____
地址：　　　　　　　　　　　　　　　　日期：
Address：_____　　　　　　　　Date：_____

本公司自用
FOR OFFiCE USE ONLY
费率：　　　　　　　保费：　　　　　　　经办人：
Rate：_____　　Premium：_____　　By_____

2.运输险投保单填写

要如实、认真填写运输险投保单，具体的填写要点如表 4-12 所示。

表 4-12　运输险投保单填写要点

序号	项目	说明
1	被保险人	如实填写出口商名称即可
2	唛头和号码	因为保险单索赔时一定要提交发票，所以可以只填写"As per Invoice No. ××××"
3	包装及数量	（1）有包装的填写最大包装的件数，并应与其他单据一致； （2）裸装货物要注明本身件数； （3）有包装但以质量计价的，应将包装数量与计价质量都填上
4	保险货物项目	按照货物名称如实填写，如果品种与名称较多，可填写其统称
5	保险金额	按信用证规定填写，如果没有规定，可按货物 CIF 货值的 110% 填写
6	装载运输工具	（1）海运方式下填写船名加航次，如果整个运输由两次运输完成，应分别填写一程船名及二程船名，中间用"/"隔开； （2）铁路运输填写运输方式"By railway"加车号； （3）航空运输填写航班名称
7	开航日期	填写提单装运日期

（续表）

序号	项目	说明
8	起讫地点	应填写"From 装运港 To 目的港 W/T（VIA）转运港"，并与提单一致
9	投保险别	根据信用证规定如实填写
10	备注	在备注栏内主要对特殊事项进行说明
11	投保人信息	按照实际情形如实填写

（三）提交运输险投保单

在以上事项都完成后，外贸业务人员接下来应将运输险投保单与相关文件交给保险公司。保险公司会根据投保内容，签发保险单或保险凭证，并计算保险费，单证一式五份，其中一份留存，投保人付清保险费后取得四份正本，投保即告完成。

（四）交纳保险费

交纳保险费就是投保人根据保险合同的规定，按期如数交纳保险费。一般交纳保险费有一次付清、分期付款、现金支付、票据支付、汇付和托收等方式。

五、领取并审核保险单据

保险单据是保险公司在接受投保后签发的承保凭证，是保险人（保险公司）与被保险人（投保人）之间订立的保险合同。在被保险货物受到保险合同责任范围内的损失时，它是被保险人提赔和保险公司理赔的主要依据；在 CIF 和 CIP 合同中，保险单是卖方必须向买方提供的主要单据之一，也可以通过背书转让。

（一）查看保险单据类型

保险单据可分为保险单（Insurance Policy）、保险凭证（Insurance Certificate）、联合保险凭证（Combined Insurance Certificate）和预约保险单（Open Policy），具体说明如表 4-13 所示。

表 4-13　保险单据类型

序号	类型	说明
1	保险单	即大保单，是一种独立的保险凭证，一旦货物受到损失，承保人和被保人都要按照保险条款和投保险别来分清货损，处理索赔
2	保险凭证	即小保单，不印刷保险条款，只印刷承保责任界限，以保险公司的保险条款为准，但其作用与保险单完全相同
3	联合保险凭证	用于我国港澳地区银行开来的信用证项下业务，在商业发票上加盖保险章，注明相关信息，与保险单有同等效力，但不能转让
4	预约保险单	预约保险单是保险公司承保被保险人在一定时期内发运的，以 CIF 价格条件成交的出口货物或以 FOB、CFR 价格成交的进口货物的保险单

（二）审核保险单据

外贸业务人员在领取保险单据后，应认真审核，具体的审核要点如下：

（1）确保根据信用证要求交来保险单、保险凭证和保险声明；

（2）确保提交开立的全套保险单据；

（3）确保保险单据是由保险公司或保险商或他们的代理人签发的；

（4）确保发出日期或保险责任生效日期最迟应在已装船或已发运或接受监管之日；

（5）确保货物投保金额要符合信用证要求或符合《跟单信用证统一惯例》第二十八条第F分条的解释；

（6）除非信用证另外允许，确保保险单据必须使用与信用证相同的货币出具；

（7）确保货物描述符合发票的货物描述；

（8）确保承保的商品是信用证指定装载港口或接受监管点到卸货港口或交货点；

（9）确保已经投保了信用证指定的险别，并已明确表示出来；

（10）确保唛头和号码等与运输单据相符；

（11）确保如果被保险人的名称不是保兑行、开证行或买方，应带有适当的背书；

（12）确保保险单据表现的其他资料与其他单据一致；

（13）如果单据记载有任何更改，确保应被适当地证实。

六、保险单的批改申请

外贸业务人员在审核保险单据时，若发现投保内容有错漏或需变更，应向保险公司及时提出批改申请，由保险公司出立批单，将其粘贴于保险单上，并加盖骑缝章，保险公司按批改后条件承担责任。

申请批改必须在货物发生损失以前，或投保人不知有任何损失事故发生的情况下，在货到目的地前提出。

相关链接

保险索赔

保险索赔是指当被保险人的货物遭受承保责任范围内的风险损失时，被保险人向保险人提出的索赔要求。在国际贸易中，如由卖方办理投保，卖方在交货后即将保险单背书转让给买方或其收货代理人，当货物抵达目的港（地），发现残损时，买方或其收货代理人作为保险单的合法受让人，应就地向保险人或其代理人要求赔偿。被保险人或其代理人向保险人索赔时，应做好以下工作。

一、及时通知

当被保险人得知或发现货物已遭受保险责任范围内的损失，应及时通知保险公司，并尽可能保留现场。由保险人会同有关方面进检验，勘察损失程度，调查损失原因，确定损失性质和责任，采取必要的施救措施，并签发联合检验报告。

二、索取残损或短量证明

当被保险货物运抵目的地，被保险人或其代理人提货时，如发现货物有明显的受损痕迹，整件短少，或散装货物已经残损，应立即向理货部门索取残损或短量证明。如货损涉及第三者的责任，首先应向有关责任方提出索赔或声明保险索赔权。在保留向第三者索赔权的条件下，可向保险公司索赔。被保险人在获得保险补偿的同时，须将受损货物的有关权益转让给保险公司，以便保险公司取代被保险人的地位或以被保险人名义向第三者责任方进行追偿。保险人的这种权利，叫作代位追偿权。

三、采取合理补救措施

保险货物受损后，被保险人和保险人都有责任采取可能的、合理的施救措施，以防止损失扩大。因抢救、阻止、减少货物损失而支付的合理费用，保险公司负责补偿。被保险人能够施救而不履行施救义务，保险人对于扩大的损失甚至全部损失有权拒赔。

四、备妥索赔证据

在规定时效内提出索赔。保险索赔时，通常应提供以下证据：

（1）保险单或保险凭证正本；

（2）运输单据；

（3）商业发票和质量单、装箱单；

（4）检验报告单；

（5）残损、短量证明；

（6）向承运人等第三者责任方请求赔偿的函电或其证明文件；

（7）必要时，还需提供海事报告；

（8）索赔清单主要列明索赔的金额及其计算数据，以及有关费用项目和用途等。

第五章

报检环节业务跟进

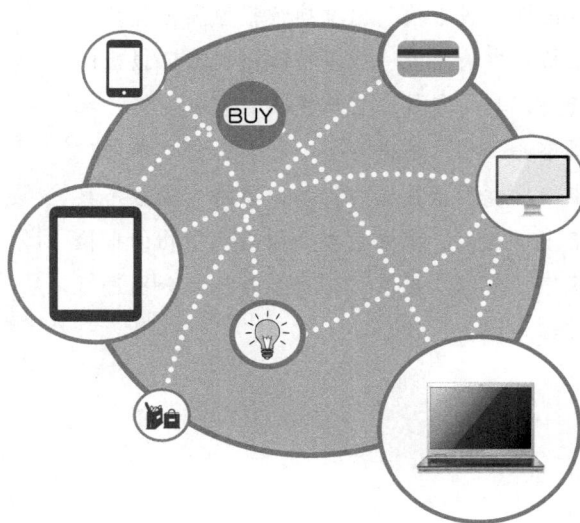

出境货物的报检方式通常分为三类，即出境一般报检、出境换证报检和出境预检报检。申请出境一般报检和出境换证报检的货物，其特点是已生产完毕、包装完好、堆码整齐、相关单据齐全，已具备出口条件；申请出境预检报检的货物，其特点是暂不具备出口条件。本章主要介绍出境货物的报检程序、内容、要求，并对各类产品分别进行详细介绍。

第一节　商检机构检验检疫程序

一、受理报检

商检机构在对每一批出口商品进行检验前，都必须先受理报检。报检和商检机构受理报检是检验工作的起始程序。商检机构应当在规定的期限内检验完毕，并出具检验证单。

（一）报检条件

（1）已经生产加工完毕，并完成包装、刷唛、准备发运的整批出口货物。

（2）已经经过生产企业检验合格，并出具厂检合格单的出口货物。

（3）对于执行质量许可制度的出口货物，必须具有商检机构颁发的质量许可证或卫生注册登记证。

（4）必须备齐各种单证。

在对出口商品进行报检时，必须同时具备上述四个条件。

（二）报检范围

（1）国家法律、行政法规规定必须由出入境检验检疫机构实施检验检疫的。

（2）对外贸易合同约定须凭检验检疫机构签发的证书进行结算的。

（3）有关国家条约规定必须经检验检疫的。

（三）报检时限和地点

（1）出口商品最迟应在出口报关或装运前7天报检，对于个别检验检疫周期较长的货物，应留有相应的检验检疫时间。

（2）需隔离检疫的出境动物在出境前60天预报，隔离前7天报检。

（3）法定检验检疫货物，除活动物需由出境口岸检验检疫机构检验检疫外，原则上应坚持产地检验检疫。

（四）出境商品预报检

为了方便对外贸易，检验检疫机构对某些经常出口的非易腐烂变质、非易燃易爆的货物予以接受预先报检，这样既有利于检验检疫工作的开展，又有利于防止内地的不合格货物运抵口岸。需要申请办理预报检的商品如下。

1. 整批出口的商品

对于已生产的整批出口货物，生产厂商已检验合格及经营单位已验收合格，货已全部备齐，堆存于仓库，但尚未签订外贸合同，或虽已签订外贸合同，但信用证尚未到达，不能确定出运数量、运输工具、唛头的，为了使货物在信用证到达后及时出运，可以办理预报检。

2. 分批出口的商品

需要分批装运出口的货物，整批货物可办理预先报检。出口货物经检验检疫合格后，检验检疫机构签发出境货物换证凭单。

（五）重新报检

1. 重新报检的情况

报检人在向检验检疫机构办理报检手续，并领取检验检疫证单后，凡有下列情况之一的，应重新报检：

（1）超过检验检疫有效期限的；

（2）变更输入国家或地区，并有不同检验检疫要求的；

（3）更改包装或重新拼装的；

（4）已撤销报检的。

2. 重新报检的要求

（1）按规定填写出境货物报检单，交附有关函电等证明单据。

（2）交还原发的证书或证单，不能交还时，应按有关规定办理。

二、进行抽检

抽检即抽样检验，是指从待检批的货物中抽取一些商品进行检验，并根据检验结果对整批商品进行判断，确定其是否符合合同、信用证和有关国家技术规范、标准的规定。被抽检的单位商品为样品，全部商品组成样本。样本所含的样品多少称为样本大小。

三、实施检验

对出口商品进行检验鉴定的方法一般包括感官检验、仪器分析、物理检验、化学检验及生物检验等。

四、出口查验

出口查验也叫口岸查验，是指经产地检验检疫机构预检合格的商品，在出口发运前，由签证或放行地检验检疫机构实施的核查活动。经产地检验检疫机构预检合格并签发换证凭单的出口商品，途中经过运输和装卸，可能发生货损货差，所以必须经口岸检验检疫机构对货物的批次和包装等情况进行再次查验，合格后方可放行。

五、签证

出口商品经商检机构检验后，对于检验合格的商品，由检验检疫机构签发检验证书，或在出口货物报关单上加盖检验印章；对于检验不合格的商品，由检验检疫机构签发不合格通知单。

六、放行

（一）法定检验出口商品的放行

法定检验的出口商品经检验检疫机构检验合格后，报检人持检验申请单、外销合同、发票、装箱单、换证凭单和报关单（一式两份），向出口地检验检疫机构办理放行手续。商检机构审核单证无误后，在报关单上加盖放行章，或签发放行通知单，或签发注有"限国内通关使用"字样的检验证书。

（二）免验出口法定检验商品的放行

取得出口法定检验商品免验的申请人，应按照《中华人民共和国进出口商品检验法》及《中华人民共和国进出口商品检验法实施条例》的相关规定，在商品免验的有效期内，凭免验证书、外销合同、信用证及该商品的品质证书、厂检合格单或样品、礼品、展品证明书等文件，到检验检疫机构办理免验放行手续，缴纳手续费后，海关即可放行。

第二节　出口商品的预先检验

出口商品的预先检验简称为"出口预验"，是指出入境检验检疫机构为了方便对外贸易，根据需要和可能，对某些经常出口的商品进行预先检验。

一、预先检验

（一）预先检验的概念

预先检验是指出口商品尚未对外成交，或虽已成交、已签订了出口贸易合同，但尚未接到信用证，以及不能确定装运数量、运输工具而要暂缓出口的商品，出入境检验检疫机构应申请人的要求预先进行的检验。

对申请出口预验的已成交的商品，出入境检验检疫机构可先按合同检验；对未成交的，只能按标准检验，由于尚未收到信用证或合同，因此经检验合格的商品，不能将其评定为合格。同时，因装运条件尚未明确，故不能发放证书和放行单，只能发放预验合格的证单。

相关链接

出口商品的正规出口检验必备条件

出口商品的正规出口检验必备条件如下。

（1）外贸经营单位已对外成交，并签订对外贸易销售合同，凭信用证结算货款的，已收到国外开来的信用证，明确了装运条件和检验依据。

（2）出口货物已备齐，除散装货、裸装货外，已成箱成件包装完毕，外包装符合出口要求。

（3）除合同、信用证规定的包装外，已刷好出口唛头标记。

（4）整批商品堆码整齐，便于检验人员查看包装和标记，进行抽样和现场检验。

对于符合上述要求的出口商品，出入境检验检疫机构应派人员到货物堆存地点，按照标准、合同和信用证规定的要求，执行抽样检验工作。经检验评定合格后，发放证书、放行单（或在出口报关单上加盖放行章），外贸经营单位即可办理报关出运。

（二）合格预验合格证单

出口预验初评所发的合格预验合格证单有如下两种。

（1）出口商品检验换证凭单，供出口时向出口口岸出入境检验检疫机构换证用。

（2）预验结果单，供出口时向原出入境检验检疫机构换证用。如需转运其他口岸出口时，要申请换发出口商品检验换证凭单。

经预验初评合格的出口商品，出口时，外贸经营单位应持出口商品检验换证凭单（或预验结果单）连同合同、信用证副本向出口地出入境检验检疫机构办理报验，申请出口换证。以出入境检验检疫机构审核检验结果为依据，按照规定执行查验或口岸查验，对符合规定要求的，准予换发出口证书、办理放行手续，然后才可报关输出。

需要特别说明的是，出入境检验检疫机构办理的产地检验，大部分是预验性质的。

相关链接

出口商品产地检验

出入境检验检疫机构派人员到产地对出口商品执行的检验称为产地检验。产地检验尤其适用于柑橘、苹果等农产品，先在产地执行检验把关，出口时再在出运口岸进行口岸查验，这样做有利于保证出口商品质量。

产地出入境检验检疫机构在产区执行检验，并不直接装运出口，而需转往（或调拨）口岸出口的，也是产地检验。

产地检验的优点是可以避免因把不合格商品运往口岸而造成损失。同时，更有利于把检验工作深入生产领域，对生产、加工部门进行技术指导，督促其改进生产加工，加强质量管理和产品检验。

（三）出口预验的优点

（1）预验发现商品不合格时，可以有充裕的时间进行返工整理，或另行换货，避免出口检验时发现不合格商品，影响出口。

（2）产地出入境检验检疫机构执行预验，可以使不合格商品不出厂，防止不合格商品运抵口岸，避免造成积压和其他损失。

（3）某些商品，特别是用机器捆包的商品，可以在包装之前进行预验，避免或减少拆包的损失。

（4）对某些尚未成交的商品，通过预验，可以使外贸经营单位掌握货物的实际质量情况，参考预验结果对外成交，签订品质条款。

（5）对于有些商品，可以在生产过程中先预验一部分，发现问题时，可以及时提请生产企业研究改进，避免造成大批量产品不合格的损失。

（6）在生产企业执行预验，可以使检验工作深入生产领域，了解原材料情况及生产工艺情况，有利于加强质量监督管理。

（7）出入境检验检疫机构可以视情况调整工作时间，避免因船期紧、时间急，导致来不及检验的情况发生。

（四）出口预验的缺点

（1）对尚未成交的商品执行预验，如果合同、信用证规定了新的检验项目，在出口换证时就要重新抽样，补验有关的项目。

（2）预验的批次有时不同于出口的批次，可能发生分批或并批出口的现象；有些商品出口换证时，如不能使用原来的检验结果数据，就要复验或重验。

（3）如预验商品超过检验有效期，原来的出口商品检验换证凭单就失效了，需要重新报验，这会造成重复劳动。

（4）包装前预验的商品，在包装完成后，还要进行补验包装。

（5）为了保证货证相符，预验商品时，必须采取有效措施来加强批次管理，以防止批次错乱。

（五）出境货物预检报检

出境货物预检报检是指货主或其代理人持有关单证向产地检验检疫机构申请对暂时还不能出口的货物预先实施检验检疫的报检。

预检报检时，报检员应当提供生产企业与出口企业签订的贸易合同，尚无合同的，需要在报检单上注明检验检疫的项目与要求。

二、预验商品出口换证

（一）申请

经预验的出口商品，外贸经营单位确定装运条件后，可持出口商品检验换证凭单正本（或预验结果单、下同）向出入境检验检疫机构申请出口换证。

出口商品检验换证凭单已超过检验有效期，或证单上的商品标记与出口商品包装上的标记不符，以及批次错乱、数量不符时，不得申请出口换证，应另行重新报出口检验。

（二）出入境检验检疫机构审核

出入境检验检疫机构接受申请后，首先根据合同、信用证规定的条款，对出口商品检验换证凭单中记载的检验项目和检验结果进行审核，如有漏验项目，应进行补验。如预验商品需分批或并批出口，在不影响原检验结果准确性的前提下，可以按照原检验结果或加权平均结果给予分证或并证；否则，必须进行复验。

（三）出具检验结果

（1）预验商品同意分批出口的，应在出口商品检验换证凭单上批注已出口数量，然后退回报验人，供继续出口换证用，待该批商品全部出口后，将原证单收回并注销。

（2）对审核原检验结果符合外贸合同、信用证规定要求的预验商品，需派人员进行查验。

（3）只有商品标记和批次数量相符，品质、包装正常，货证相符，方可同意换证、放行。

三、预验出口商品口岸查验

口岸查验是指对经产地出入境检验检疫机构出口预验签发出口商品检验换证凭单的出口商品，在调运至口岸出口时，因经过长途运输，品质、包装可能变质受损，必须由口岸出入境检验检疫机构执行的查验。

（一）口岸查验的情况

口岸查验包括以下两种情况的商品。

1. 一般商品

对一般商品，检验检疫机构可只查验外包装，查验品名、标记、批号、件数与预验合格证单是否相符；查验包装有无破损、污染及水湿等不正常情况。如发现包装受损可能影响商品质量，或对商品质量有疑问时，应开件抽查、抽验品质。凡必须签发口岸出入境检验检疫机构证书，或国家出入境检验检疫局明文规定需加强查验的商品，也必须开件抽查、抽验商品品质。

2. 易腐易变及品质不稳定的商品

对易腐易变及品质不稳定的商品，检验检疫机构除应查验外包装外，还必须批批开件抽查、抽验商品品质。同时，检验检疫机构应根据不同商品、不同季节、不同情况对重点项目进行感官检验，如发现品质变异，须进一步检验的，应酌量抽取样品，按规定进行检验。

易腐易变的商品主要有冻肉禽类、鲜蛋及蛋制品类、乳制品类、水产品类、肠衣类、鲜果类、蔬菜类等。对易腐易变商品，检验检疫机构主要从软化、冻坏、色泽、气味、变质、霉烂、虫蛀、污染，以及货温、车温或舱温等方面进行查验。

品质不稳定的商品包括皮鞋、罐头及干电池等。对于皮鞋，检验检疫机构主要查验是否发霉和原材料、缝制方面有无缺点等；对于罐头，检验检疫机构主要查验有无膨听、锈听、变形及破损等；对于干电池，检验检疫机构主要查验电压等。

（二）查验结果

（1）经口岸查验发现问题的商品，检验检疫机构应及时通知相关单位处理，或作为不合格品处理；必要时，应联系原检验的出入境检验检疫机构查清原因，共同研究解决办法。

（2）经口岸查验无问题的商品，在出口换证时，应对照合同、信用证条款进行审核，完全符合规定要求的，给予签证放行。

产地出入境检验检疫机构对品质不稳定的商品，应加强与有关口岸出入境检验检疫机构的联系，以做好查验工作。口岸出入境检验检疫机构应详细记录口岸查验工作；对发现的问题及相关信息，应定期向出入境检验检疫机构反映。各出入境检验检疫机构应经常交流检验技术和经验，以确保检验结果的一致性。

经口岸查验需要对外出证的商品，除合同规定签发口岸出入境检验检疫机构证书外，一般可代签原出入境检验检疫机构证书，并将一份副本寄给原出入境检验检疫机构。

第三节 出口商品报检实务

在完成货物的交接准备工作后，货物交付前，出口企业应针对不同商品的情况和出口合同的规定，向国家质量监督检验检疫总局申请对出口货物进行检验检疫。

根据进出境货物不同的检验检疫要求、鉴定项目和不同作用，我国检验检疫机构相应签发不同的检验检疫证书、凭单、监管类证单、报告单和记录报告。常见的有出入境检验检疫品质证书（Quality Certificate）、出入境检验检疫数量检验证书（Quantity Certificate）、出入境检验检疫植物检疫证书（Phytosanitary Certificate）、出入境检验检疫动物检疫证书（Animal Health Certificate）、出入境检验检疫卫生证书（Sanitary Certificate）、熏蒸／消毒证书（Fumigation/Disinfection Certificate）、出境货物运输包装性能检验结果单（Package Performance Inspection Sheet of Exported Goods）、残损鉴定证书（Inspection Certificate on Damaged Cargo）和包装检验证书（Inspection Certificate of Packing）。

一、报检时间

出口商品报检的时间规定如下：最迟于报关或装运出口前 10 天向商检机构办理；对于检验周期较长的商品，如羊绒、谷物，还应加上相应的抽样、检验及化验等工作的时间。

二、确定是否需要报检

（一）确定是否属于法定检验商品

凡属国家规定或合同规定必经国家质量监督检验检疫总局（以下简称国家质检总局）检验出证的商品，在货物备齐后，出口企业应向国家质检总局申请检验，只有取得国家质检总局发放的合格的检验证书，海关才准许放行。凡经检验不合格的商品，一律不得出口。

出口企业可以查看《中华人民共和国进出口贸易管理措施——进出口关税及其他管理措

施一览表》，如果该商品的海关监管条件为"B"，即说明该商品为法定检验商品。

准确地说，实施法定商检的商品主要包括以下内容。

（1）《中华人民共和国进出口商品检验法》规定的商品。

（2）《中华人民共和国食品安全法》规定的应实施卫生检验及检疫的食品、食品添加剂、食品容器及包装材料等。

（3）《中华人民共和国进出境动植物检疫法》规定应实施检疫的动植物产品。

（4）国家卫生部有关条例规定应实施检验的药品。

该类商品进口报关前，外贸企业可参阅海关总署公布的海关税则归类目录，先报请出入境检验检疫机构实施检疫，海关凭出入境检验检疫机构签发证书验放。

（二）进口商规定要检验

有些进口商要求出口商出具国际上一些权威商品检验机构或其本国设在出口国的特定检验机构的检验证书，作为信用证项目必要的单据。在此情况下，出口商应在装运前主动与这些机构联系，配合检验出证。

三、准备好报检单证、资料

在提交申请前，出口企业必须将所需的单证、资料等准备齐全。不同的商品，报检时要求的资料可能不一样，出口企业在准备资料时一定要细心。报验所需单证、资料如图 5-1 所示。

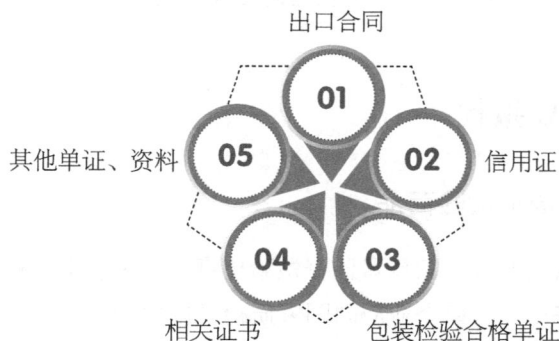

图 5-1 报检所需单证、资料

（一）出口合同

出口合同（或售货确认书）是双方达成交易的书面确认文件，出口企业在报检时要提供其复印件或副本，必要时应提供原件。如果有补充协议，应提供补充的协议书；有修改的，要提供修改书。

（二）信用证

信用证是报检时的必备单证，出口企业必须依据要求提交其复印件或副本，必要时应提供原件。如果有修改的情况，还要提供信用证的修改书或更改的函电。

（三）包装检验合格单证

凡属危险或法定检验范围内的商品，出口企业在申请品质、规格、数量、质量、安全及卫生检验时，必须提交检验检疫机构签发的出口商品包装检验合格单证。

（四）相关证书

属于必须向检验检疫机构办理卫生注册和出口商品质量许可证的商品，报检时，出口企业必须提供检验检疫机构签发的卫生注册证书或出口商品质量许可证编号和厂检合格单。冷冻品、水产品、畜产品和罐头食品等须办理卫生许可证时，出口企业必须交附检验检疫机构签发的卫生注册证书和厂检合格单。

（五）其他单证、资料

其他单证、资料主要包括以下几种。

（1）样品：如果合同规定凭样品成交，出口企业必须提供一份经国外买方确认的样品。

（2）经发运地检验检疫机构检验合格的商品，需在口岸申请换证的，出口企业必须交附发运地检验检疫机构签发的出口商品检验换证凭单（以下简称换证凭单）正本。

（3）第一次检验不合格，经返工整理后申请重新检验的，出口企业应交附原来的检验检疫机构签发的不合格通知单和返工整理记录。

（4）经生产经营部门检验的，出口企业应提交检验结果单。

（5）申请质量／数量鉴定的，出口企业应交附质量明细单、装箱单等资料。

（6）申请积载鉴定、监视装载的，出口企业应提供配载图、配载计划等资料。

四、填写报检单

报检单统一要求预录入，并加盖报检单位公章或已向检验检疫机构备案的报检专用章。报检前，报检人员应认真审核报检单，其申报内容必须与报检随附单证一致，并在"报检人声明"栏内签名。

（一）报检单填写的基本要求

报检单填写的基本要求如下。

（1）每张报检单一般只填写一批商品。

（2）申请的日期、时间必须准确无误。

（3）所有应填写的项目应填写齐全、译文准确、中英文内容一致。

（4）收货人、发货人及商品名称等应与合同和信用证中所列一致，并且要填写全称，不得简化。

（5）商品名称要填写与合同和信用证一致的具体商品名称，不得简化或随意更改。

（6）商品的数量、质量、规格，除合同和信用证中有规定或有国际惯例者外，其余一律使用国际标准计量单位。

（7）货物总值，一律填写出口成交价，如无出口成交价（如出口预检），则只填写国内收购价。

（8）包装要求，主要填写运输包装，如瓦楞纸箱、木箱、麻袋、塑料编织袋及麻布等。合同和信用证中对包装另有要求的，应按要求填写。

（9）证书类别，属于两个以上检验鉴定项目的，应区分是单独出证还是合并出证，并填写在"备注"栏内。

（10）运输工具、装运港和目的港应按提单或装运单填写。如有转船的，要把转船的地点、船名按运程填写清楚。

（11）批次号和唛头，要按商品包装上所列的批次号填写，保证单证相符。

（12）证书的文种、份数都要填写清楚。

（13）如果对检验证书的内容有特殊要求，也应在检验申请单上申明。

（二）报检单的样式及各项目的填写

中华人民共和国出入境检验检疫出境货物报检单如表5-1所示。

表 5-1 中华人民共和国出入境检验检疫出境货物报检单

报检单位（加盖公章）：　　　　　　　　　　　　　　　　编号：

报检单位登记号：　　　　联系人：　　　电话：　　　报检日期：＿＿＿年＿＿月＿＿日

收货人	（中文）				
	（外文）				
发货人	（中文）				
	（外文）				
货物名称（中文／外文）	H.S. 编码	产地	数量／质量	货物总值	包装种类及数量

运输工具名称、号码		贸易方式		货物存放地点	
合同编号		信用证号		用途	
发货日期		输往国家（地区）		许可证／审批号	
启运地		到达口岸		生产单位注册号	
集装箱规格、数量及号码					

合同、信用证订立的检验检疫条款或特殊要求	标记及号码	随附单据（打"√"或补填）	
		□ 合同	□ 装箱单
		□ 信用证	□ 厂检单
		□ 发票	□ 包装性能结果单
		□ 换证凭单	□ 许可／审批文件

| 需要单证名称（打"√"或补填） | | ★ 检验检疫费 |
| □ 品质证书　　　　正 副
□ 质量证书　　　　正 副
□ 数量证书　　　　正 副
□ 兽医卫生证书　　正 副
□ 健康证书　　　　正 副
□ 卫生证书　　　　正 副 | □ 动物卫生证书　　正 副
□ 植物检疫证书　　正 副
□ 熏蒸／消毒证书　正 副
□ 出境货物换证凭单
□ 出境货物通关单 | 总金额
（人民币／元）

计费人

收费人 |

（续表）

报检人郑重声明：	领取证单	
1. 本人被授权报检；	日期	
2. 上列填写内容正确属实，货物无伪造或冒用他人的厂名、标志、认证标志，并承担货物质量责任。		
签名：	签名	

注：有"★"号栏由出入境检验检疫机关填写。 国家质量监督检验检疫总局制

出境货物报检单的填写方法如表 5-2 所示。

表 5-2　出境货物报检单的填写方法

序号	填写栏目	填写要求
1	编号	空白，为国家质检总局受理报检时编制的号码，由国家质检总局受理报检人员填写
2	报检日期	填写报检当日日期
3	报检单位	填写报检单位全称并加盖公章
4	报检单位登记号	为报检单位在国家质检总局的备案登记号
5	联系人及电话	国家质检总局认可的报检员姓名及联系电话
6	收货人	填写出口合同买方或信用证开证申请人名称，如无中文，可不填
7	发货人	填写出口合同卖方或信用证受益人名称（中英文对照）
8	货物名称（中文／外文）	按出口合同或信用证所列名称及规格填写货物具体的类别名称，不能用统称，如需要出具英文证书的，填写中英文名称
9	H.S. 编码	按《商品名称及编码协调制度》中所列编码分类填写货物的 10 位数商品编码
10	产地、数量／质量、货物总值、包装种类及数量	（1）产地：填写货物生产／加工的省（自治区、直辖市）以及地区（市、县）名称； （2）数量／质量：按实际申请检验检疫货物的数量／质量填写。质量一般为净重，如填写毛重，应注明； （3）货物总值：按本批货物合同或发票所列总值填写，并注明币种； （4）包装种类及数量：按货物实际运输外包装的种类及数量填写

（续表）

序号	填写栏目	填写要求
11	运输工具名称、号码	填写货物实际装载的运输工具类别名称（如船、飞机、货柜车及火车等），以及运输工具编号（如船名、飞机航班号、车牌号码及火车车次等）。报检时，未能确定运输工具编号的，可只填写"海运"或"空运"等
12	贸易方式	按该批货物出口的贸易方式填写，如一般贸易、来料加工等
13	货物存放地点、合同编号、信用证号、用途、发货日期、输往国家（地区）、启运地、到达口岸	按实际情况填写
14	许可证／审批号	已办理出口许可证的，应填写出口许可证号码
15	生产单位注册号，集装箱规格、数量及号码	可空着
16	合同、信用证订立的检验检疫条款或特殊要求	填写合同和信用证中有关检验检疫条款或特殊要求
17	标记及号码	为运输标记，如没有，请注明"无"
18	随附单据	选择或补填
19	需要的单证名称	如果商品为法定检验出口的商品，出口人需要报检商品。出口人报检仅作为海关通关之用，可只要求出具出境货物通关单；如果合同或信用证要求出具检验检疫证明作为议付单据的一个要件，应按合同或信用证要求出具品质证书、质量证书及数量证书等

　　报检人对所需检验证书的内容如有特殊要求的，应预先在检验申请单上申明。国家质检总局签发的证书为全国统一格式的检验证书。经国家质检总局同意，也可接受国外提出的其他格式或者其他文种的证书要求，但报检人必须事先在申请单中注明。

五、提交报检申请

　　外贸业务人员填写好中华人民共和国出入境检验检疫出境货物报检单后，交由国家质检总局认可的报检员签名并加盖公章后，连同出口合同、信用证复印件、发票、装箱单及厂检单等必要证件于货物报关前 10 天向国家质检总局提出申请。对于检验周期较长的商品，应预留出更多的时间。

报检人应保证检验机构有必要的检验、出证时间。检验需要花费时间，一般的检验项目大多能在 3 天内完成，再加上出证时间，检验机构能在 3 ～ 5 个工作日内完成检验、出证工作。因此，报检人在申请时就要估算好时间，预先约定抽样检验、鉴定的时间，特殊情况下需要加急的，就要增加费用。同时，报检人要注意某些检验需要一定的时间。

六、配合检验机关检验

国家质检总局接受报检申请后，会安排检验员与出口商约定时间进行检验。检验机关到现场工作时，报检人应提供进行抽样和检验鉴定等必要的工作条件，包括提供辅助人力、工具和工作场所。

七、领证、审证

外贸业务人员领取检验合格证书时的注意要点如下。

（1）外贸业务人员必须在规定的日期内领取检验合格证书。报检人或申请人领取证书时，应按规定缴纳检验费。

（2）外贸业务人员应如实签署姓名和领证日期。

（3）外贸业务人员领取检验合格证书时还应注意以下三点。

① 申请人申请出具品质证书时，不需要再在出口商品报关单上加盖放行章或出具出口商品放行单，凭品质证书上标有"此副本仅供通关用"字样的副本报关即可。

② 对中俄、中蒙、中缅及中越等边境贸易的出口商品，应凭品质证书正本加盖"边境贸易"印章通关。

③ 领取证书后，外贸业务人员要立即核实证书份数、证书内容等。证书日期应早于提单日期。证书内容与结汇有关单证要一致，如不一致，应及时提出，并查明原因，由检验检疫机构予以配合解决。已取得检验合格证书的商品，应在规定的期限内发运出口，超过规定期限的，应将原发检验合格证书全部退回，重新申请报检。一般商品在单证签发之日起 60 天内装运出口，鲜活类商品为 2 周。

第六章

报关环节业务跟进

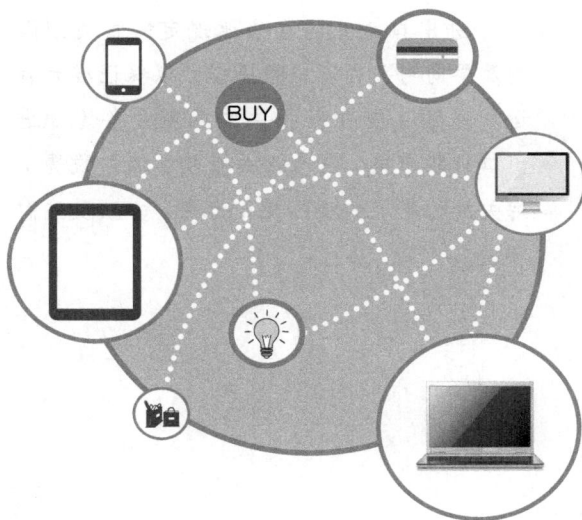

进出口企业应在法律规定的报关期限内及早向海关办理申报手续，以保证准时装运。本章主要介绍报关中各项业务（如进出口货物申报、配合海关查验、缴纳税费及海关放行等）的实际操作步骤、方法及注意事项。

扫码观看视频讲解

第一节　进出口货物申报

根据《中华人民共和国海关法》（以下简称《海关法》）的规定，进出口货物的发货人应在货物的出境地向海关申报，可使用纸质报关单和电子数据报关单的形式进行申报。由于各海关大都安装了电子口岸系统，因此下面主要就电子报关进行说明。

一、准备申报单证

准备申报单证是报关员开始进行申报的第一步，也是整个报关工作能否顺利进行的关键步骤。申报单证可以分为报关单（证）和随附单据两大类。

为了加速通关，报关员在准备单证时，要仔细检查，并确认以下事项。

（1）报关单填报的项目要准确、齐全。要逐项详细填写报关单各栏，确保内容齐全、正确；尽可能在电子版上填报，若在纸质版上填报，不可用铅笔、红墨水笔或红色复写纸填写项目，若有更改，要在更改项目上加盖校对章。

（2）不同合同的货物不能填报在一张报关单上。

（3）一张报关单上如有多种不同商品，应分别填报清楚，但一张报关单上最多填报五项海关统计商品编号的货物。

（4）随附的单证要正确、齐全、清楚，以防止短缺或张冠李戴。

（5）报关单必须做到两个相符：一是单证相符，即报关单与合同、批文、发票及装箱单等相符；二是单货相符，即报关单所报内容与实际进出口货物相符。

（6）基于各种原因，向海关申报的进出口货物报关单中原来填写的内容与实际货物有出入时，需向海关办理更正手续的，应填写报关单更正单，对原来填写的项目进行更改，并确保更改内容清楚。

二、电子数据申报

目前，进出口企业通常通过海关的电子口岸系统进行电子数据申报，具体申报流程如

图 6-1 所示。

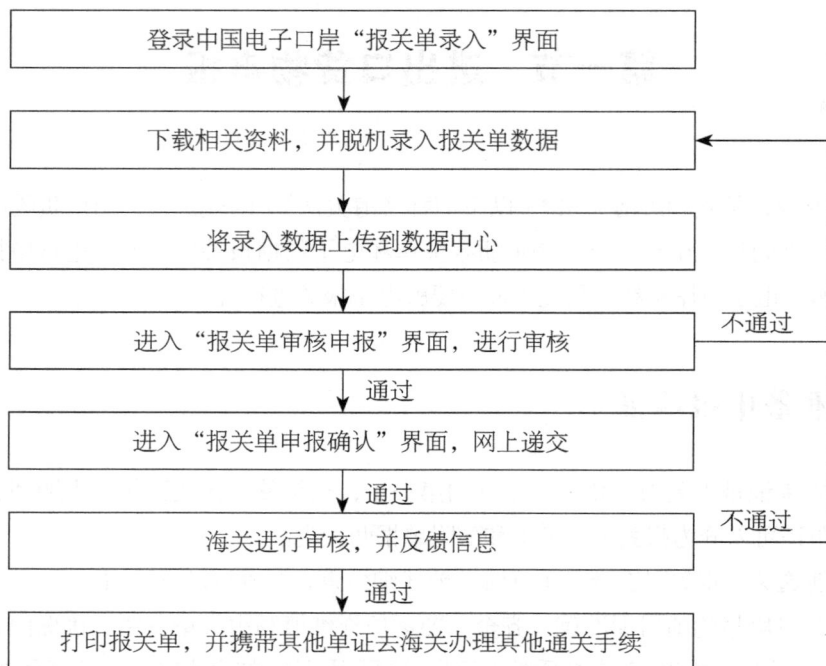

图 6-1　电子数据申报流程

三、递单

报关单位在完成报关单的预录入后，应将准备好的报关随附单证及按规定填制好的进出口货物报关单正式向进出口口岸海关递交申报。

（一）递单期限

海关审结电子数据报关单后，进出口货物的收发货人应当自接到海关现场交单或放行交单通知之日起 10 日内，持打印好的纸质报关单，备齐规定的随附单证并签名盖章，到货物所在地海关递交书面单证，并办理相关海关手续。

确因节假日或转关运输等其他特殊原因需要逾期向海关递交书面单证并办理相关海关手续的，进出口货物的收发货人应当事先向海关提出书面申请，并说明原因，经海关核准后，在核准的期限内办理，最长期限为 30 个自然日。

未在规定期限或核准的期限内递交纸质报关单的，海关将删除其电子数据报关单，进出口货物的收发货人应当重新申报，由此产生的滞报金按照《中华人民共和国海关征收进口货物滞报金办法》的规定办理。

（二）递单资格要求

办理申报手续的人员应当是取得报关员资格并在海关注册的报关员。未取得报关员资格或未在海关注册的人员不能办理现场交单手续。

> 在特殊情况下，个别内容不符的，经海关审核确认无违法情形的，由进出口货物的收发货人重新提供与报关单电子数据相符的随附单证或提交有关说明的申请，并申请办理报关单数据修改，电子数据报关单可不予删除。
>
> 其中，实际交验的进出口许可证件与申报内容不一致的，经海关认定无违反国家进出口贸易管制政策和海关有关规定的，可以重新向海关提交相关资料。

（三）现场交单要求

现场交单时，应当递交与电子数据报关单内容一致的纸质报关单、国家实行进出口管理的许可证件及海关要求的随附单证等。进出口货物报关单应当随附的单证包括合同、发票、装箱清单、载货清单（舱单）、提（运）单、代理报关授权委托协议、进出口许可证件、海关要求的加工贸易手册（纸质或电子数据的）及其他进出口有关单证。报关单位对所递交单证的真实性、合法性和规范性负责。

（四）接受询问

海关审核电子数据报关单时，需要进出口货物的收发货人解释、说明情况或补充材料的，报关员应当在接到海关通知后及时说明或提供完备材料。

（五）补充申报的要求

（1）海关对进出口货物申报价格、预归类进行审查时，应当按海关要求提交相关单证和材料。需要进行补充申报的，应当如实填写补充申报单，并向海关递交相关资料。

（2）需要向海关申报知识产权状况的进出口货物，应当按照海关要求向海关如实申报有关知识产权状况，并提供能够证明申报内容真实的证明文件和相关单证。海关将按规定实施保护措施。

（六）其他注意事项

（1）货物实际进出口前，海关已对该货物做出预归类决定的，在货物实际进出口申报时，应当向海关提交预归类决定书。

（2）因网络、计算机系统出现故障而采用先填制、递交纸质形式报关单向海关申报时，具保和提发货的电子数据应在故障排除后3日内补报。

四、关注审单环节的处理过程和结果

（一）海关审单的主要任务

海关审单是指海关工作人员通过审核报关员递交的报关单及其随附相关单证，检查判断进出口货物是否符合《海关法》和其他有关政策、法规的行为。审核单证是海关监管的第一个环节，不仅为海关监管的查验和放行环节打下了基础，而且也为海关的征税、统计及查私工作提供了可靠的单证和资料。

海关审单的主要任务有以下六项。

（1）确认报关企业及报关员是否具备报关资格，相关证件是否合法有效。

（2）报关时限是否符合海关规定，确定是否须征收滞报金。

（3）货物的进出口是否合法，即是否符合国家有关对外贸易法律、法规的规定。

（4）报关单证的填制是否完整、准确，单证是否相符、齐全、有效。

（5）要对通过电子计算机登记备案的加工贸易合同中的每次进出口数据进行核对，并在登记手册上登记。

（6）根据《中华人民共和国进出口关税条例》和国家其他有关税收政策确定进出口货物的征免性质。

（二）关注审单作业环节的处理过程及结果

在审单作业过程中，报关员可以通过海关设置在报关或预录入大厅的显示屏幕和自助终端、手机及 EDI 通关系统等工具了解审单等作业环节的处理过程及结果，以保证及时办理通关手续。

审单等作业环节的处理结果分别由计算机系统、审单中心或接单审核／征收税费环节对外发布。

1. 计算机系统自动对外发布处理结果

计算机系统对报关单电子数据进行审核后，根据通道判断情况，自动对外发布处理结果，具体内容如表 6–1 所示。

表 6–1　计算机系统自动对外发布处理结果

序号	处理结果	具体说明
1	不接受申报	通知报关员有关报关单电子数据未通过计算机审核，海关不接受申报，请报关员按海关要求修改报关单电子数据后重新进行电子申报
2	等待处理	通知报关员审单中心正在对有关报关单数据进行审核，或正在等待审核，请继续等待处理结果
3	现场交单	通知报关员相关报关单电子数据已通过计算机审核，请报关员立即向隶属海关现场接单审核／征收税费环节递交纸质报关单证和缴纳税费手续
4	办理放行交单手续	通知报关员有关报关单电子数据已通过计算机审核，请报关员立即携带所有纸质报关单证前往隶属海关现场递交单证，并办理放行手续

2. 审单中心对外发布处理结果

审单中心对通道判断及其审核的报关单电子数据进行专业化审单后，负责对外发布处理结果，具体内容如表 6–2 所示。

表 6–2　审单中心对外发布处理结果

序号	处理结果	具体说明
1	请修改报关数据	通知报关员申报有错误，要求其按规定办理报关单数据修改、删除手续
2	等待处理	通知报关员审单中心正在对有关数据进行审核，或正在等待审核，请继续等待处理结果
3	与海关联系	通知报关员审单中心需要进一步了解相关情况，请报关员立即通过以下方式与海关联系： （1）通过接单审核／征收税费岗位的海关关员与审单中心联系，由该海关关员调阅计算机有关信息并向报关员提出要求；

（续表）

序号	处理结果	具体说明
3	与海关联系	（2）通过电话或传真直接与审单中心联系； （3）通过交互式电子图像传输系统直接与审单中心联系； （4）前往审单中心说明情况（指已经通过以上方式联系后仍无法解决审单问题，确有必要请报关员前往的情况。审单中心与通关现场地理位置相距较远时，原则上不应要求报关员前往审单中心说明情况）
4	现场交单	通知报关员相关报关单数据已通过审单中心审核，请报关员立即向隶属海关现场接单审核/征收税费环节递交纸质报关单及随附单证
5	办理放行交单手续	通知报关员相关报关单电子数据已通过审单中心审核，请报关员立即携带所有纸质单证前往隶属海关现场办理交单和放行手续

3. 接单审核/征收税费环节对外发布处理结果

隶属海关在对通关判断或审单中心交其审核的报关单电子数据进行审核后，负责对外发布处理结果，具体内容如表6-3所示。

海关的信息提示及其处理状态和操作如表6-4所示。

表6-3　接单审核/征收税费环节对外发布处理结果

序号	处理结果	具体说明
1	请修改报关数据	通知报关员申报有错误，要求其按规定办理报关单数据修改、删除手续
2	等待处理	通知报关员审单中心正在对相关报关单数据进行审核，或正在等待审核，请继续等待处理结果
3	缴纳税费	通知报关员到海关领取各类专业缴款书，并缴纳税费
4	办理查验放行手续	通知相关人员缴纳税费后（无税费的直接）到查验放行环节办理查验放行手续

表6-4　海关的信息提示及其处理状态和操作

海关提示	处理状态	操作
现场办手续	审核结束	审结
等待处理	审证处理	电子审单结束

海关提示	处理状态	操作
待海关通知	审核中	内挂
与现场联系	审核中	外转
与中心联系	审核中	外挂
退单重报	审核结束	退单
待海关通知	审核中	内转
与现场联系	审核中	外转挂起
等待处理	接单审核	电子审单尚未结束

五、属地申报，口岸验放

（一）定义

"属地申报，口岸验放"是指符合海关规定条件的守法水平较高的 A 类企业，在其货物进出口时，可以自主选择向其属地海关申报，并在货物实际进出境地的口岸海关办理货物验放手续的一种通关方式。

（二）办事程序

1. 进口

（1）运输工具进境前（时），在海关规定的时间内，运输工具负责人或其代理人向口岸海关传输进口舱单电子数据。

（2）进口货物的收货人或其代理人在口岸海关接受进口舱单数据申报后（海关另有规定的除外），即可选择"属地申报，口岸验放"通关方式，将数据录入进口货物报关单，向属地海关进行申报。

（3）报关单电子数据经海关审结后，报关员在属地海关接单点递交纸质报关单证，并办理相关税费手续。

（4）报关员向口岸海关办理进口货物的查验、放行手续，海关对进出口货物进行风险分析后，确定货物是否需要查验，对不需要查验的，直接予以放行。

2. 出口

（1）出口货物的发货人或其代理人在取得出口口岸订舱数据后（海关另有规定的除外），即可选择"属地申报，口岸验放"通关方式，将数据录入出口货物报关单，向属地海关进行申报。

（2）报关单电子数据经海关审结后，报关员在属地海关接单点递交纸质报关单证，并办理相关税费手续。

（3）报关员向口岸海关办理出口货物的查验、放行手续，海关对进出口货物进行风险分析后，确定货物是否需要查验，对不需要查验的，直接予以放行。

3. 交单规定

（1）属地海关接单点负责验核纸质报关单、合同、发票、装箱单、许可证件及原产地证明等报关单证。

（2）对在口岸才能办理的报关单证（如进口通关单等），报关员可以在口岸海关办理查验与实际货物放行手续时向海关交验。

4. 报关单的修改和撤销

报关单的修改和撤销申请应向属地海关提出并办理。

5. 查验、放行

报关员在属地海关办理交单手续后，若有查验通知的，可自行或委托其他代理人向口岸海关办理货物的查验手续；不需要查验的，直接在口岸海关办理货物的放行手续。

6. 报关单证明联的签发

进出口货物放行、结关后，报关员可向属地海关申请办理报关单证明联签发手续。

（三）适用范围

（1）"属地申报，口岸验放"这种通关方式适用于 A 类以上企业。

（2）对因海关规定或国家进出口许可证件管理，须在属地或口岸进行申报并办理验放手续的进出口货物，暂不适用"属地申报，口岸验放"通关方式。

第二节　配合海关查验

海关查验是指海关根据《海关法》确定进出境货物的性质、价格、数量、原产地及货物状况等是否与报关单上已申报的内容相符，并对货物进行实际检查的行政执法行为。海关通过查验，核实有无伪报、瞒报及申报不实等走私、违规行为，同时也为海关的征税、统计及后续管理提供可靠的资料。海关查验时，进出口货物的收发货人应当到场。

一、海关查验的要求

海关查验的要求主要包括以下几点。

（1）货物的收发货人必须到场，并按海关的要求办理货物的搬移、拆装箱和重封包装等工作。

（2）海关认为必要时，应在货物保管人员在场的情况下径行开验、复验或者提取货样。

（3）海关查验时，报关员应注意做好以下工作。

① 报关员在向海关申报前，应对即将申报的进出口货物有一定的了解，对各种单证进行初步的审核，如有不清楚或不符合规定的地方，应及时向委托人了解或者指出。

② 海关查验进出口货物时，报关员必须在场，并按照海关的要求搬移货物、开拆和重封货物的包装等。

③ 在海关查验时，应随时回答海关查验人员的问题，或提供海关需要的相关单证，配合海关的查验监管活动。

④ 海关在查验中发现的走私违规情况，报关员应积极配合海关进行调查。

⑤ 对要求海关派人员到监管区域以外办理海关手续的，要事先向海关办理申请手续。

⑥ 海关在查验过程中对进出口货物造成损坏的，报关员应向负责查验的海关提出予以赔偿的要求，并办理相关手续。

二、海关查验中的各项业务

（一）查验地点和时间

进出口货物收货人在接到海关的查验通知后，应当向海关的查验部门办理确定查验的具体地点和具体时间的手续。

1. 查验地点

查验一般在海关监管区内进行。对进出口大宗散货、危险品、鲜活商品及落驳运输的货物，经货物收发货人申请，海关也可同意在装卸作业的现场进行查验。在特殊情况下，经货物收发货人申请，海关可派人员到海关监管区以外的地方查验货物。

2. 查验时间

查验时间一般约定在海关正常工作时间内。但是在一些进出口业务繁忙的口岸，海关也可应进出口货物收发货人的请求，在海关正常工作时间以外安排查验作业。

（二）到场一起查验

海关查验货物时，进出口货物的收发货人应到查验现场会同海关查验人员一起查验，并配合做好如下工作。

（1）搬移货物、开拆和重封货物的包装。

（2）了解和熟悉所申报货物的情况，回答海关查验人员的问题，提供海关查验人员查验货物时所需的单证或其他资料。

（3）协助海关查验人员提取需要做进一步检验、化验或鉴定的货样，收取海关出具的取样清单。

（三）交付海关规费

海关根据所在地的港口、车站、国际航空站、国界孔道和国际邮局交换站进出境货物、旅客行李、邮件及运输工具的实际情况，规定监管区域，在监管区域内执行任务不收规费。

海关关员到海关监管区域以外办理清关手续、执行监管任务时，应由申请人向海关提出申请，并经海关同意。海关会按规定收取规费，申请人应提供往返交通工具和住宿，并支付相关费用。

海关现有收费项目的收费标准如下。

（1）进口商品退税（关）手续费、车辆超时占用验场费、货物行李物品保管费和知识产权保护备案费。

① 进口商品退税（关）手续费为 40 元 / 次。

② 车辆超时占用验场费为 16 元 /（车·次）（2 ~ 5 小时，含 5 小时）、40 元 /（车·次）（5 小时以上）。

③ 货物行李物品保管费 1 个月内为每日每件按其价值的 0.16% 收取，1 ~ 3 个月以内为每日每件按其价值的 0.32% 收取。

④ 知识产权保护备案费为每件 800 元。

（2）口岸管理费 [国务院及财政部、国家计委（现国家发展和改革委员会）准许的满洲里、绥芬河、二连、凭祥、东兴、畹町、瑞丽、河口和深圳9个陆路口岸]，其中深圳陆路口岸建设管理费为40英尺集装箱车辆每辆每次8元（往返16元），其他车辆每辆每次4元（往返8元）；其他8个陆路口岸的口岸管理费或口岸过货管理费为0.42元/吨。

（四）确认查验结果

查验完毕后，海关实施查验的海关关员应当填写海关进出境货物查验记录单。配合海关查验的报关员应当注意查验记录是否如实反映查验情况，尤其要注意以下情况的记录是否符合实际。

（1）开箱的具体情况。

（2）货物残损情况及造成残损的原因。

（3）提取货样的情况。

（4）查验结论。

查验记录经审阅准确清楚的，配合查验的报关员应签字确认。至此，报关员配合海关查验工作结束。

海关在查验中，如需要提取货样做进一步检验化验或鉴定的，应当向进出口货物的收发货人出具取样清单，并履行相应手续。

相关链接

如何做好样品送检

取样工作主要由查验人员负责实施。收发货人在海关关员的监督下，按照取样要求进行取样（对特殊样品，应由相关专业技术人员取样）。海关认为必要时，应在货物保管人在场的情况下径行取样。

取样时，应同时提取两份平行样品，当场加封。海关关员应填写中国海关进出境货物（物品）化验取样记录单，包括取样方法、步骤、工具及在取样过程中出现某些现象等内容，并由收发货人在取样记录单上签字确认。

送检样品应能客观反映货物的整体状况，所以收发货人或海关关员应对不同包装、规格及品质的货物分别取样和包装。具体取样应按照固体、液体、植物及纸张等不同种类商品的取样要求进行取样，具体要求如下。

（1）固体样品应在保证无污染及均匀取样的情况下，按照不少于100克的样品量进行取样。

（2）液体样品应在搅拌均匀的情况下取足够的样品送检。

（3）对于植物样品，必须保证所取样品能充分代表这些植物的平均组成。

（4）对于纸张样品的取样，应满足以下要求。

① 纸张类样品请卷成桶状，切勿折叠送检。

② 成卷的样品至少剪切2延米或保证2平方米。延米，即延长米，计量单位应使用法定计量单位"米"，计量方式是被计量物的实际计价长度。

③ 成张的样品至少2张或保证2平方米。

（5）其他特殊样品的取样量及要求应视具体情况由海关化验中心确定。送检样品应使用洁净容器或物料包装，并贴注标签，确保样品不受污染和安全运输。

海关送检的样品应及时由海关派专人或通过快递等方式送检；有特殊情况，或应收发货人提出申请，也可以采用专用送检箱由收发货人送检。采用专用送检箱送检时，应加施海关封志，并在化验申请单上填写封志号码后封于关封内，供海关化验中心核对。对于不便置于专用送检箱中的样品，应根据具体情况妥善施加封记。

收发货人应提供有关单证和技术资料（如产品说明书、生产工艺流程等），如果这些单证和技术资料涉及商业秘密，收发货人应事先申明，海关应对其保密。

三、查验货物的损坏赔偿申请

在查验过程中，如果因为海关关员的责任造成被查验货物损坏的，进口货物的收货人和出口货物的发货人可以要求海关予以赔偿。

（一）海关赔偿的范围

海关赔偿的范围仅限于在实施查验过程中，由于海关关员的责任造成被查验货物损坏的直接经济损失。直接经济损失的金额应根据被损坏货物及其部件的受损程度确定，或者根据修理费确定。海关不予赔偿的情况如图6-2所示。

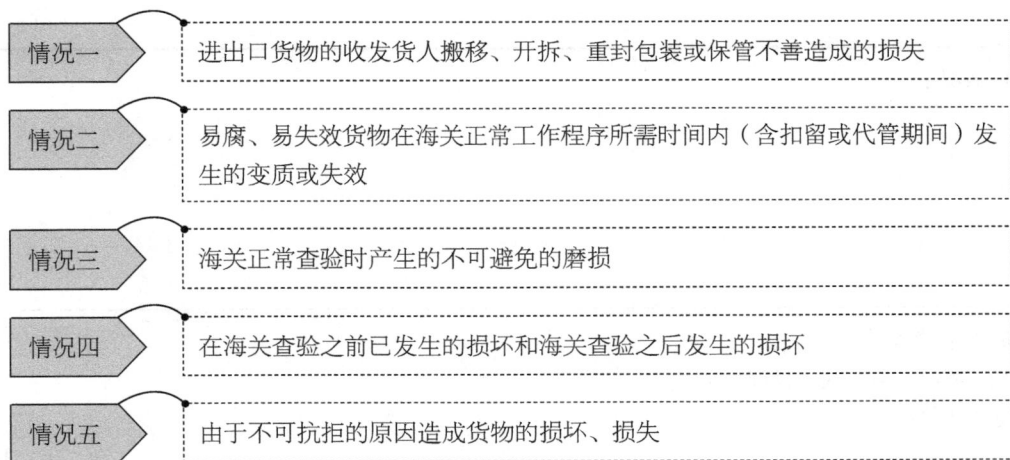

图 6-2　海关不予赔偿的情况

（二）申请海关赔偿的流程

1. 认定被查货物损坏

当证实由于海关关员的责任造成被查货物损坏时，配合查验的报关员应当要求海关出具由海关查验关员和配合查验的报关员双方签字的海关查验货物、物品损坏报告书（见表 6-5），它是海关赔偿的主要依据。

表 6-5　海关查验货物、物品损坏报告书

中华人民共和国海关　　　　　　　　　　　　　　　　　　（　　）关字第　　号

货物、物品所有人（代理人）： 地址、电话： 货物名称： 数量： 单价： 发票号： 合同编号： 申报进出境日期： 开验日期： 开验地点：
备注：

（续表）

损坏情况：
值班人：（签字） 货物（物品）所有人（代理人）（签印） 见证人（签印） 　　　　　　　　　　　　　　　　　　　　　　　　年　月　日

　　海关径行查验造成货物损坏的，在场的货物存放场所的保管人员或者其他见证人应当与海关查验关员在海关查验货物、物品损坏报告书上签字确认。

2. 领取赔偿

进出口货物的收发货人收到海关查验货物、物品损坏报告书后，可与海关协商确定货物受损程度。如有必要，可凭公证机构出具的鉴定证明来确定货物受损程度。

确定货物受损程度后，应以海关审查确定的完税价格为基数，确定实际的赔偿金额。如商定以修理费来计算赔偿金额的，应按被损货物的实际修理费确定赔偿金额。

进出口货物的收发货人对赔偿金额有异议时，可向法院起诉，由法院裁定或判决赔偿金额。

3. 赔偿时间

确定赔偿金额后，海关向进出口货物的收发货人发出海关损坏货物、物品赔偿通知单（见表6-6）。进出口货物的收发货人自收到该通知单之日起3个月内据此向海关领取赔偿。逾期要求赔偿的，海关不予受理。

表 6-6 海关损坏货物、物品赔偿通知单

中华人民共和国海关

海关损坏货物、物品赔偿通知单

　　根据《中华人民共和国海关查验货物、物品造成损坏的赔偿办法》，对《中华人民共和国海关查验货物、物品损坏报告书》（　　　　）关字第＿＿＿＿号所列损坏货物、物品，决定予以＿＿＿＿＿＿＿＿＿＿
＿＿＿＿＿＿＿＿＿＿＿＿＿＿＿＿（大写）元人民币赔偿。请于＿＿＿＿年＿＿月＿＿日前到我关领取赔偿，逾期海关不再赔偿。

中华人民共和国海关

＿＿＿＿年＿＿月＿＿日

四、进口商品残损短缺的处理

在对进口货物报关查验时，经常会遇到商品进口时出现残损短缺的问题，解决方法主要有以下四种。

（一）检查单与单是否一致

进口货物时，要注重单证的验收。如果发货方通知货物已经发运，但没有谈及单证问题，收货方就要提前提醒发货方及时交付相关单证。收到单证后，收货方首先要对单证进行审核，查看其是否一致，不一致的情况如图 6-3 所示。

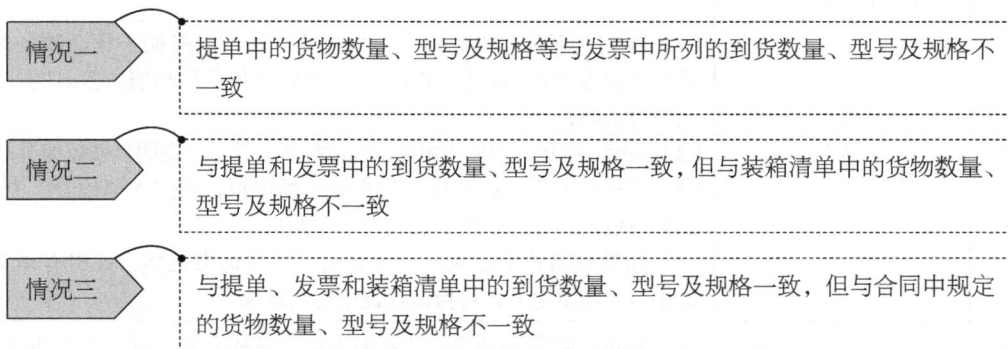

情况一	提单中的货物数量、型号及规格等与发票中所列的到货数量、型号及规格不一致
情况二	与提单和发票中的到货数量、型号及规格一致，但与装箱清单中的货物数量、型号及规格不一致
情况三	与提单、发票和装箱清单中的到货数量、型号及规格一致，但与合同中规定的货物数量、型号及规格不一致

图 6-3 单证不一致的情况

如果出现以上情况，收货人要及时做好记录，并对货物进行核对后，马上与发货人联系，以便为进一步交涉做好准备。

（二）检查货单是否一致

对进口货物的相关单证审核后，还要检查货单是否一致。收货方除了报请海关、商检等相关单位及时进行检验，还应注意以下几点。

（1）认真核对货物的包装、唛头、商品名称、目的港、包装规格及种类等是否符合合同要求。

（2）认真检查货物包装情况，看货物是否有不该倒置放而倒置放的现象。

（3）鉴别货物的受损性质，如破碎、渗漏、水湿及锈蚀等。

（4）确定货物的受损程度。

（5）倘若发现货物与单证列明型号、规格、数量不符或残损短缺时，应做好记录，及时报请商检机构检验后出证提赔。

（三）发现货物残损短缺

发现货物残损短缺时，要保留现场，并及时报请海关、商检、港务理货及保险等相关单位人员查验。必要时，还要拍照存档。同时，还要分清责任，具体内容如表6-7所示。

表6-7　货物残损短缺责任划分

序号	责任方	具体说明
1	保险公司（属投保范围的，如人为不可抗拒等因素致损的）	凭保单及商检证书向承保人、分保人或保险代理人提赔
2	承运人	（1）属配载不妥、积载不良、捆扎不牢和由于船舶不具适航条件、设备不良及整件短缺短卸时，要有港口理货公司与船方签订的残损或溢短证明； （2）陆运、空运、快递应由其部门做好残短签证，证明其残短情况； （3）获得证明后，按残损货物报验手续申报，由出入境检验检疫局出具商检证书，用于向承运人提出索赔； （4）如果是国外承运人，一定要出具商检证书提赔，并附有译文。如果是国内承运人，可持商检证书协商解决
3	国外发货人或厂商	（1）发货前就存在问题，如以旧充新、以坏充好，或原有的短缺或错装错运等向外商提赔；

序号	责任方	具体说明
3	国外发货人或厂商	（2）提单不是清洁提单，已有船方残短记录的，可持船长、大副的签字证明及商检出证向外商提赔； （3）由于包装不当而造成残损的，应向外商提赔

（四）对外提赔

1. 提赔的做法

对于进口货物残损短缺的索赔，要本着实事求是的原则，分清残短原因、程度及责任，由出入境检验检疫局出具商检证书后，便可持商检证书在索赔期内向外商或有关部门提赔，具体做法如下。

（1）在索赔期内，寄出商检证书、提赔意向书及进口货物提单、发票、船方签证等有关单证副本。一般来说，检验证书含一份正本及数份副本，一般要交给事故责任方一份副本，交给主管部门一份或两份副本，以备查验。如果对方资信情况较差，正本暂不寄出，先寄出副本及提赔意向书等。

（2）索赔期快到时，要立刻通知外商或有关责任方延长索赔期。

2. 提赔内容

提赔内容如表6-8所示。

表6-8　提赔内容

序号	提赔类别	具体说明
1	退货或换货	货物不能使用，以退货或换货为佳，但未结案前，不可动用货物。提赔时，应将运输费及商检费用估算在内
2	赔款	按残损、短缺的经济损失价值折算外汇，包括检验费，此类情况要保留残损货品（按贸易惯例，不合格时检验费一般由卖方负担，但应在合同中注明）
3	补偿残短部件及修整费用	按残短实际情况提出补偿，补偿后需要修整的，则要同时计算工时费用

如果进口货物分拨几个单位的，应及时与相关单位联系，共同提出索赔意见，这样才不会因意见不一致而造成被动的情况。

第三节　缴纳税费

税费计征是指海关根据国家的有关政策、法规对进出口货物征收关税，以及在进口环节征收税费。根据《海关法》和《中华人民共和国进出口关税条例》的有关规定，除国家另有规定外，均应对进出口的货物征收关税。关税由海关依照海关进出口税则征收。海关征收关税时，必须依法确定货物应缴纳税款的价格，即经海关依法审定的完税价格。

一、海关对进口货物价格申报的要求

（一）总体要求

海关在审定完税价格的过程中，为确保完税价格的真实性、完整性和准确性，会要求报关员填写价格申报单，并向海关进行价格申报。每张价格申报单中只能填写一种商品。

> 报关员应对价格申报单各项填报内容及所附单证的真实性和完整性承担法律责任，并愿意提供与海关估价有关的其他任何资料或单证，如有不实，海关可按有关规定处理。

价格申报单应有进口货物的收货人授权填报人的签字；申报单位处应加盖申报人单位公章。

（二）一般性要求

申报进口货物时，应注明其品牌、成分、规格、型号和用途。

（1）进口旧机电设备要注明自估新旧程度、出厂年代和使用折合年限。

（2）进口化工类商品申报时要注明学名、俗名和用途。

（3）申报进口纺织服装类商品时，应注明品牌、工艺、产地，是否含有外观设计。

（4）边角料注明尺寸规格、比例和用途。

（5）食品类注明包装、原产地。

（6）冻品类注明业内标准规格、原产地。

（7）仪器类注明品牌、型号、量化技术指标及用途等。

（三）具体申报项目

具体申报项目如表6-9所示。

表6-9　具体申报项目

序号	项目类别	具体说明
1	成交单位、生产厂商、签约日期	按照实际情况予以填写
2	成交情况	（1）买方与卖方的交易是否为一次性买断； （2）买方对进口货物的处置和使用是否受到某种限制； （3）买卖双方在交易中是否存在特殊的安排
3	买卖双方的关系	（1）买卖双方是否为同一家族成员； （2）买卖双方是否互为商业上的高级职员或董事； （3）一方是否直接或间接地受另一方控制（如为另一方的母公司、子公司、分支机构或投资方等）； （4）买卖双方是否同时直接或间接在行政管理或业务经营上领导同一第三方，或同时受第三方领导； （5）一方是否直接或间接地拥有、控制或持有对方5%及以上具有表决权的股票或股份； （6）一方是否为另一方的雇员、高级职员或董事； （7）买卖双方是否为同一合伙的成员
4	各种费用负担情况	费用名称，如卖方佣金，经纪费，容器和包装费，特许权使用费，对进口货物转售、处理或使用所得返回卖方部分，由买方提供用于进口货物生产和出口销售的物品或服务的费用，机械设备进口后的安装、调试及技术服务等费用，其金额及币制是否已包含在成交价格中

（续表）

序号	项目类别	具体说明
5	支付或结算方式	L/C、T/T、D/P 或 D/A，是否存在预付款和后付款： （1）在支付大栏中，预付价款是指在卖方交货前，买方向卖方或其指定的某一方预先支付的未包括在发票价格之中的款项； （2）后付价款是指在卖方交货后，买方需向卖方或其指定的某一方支付的，与进口货物有关，且未包括在发票价格之中的款项。 以上所提及的款项，均包括以实物形式或其他形式折算的款项
6	其他	其他需要说明的情况，填写在"其他"栏内

（四）补充申报要求

在补充申报中，还需要申报如下项目。

（1）核实企业对于本申报单填报内容是否有保密要求。

（2）核实买方是否为取得货物的完全所有权向卖方支付相应的款项。

（3）核实特殊关系是否影响进口货物的成交价格。如果是，企业应说明进口货物的成交价格是否与同时或大约同时发生的下列任一价格相近：

① 向境内无特殊关系的买方出售的相同或类似货物的成交价格；

② 按照《中华人民共和国进出口关税条例》第二十一条第（四）款所确定的相同或类似货物的完税价格；

③ 按照《中华人民共和国进出口关税条例》第二十一条第（五）款所确定的相同或类似货物的完税价格。

如果是，企业应提供相关证明资料。

（4）核实买方处置或使用货物时是否受到限制。但要说明以下限制除外：国内法律、行政法规的限制；对货物转售地域的限制，或对货物价格无实质性影响的限制。如果是，企业应说明限制的内容。

（5）核实货物的价格是否受到使货物的成交价格无法确定的条件或因素的影响。如果是，企业应说明条件或因素的内容。如果影响货物成交价格的条件或因素可以客观量化数据表示，企业应申报说明。

（6）核实以下情况：是否存在与货物有关并作为卖方销售该货物的一项条件、应当由买方直接或间接支付的特许权使用费；卖方是否直接或间接获得因买方转售、处置或使用进口货物而产生的任何收益。如果是，核实对于上述费用或价值，企业是否能向海关提供客观量化的数据资料。

（7）上述可以客观量化的数据应当分别按照发票价格、未包括在发票金额中的费用和价值、单独列明的（已包括在发票金额中的）费用和价值等三种类型分别申报，列明具体的金额、币制及其他需要补充申报的内容等。

二、计算进出口税费

税费计算是稽征关税的重要环节。目前，我国海关工作已实现现代化和科学化，接受申报、计征关税等工作都通过计算机网络来完成。

（一）税则归类申报

税则归类是指对应税的进出口商品，在税则中找出其相应的税目的方法。这是征税的重要环节。

1. 归类申报的要求

根据《中华人民共和国进出口关税条例》的相关规定，纳税义务人应当依法如实向海关申报，并按照海关的规定提供进行商品归类所需的资料。具体来说，归类申报的要求如表6-10所示。

表 6-10　归类申报的要求

序号	要求	具体说明
1	如实申报	如实申报是归类申报的最基本要求，纳税义务人及报关员如被发现有归类申报不实的情况，应依法承担因此而引发的补税、行政处罚等各类相应的法律责任
2	提供归类所需的资料	商品归类是一项技术性很强的工作，因此申报的货物品名、规格及型号等必须能够满足归类的要求。报关员应向海关提供详细的归类所需货物的形态、性质、成分、加工程度、结构原理、功能及用途等技术指标和技术参数，尤其要提供以下资料： （1）农产品、未列名化工品等的成分和用途； （2）材料性商品的成分和加工方法、加工工艺； （3）机电仪产品的结构、原理和功能

（续表）

序号	要求	具体说明
3	补充申报	由于报关单本身可填写的申报内容有限，对一些较为复杂、需要较多资料说明才能够满足归类需要的商品，需要通过补充申报的方式来确保归类申报的完整性和准确性
4	进出口货物的报验状态	海关对进出口货物的归类是按照货物报验时的状态予以确定的，因此进出口货物报验状态的确定十分重要。进出口货物的报验状态，应根据以下几点确定： （1）进出口货物的收发货人向海关申报进出口时的实际状态称为报验状态，对于进出口货物的同一收货人使用同一运输工具同时运抵的货物，应同时申报，并视为同一天报验状态的货物，据此确定其归类； （2）申请减免税的进口货物，或将申请人向海关申请减免税时所提交的进口货物清单所列货物，应视为同一报验状态，并按据此确定的归类审核其减免税性质，但这些货物在实际进口时仍按上述第一条的规定确定归类； （3）加工贸易保税料件及成品经批准内销的，仍按原进口料件归类，但生产加工所产生的边角料应按内销时的状态来确定归类；出口加工区、保税区内开展的加工贸易，其制成品或料件运往区外的，仍按现行规定执行

2. 商品预归类

进出口商品种类繁多、性质复杂，且商品变化日新月异，要将世界上所有商品浓缩在几百页的税目上，为数以万计的商品在几千条子目中找到最适当的税目，具有一定的难度。

预归类决定仅对该决定的申请人和做出决定的海关在其有效期内具有约束力，即报关员拿到预归类决定书后，要在一定时间内申报，过期归类决定就会失效。商品预归类申请主要包括以下几步。

（1）报关员先向海关领取或从相关网站上下载海关进出口商品预归类申请书（以下简称"申请书"）（见表6-11），填写完成后，以书面形式提交给进口地直属海关（一般为关税归类部门）受理。

表 6-11　海关进出口商品预归类申请书

申请人：
企业代码：
通信地址：

（续表）

联系电话：
商品名称（中英文）：
其他名称：
商品详细描述（如规格、型号、结构原理、性能指标、功能、用途、成分、加工方法及分析方法等）：
进出口计划（如进出口日期、口岸及数量等）：
随附资料清单：
此前如就相同商品向海关申请预归类，请写明海关预归类决定书编码：

申请人（章） 　　年　月　日	海关（章）： 预归类申请编号： 接受日期：　　年　月　日 签收人：

注：本申请书一式两份，申请人和海关各执一份；本表加盖申请人和海关印章方为有效。

（2）申请书一式两份，申请人和海关各执一份。申请书应准确填写下列内容。

① 申请人名称、地址、在海关注册的企业代码、联系人姓名及电话等。

② 申请预归类商品的中英文名称（其他名称）。

③ 申请预归类商品的详细描述，包括商品的规格、型号、结构原理、性能指标、功能、用途、成分、加工方法及分析方法等。

④ 预计进出口日期及进出口口岸。

⑤ 申请书必须加盖申请单位印章。

（3）报关员应按海关要求提供足以说明申报情况的资料，包括进出口合同复印件、照片、说明书、分析报告及平面图等。必要时，应提供商品样品，同时应提供证明报关员是在海关注册的进出口货物的经营单位或其代理人相关材料（海关备案复印件）。如申请所附文件为外文，申请人应同时提供外文原件及中文译文。所提供资料与申请书必须加盖骑缝章。

（二）进口货物原产地确定

原产地规则是指确定进出口产品生产或制造国家（或地区）的标准与方法。其目的是为进口国（地区）对来自不同国家或地区的产品赋予不同税惠提供依据。

1. 原产地证书的报关要求

原产地证书的报关要求如表 6-12 所示。

表 6-12　原产地证书的报关要求

序号	报关类别	具体说明
1	进口货物报关	（1）对报关员来说，在办理进口货物的海关申报手续时，应当依照《中华人民共和国进出口货物原产地条例》（以下简称《进出口货物原产地条例》）规定的原产地确定标准如实申报进口货物的原产地；同一批货物原产地不同的，应当分别申报原产地； （2）如果货物还没有运达国内口岸，为了节省报送时间和手续，报关员可以申请对将要进口的货物进行预先确定原产地的行政裁定，这样就可以在货物进口后的通关环节中直接填写确定的原产地了
2	出口货物报关	报关员申报货物出口业务时，有时进口商会要求出口方提供原产地证明。这时，出口货物发货人可以向国家质量监督检验检疫总局所属的各地出入境检验检疫机构、中国国际贸易促进委员会及其地方分会申请领取出口货物原产地证书

2. 原产地的预先确定

《进出口货物原产地条例》规定，进口货物在进口前，进口货物的收货人或者与进口货物直接相关的其他当事人，在有正当理由的情况下，可以书面申请海关对将要进口货物的原产地做出预确定决定；申请人应当按照规定向海关提供做出原产地预确定决定所需的资料。

海关应当在收到原产地预确定书面申请及全部必要资料之日起 150 日内，依照《进出口货物原产地条例》的规定，对该进口货物做出原产地预确定决定，并对外公布。已做出原产地预确定决定的货物，自预确定决定做出之日起 3 年内实际进口时，经海关审核其实际进口的货物与预确定决定所述货物相符，且条例规定的原产地确定标准未发生变化的，海关不再重新确定该进口货物的原产地；经海关审核其实际进口的货物与预确定决定所述货物不相符的，海关应当按照本条例的规定重新审核确定该进口货物的原产地。

按照以上规定，报关员可以在货物进出口之前就对货物进行原产地的预先确定，这对于一些生产情况比较复杂的商品十分有用，可以避免冗长的确定程序，确保通关的快速顺畅。

报关员在申请进行货物原产地预先确定时，需要准备以下资料。

（1）进口货物的商品名称、规格、型号、归类及产品说明书。

（2）出口国家或地区货物原产地确定机构签发的原产地证书或其他认定证明资料。

（3）进口货物所使用磁材料的品种、规格、型号、价格及产地等情况的资料。

（4）进口货物的生产加工工序、流程、加工地点和加工增值情况的资料。

（5）进口货物的交易情况及进口货物的合同、报价单、发票等。

海关接受预确定申请后，会在 60 日内根据申请人提供的资料对进口货物的原产地提出初步审核意见，草拟决定书草稿，经海关总署审核通过后，报关员即可领取预确定原产地证明。

（三）税率的确定

海关根据进出口货物的税则号列、完税价格、原产地、适用的税率和汇率计征税款。税率确定方面也有很多需要注意的地方，具体如下。

（1）一般进出口货物适用海关接受该货物申报进口或者出口之日实施的税率。

（2）企业实行集中申报的进出口货物，经海关批准后，适用每次货物进出口时海关接受该货物申报之日实施的税率。

（3）因超过规定期限未申报而由海关依法变卖的进口货物，其税款计征应当适用装载该货物的运输工具申报进境之日实施的税率。

（4）已申报进境并放行的保税货物、减免税货物、租赁货物或者已申报进出境并放行的暂时进出境货物，有图 6-4 所示相关情形之一需缴纳税款的，适用海关接受纳税义务人再次填写报关单申报办理纳税及有关手续之日实施的税率。

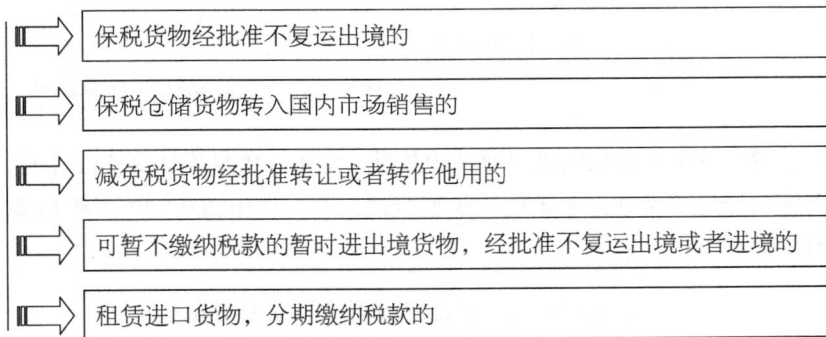

保税货物经批准不复运出境的

保税仓储货物转入国内市场销售的

减免税货物经批准转让或者转作他用的

可暂不缴纳税款的暂时进出境货物，经批准不复运出境或者进境的

租赁进口货物，分期缴纳税款的

图 6-4 再次填写报关单申报办理纳税及有关手续之日实施的税率情形

（四）关税的计算

对应税货物的税则归类以后，报关员即可根据应税货物的完税价格和适用税率计算进出口货物应纳的关税税款。

1.进口关税的计算

（1）从价关税：是以进口货物的完税价格作为计税依据，以应征税额占货物完税价格的百分比作为税率，货物进口时，以此税率和实际完税价格相乘计算应征税额。

从价关税的计算公式如下：

$$应纳关税＝进出口货物完税价格×适用税率 \qquad (6-1)$$

实例

国内某公司从德国进口 1 辆梅赛德斯－奔驰豪华小轿车，成交价格为 CIF 天津新港 25 000 美元。已知汽车的规格为 5 座位，汽缸容量为 3 000 毫升，假设当时的外汇折算率为 1 美元等于人民币 6.13 元，试计算应征进口关税。

计算步骤如下：

（1）确定税则归类，汽缸容量为 3 000 毫升的小轿车归入税目税号 8 703.23；

（2）原产国德国适用最惠国税率 25%；

（3）审定完税价格为 25 000 美元；

（4）将外币价格折算成人民币为 25 000×6.13 ＝ 153 250（元）；

（5）应征进口关税税额＝完税价格 × 法定进口关税税率

$$＝ 153\ 250 × 25\%$$

$$＝ 38\ 312.50（元）。$$

（2）从量关税。从量关税是以进口商品的数量、体积、质量等计量单位计征关税的方法。计税时，以货物的计量单位乘以每单位应纳税金额，即可得出该货物的关税税额。从量关税的计算公式如下：

$$进口关税税额＝商品进口数量×从量关税税额 \qquad (6-2)$$

（3）复合关税。复合关税是指在海关税则中，一个税目中的商品同时使用从价、从量两种标准计税，并按两种标准合并计征的一种关税。

复合关税的计算公式如下：

$$应纳关税＝从价关税＋从量关税$$

$$＝完税价格×关税税率＋货物数量×单位税额 \quad （6-3）$$

2. 出口关税的计算

（1）实行从价计征标准的出口关税的计算

① 计算公式如下：

$$应征出口关税税额＝完税价格×法定出口关税税率 \quad （6-4）$$

② 计算方法如下：将应税货物归入恰当的税目税号→确定应税货物所适用的税率→确定货物的 FOB 价格→将外币折算成人民币→计算应征税款。

（2）实行从量计征标准的出口关税的计算

① 计算公式如下：

$$应征出口关税税额＝货品数量×单位税额 \quad （6-5）$$

② 计算方法如下：将应税货物归入恰当的税目税号→确定应税货物所适用的单位税额→确定实际出口量→计算应征税款。

实例

国内某公司向韩国出口 5 000 件棉制针织男衬衫，成交价格合计为 CIF 釜山 50 000 美元，计算应征出口关税。

计算步骤如下：

（1）确定税则归类，棉制针织男衬衫归入税目税号 6 105.10；

（2）棉制针织男衬衫所适用的单位税额为 0.2 元／件；

（3）确定实际出口量为 5 000 件；

（4）应征出口关税税额＝货物数量 × 单位税额

$$＝5 000×0.2$$

$$＝1 000（元）。$$

三、缴纳关税

企业需要缴纳的税款可以通过银行网上支付功能自动转账。电子支付系统是由海关业务系统、中国电子口岸系统、银行业务系统和第三方支付系统四部分组成的进出口环节税费缴纳的信息化系统。通过电子支付系统，进出口企业可以及时缴纳进出口关税、反倾销税、反补贴税、进口环节代征税、缓税利息、滞纳金、保证金和滞报金等绝大多数海关的税费。报关员需要及时跟进并通知财务人员，由其负责缴纳关税。

第四节　办结海关手续

海关放行是海关对进出口货物实施现场监管的最后一个工作环节，是指海关对进出境货物，在审单、查验并办理征收税费或担保以后，做出结束海关进出境现场监管决定，允许进出口货物离开海关监管现场的行为。进出口货物收货人在获得放行通知后，应立即办结海关手续。

一、海关放行的形式

（一）签盖海关放行章

海关进出境现场放行一般由海关在进口货物提货凭证或者出口货物装货凭证上签盖海关放行章。进出口货物的收发货人或其代理人签收进口提货凭证或者出口装货凭证，凭此提取进口货物或将出口货物装运到运输工具上离境。

（二）计算机发送"海关放行"报文

实行"无纸通关"申报方式的海关，在做出现场放行决定时，一般通过计算机系统将"海关放行"报文发送给进出口货物的收发货人或其代理人和海关监管货物保管人。进出口货物的收发货人自行打印海关通知放行的凭证，凭该证件提取进口货物，或将出口货物装运到运输工具上离境。

二、海关放行的两种情况

海关进出境现场放行有两种情况，具体内容如表6-13所示。

表6-13 海关放行的两种情况

序号	放行情况	具体说明
1	货物已经结关	对于一般进出口货物，放行时，进出口货物的收发货人或其代理人已经办理所有海关手续，因此海关进出境现场放行即等于结关
2	货物尚未结关	对于保税货物、特定减免税货物、暂准进出境货物及部分其他进出境货物，放行时，进出境货物的收发货人或其代理人并未全部办完所有的海关手续，海关在一定期限内还需进行后续管理，所以该类货物的海关进出境现场放行不等于结关

三、进口货物收货人的业务

（一）提取货物

进口货物的收货人或其代理人提取货物的操作步骤如表6-14所示。

表6-14 提取货物的操作步骤

序号	步骤名称	具体说明
1	领取放行证明	进口货物的收货人在依法办理进口货物的申报、陪同查验和缴纳税费（或办理担保）等手续，获得海关放行后，就可以向海关领取签盖海关放行章的进口货物提货单或运单或特制的放行条
2	提取货物	（1）进口货物的收货人凭上述海关签章的单证之一，到货物进境地的港区、机场、车站或其他地点的海关监管仓库或监管区提取进口货物； （2）一般进口货物海关手续至此办结，不再受海关监管； （3）需要后续管理的货物，包括保税货物、特定减免税货物和暂准（时）进口货物，应继续接受海关监管，直到办结海关手续为止
3	申请签发进口货物证明书	（1）对进口汽车、摩托车等，报关员应当向海关申请签发进口货物证明书，进口货物收货人凭此向国家交通管理部门办理汽车、摩托车的牌照申领手续； （2）海关放行汽车、摩托车后，向报关员签发进口货物证明书，同时将进口货物证明书上的内容通过计算机发送给海关部署，再传输给国家交通管理部门

（续表）

序号	步骤名称	具体说明
4	申请签发进口付汇证明	（1）对属于付汇的进口货物，报关员在取得海关放行后，可以要求海关出具一份盖有海关验讫章的进口货物报关单（付汇证明联），专门用于办理进口付汇核销手续； （2）经海关审核，对符合条件的，即在进口货物报关单（收汇证明联）上签名，加盖海关验讫章，作为进口付汇证明联签发给报关员，同时通过海关电子通关系统向银行和国家外汇管理部门发送证明联电子数据

（二）办理直接退运

直接退运是指进口货物所有人在有关货物进境后、海关放行前，由于各种原因，依法向海关请求不提取货物而直接将货物全部退运境外的行为。

1. 准予直接退运与不准直接退运的货物范围

准予直接退运与不准直接退运的货物范围如表6-15所示。

表6-15　准予直接退运与不准直接退运的货物范围

序号	类别	具体说明
1	准予直接退运的货物范围	（1）按国家规定责令直接退运的货物； （2）合同执行期间，国家贸易管制政策调整，收货人无法补办有关审批手续，并能提供有关证明的； （3）收货人因故不能支付进口税费，或收货人未按时支付货款致使货物所有权已发生转移，并能提供发货人同意退运的书面证明的； （4）属错发、误卸货物，并能提供承运部门书面证明的； （5）发生贸易纠纷，尚未向海关申报，能提供法院判决书、贸易仲裁部门仲裁决定书或无争议的货权凭证的
2	不准直接退运的货物范围	（1）凡属于无许可证件到货的（按国家规定责令直接退运的除外）； （2）经海关审单、查验，发现有走私违规嫌疑的； （3）超过规定时限又没有特殊批准的； （4）因其他原因海关认为不能直接退运的

2. 办理直接退运手续时限

（1）属于应领取许可证件的进口货物办理直接退运手续时，应当在运输工具申报进境之日起 14 日内提出书面申请。

（2）因错发、错运，请求直接退运的，应当在向海关正式申报前或者在海关确定查验前提出书面申请。如已向海关申报，或海关已决定查验，应当在海关查验并确认为错发、错运后提出书面申请。

（3）其他需要办理直接退运手续的货物，一般应在运载该批货物的运输工具申报进境之日起或自运输工具卸货之日起 3 个月内提出书面申请。

3. 直接退运的程序

（1）进口货物的所有人在规定的时限内向货物进境地海关书面提出直接退运申请。

（2）经海关审批同意直接退运的货物，如果尚未向海关申报进口，且退运在同一口岸办理的，凭海关出具的一式两份审批单，同时向现场海关申报出口和申报进口时，贸易方式都填写"直接退运"。

（3）经海关审批同意直接退运的货物，如果尚未向海关申报进口，且退运不在同一口岸办理的，凭海关出具的一式两份审批单先向出境地海关申报出口时，再凭出境地海关的关封到进境地海关申报进口，贸易方式都填写"直接退运"。

（4）经海关审批同意直接退运的货物，如果已申报未放行的，在办理直接退运的出口申报后，向进境地海关申请撤销进口申报的电子数据，再重新办理直接退运的进口申报。

（5）经海关审批同意直接退运的货物，在办理直接退运的出口和进口申报时，不需要查验进出口许可证件，也不用缴纳税费及滞报金。

四、出口货物发货人的业务

（一）装运货物

出口货物获海关允许放行后，出口货物的发货人要做好货物装运，具体操作步骤如表 6-16 所示。

表 6-16　装运货物的操作步骤

序号	步骤名称	具体说明
1	获得放行证明	出口货物的发货人在依法办理申报、陪同查验及缴纳税费等手续，并获得海关放行后，便可以向海关领取签盖海关放行章的出口货物装货单、运单或特制的放行条

（续表）

序号	步骤名称	具体说明
2	装运货物	出口货物的发货人凭海关签章的上述单证之一，到货物出境地的港区、机场、车站及其他地点的海关监管仓库或监管区提取出口货物，并将其装上运输工具出运
3	申请签发出口货物证明书	出口货物的发货人在取得海关放行、办结海关手续并装运货物后，为了证明出口货物的合法性和有关手续的完备性，可以要求海关出具出口货物证明书
4	申领签发出口收汇证明	（1）对需要在银行或国家外汇管理部门办理出口收汇核销的出口货物，报关员应当向海关申请签发出口货物报关单（收汇证明联）； （2）经海关审核，对符合条件的，即在出口货物报关单（收汇证明联）上签名，并加盖海关验讫章，作为进口付汇证明联签发给报关员，同时通过海关电子通关系统向银行和国家外汇管理部门发送证明联电子数据
5	申请在出口收汇核销单上签字	（1）对属于出口收汇的货物，报关员应当在申报时向海关提交由国家外汇管理部门核发的出口收汇核销单； （2）海关放行后，由海关关员在出口收汇核销单上签名，并加盖海关单证章； （3）出口货物的发货人凭出口货物报关单（收汇证明联）和出口收汇核销单，办理出口收汇核销手续
6	申请签发出口退税专用报关单	对需要出口退税的货物，出口货物的发货人在向海关申报时，需增附一份浅黄色的出口货物报关单（出口退税证明联）。办结海关手续或装运货物后，出口货物的发货人向海关领取这份加盖有海关验讫章和海关审核出口退税负责人印章的报关单，凭此向税务机关申请退税

（二）办理出口退关手续

退关货物是指经海关查验放行后，因故未能装上运输工具而不再出口的出口货物。对于退关货物，发货人应在3日内向海关办理退关手续。发货人应先到外汇管理局办理出口收汇核销单注销手续，然后持外汇管理局证明和原海关出具的专为出口收汇核销用的报关单及出口货物报关单更改申请，向海关办理退关手续。

1. 不再出口的退关手续

出口退关是指出口货物的发货人在向海关申报出口被海关放行后，因故未能装上出境运输工具，请求将货物退运出海关监管区不再出口的行为。

出口货物的发货人应当在得知出口货物未装上运输工具并决定不再出口之日起 3 日内向海关申请退关，经海关批准且撤销出口申报后，方能将货物运出海关监管场所。

对于已缴纳出口税的退关货物，发货人可以在缴纳税款之日起 1 年内提出书面申请，连同纳税收据和其他单证，向海关申请退税。

2. 部分不出口的退关手续

对海关接受申报并予以放行的货物，因运输工具配载等原因，全部货物或部分货物未能装上运输工具，但出口货物的发货人仍决定要出口的，应向海关递交出口货物报关单更改申请。

经海关批准后，对全部未出口的货物，按出口退关处理，确定运输工具后，重新办理出口报关手续；对部分货物未装运的，原申报出口的货物做全部退关处理，已装运的货物补办报关手续，尚未装运的货物，在确定运输工具后，重新办理报关手续。

第七章

制单结汇环节业务跟进

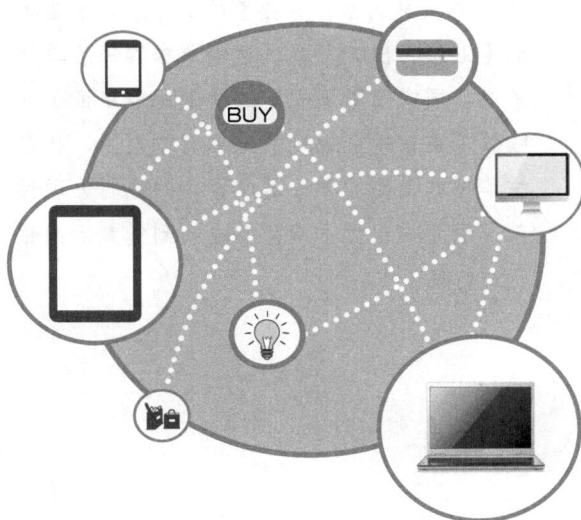

结关放行后，紧接着的工作就是准备单据（汇票、出口发票、运输单据和保险单及其他合同或信用证规定的结汇所需单证）和收款（在信用证规定的交单有效期内，将各种单据和必要的凭证送交指定的银行办理付款、承兑或议付手续，并在收到货款后向银行进行结汇）。

第一节 制单审单

一、办理结汇需要的外贸单证

外贸单证是指在国际结算中应用的单据、文件与证书，企业凭这些单证来处理国际货物的支付、运输、保险、商检及结汇等。

（一）常见的结汇单证

结汇单证按照签发制作人的不同可分为三种，即自制单据、官方单据和协作单据，具体内容如表7-1所示。

表7-1 常见的结汇单证

序号	单证类别	具体说明
1	自制单据	是指汇票、发票、装箱单、受益人证明及装船通知等需由出口商自己出具的单据
2	官方单据	是指需由官方部门签证的单据，如商品检验证明书、原产地证书等
3	协作单据	是指需由出口协作单位（如船运公司、保险公司）出具的单证，如提单、船运公司证明及保险单等

至于某一单业务的结汇工作究竟需要哪些单证，企业需要根据合同和信用证的要求将其罗列出来（见表7-2），制完一单，就可以在其完成情况栏内画"√"，这样就不会遗漏制单。

表7-2 ××订单结汇单据制定情况表

序号	单证名称	单证的特殊要求	所需份数	完成情况	单据日期	备注

（二）各种单据的日期关系

各种单据的签发日期应符合逻辑性和国际惯例，通常提单日期是确定各单据日期的关键，汇票日期应晚于提单、发票等其他单据，但不能晚于信用证的有效期。各种单据的日期关系如下所示。

（1）发票日期应在各单据日期之首。

（2）提单日不能超过信用证规定的装运期，也不得早于信用证的最早装运期。

（3）保单的签发日应早于或等于提单日（一般早于提单日2天），不能早于发票。

（4）装箱单中的日期应等于或迟于发票日期，但必须在提单日之前。

（5）原产地证书日期不早于发票日期，不迟于提单日。

（6）商检单日期不晚于提单日，但也不能过分早于提单日，尤其是鲜活和容易变质的商品。

（7）受益人证明中的日期应等于或晚于提单日。

（8）装船通知中的日期应等于或晚于提单日后3天内。

（9）船运公司证明中的日期应等于或早于提单日。

二、制作外贸单证

（一）制单的基本要求

制单的基本要求如表7-3所示。

表7-3　制单的基本要求

序号	要求	具体说明
1	正确	单据内容必须正确，既要符合信用证的要求，又要能真实反映货物的实际情况，且各单据的内容不能相互矛盾
2	完整	完整可从以下几个方面来理解：一是内容完整；二是份数完整；三是种类完整。凭单据买卖的合同/信用证都会明确要求出口方需提交哪些单据，提交几份，有无正副本要求，是否需要背书，以及应在单据上标明的内容，制单时应满足上述要求
3	及时	应及时制单，以免错过交单日期或信用证有效期
4	简明	单据内容应按信用证要求和国际惯例填写，力求简明，切勿加列不必要的内容。单据中不应出现与单据本身无关的内容

（续表）

序号	要求	具体说明
5	整洁	单据应清楚、干净、美观、大方，单据的格式设计合理、内容排列主次分明、重点内容醒目突出，不应出现涂抹现象，应尽量避免或减少加签修改

（二）单证制作的思路——从上到下、从左到右

从上到下，即从一张单据最上面的项目开始，填写完上一行的项目后，再填写下一行的项目；碰到一行有多个纵向项目时，应遵循从左到右的填写原则。这样做有两个好处：一是不容易漏改需要改动的项目；二是把整张单据划分成单元小块完成制作时可以提高准确度。

外贸企业在制作单据时，都有其一套固定格式，通常每次都会套用固定格式，但在套用固定格式的同时容易出现"应该修改的项目而没有改过来"的错误。比如，一种商品不同订单批次的出口单据，往往套用相同格式、抬头、品名的单据，但由于是不同批次的订单，票据在日期、数量和编号等方面有细微的差别，这些差别很容易被制单人忽略。

> 只要奉行从上到下、从左到右的原则来制作单证，并在这个原则下切实做到"心想、口读、眼盯、笔点、尺比、逐行逐字母一一核对"，基本上就可以避免这方面的错误。

（三）汇票的制作

汇票一般一式两份，只要其中一份付讫，另一份即自动失效。汇票的内容及填写要求如表 7-4 所示。

表 7-4　汇票的内容及填写要求

序号	条款	填写内容	填写要求
1	出票条款	信用证名下的汇票，应填写出票条款	须填写开证行名称、信用证号码和开证日期
2	汇票金额	托收项下汇票金额应与发票一致	（1）若采用部分托收、部分信用证方式结算，则两张汇票金额各按规定填写，两者之和等于发票金额；

（续表）

序号	条款	填写内容	填写要求
2	汇票金额	托收项下汇票金额应与发票一致	（2）信用证项下的汇票，若信用证没有规定，则应与发票金额一致； （3）若信用证规定汇票金额为发票的百分之几，则按规定填写
3	付款人名称	托收方式的汇票，付款人为买方	（1）在信用证方式下，以信用证开证行或其指定的付款行为付款人； （2）若信用证未加说明，则以开证行为付款人
4	收款人名称	汇票的收款人应是银行	（1）在信用证方式下，收款人通常为议付行； （2）在托收方式下，收款人可以是托收行，均做成指示式抬头。托收中也可将出口方写成收款人（已收汇票），然后由收款人给托收行做委托收款背书

（四）发票的制作

发票是出口商业发票（Commercial Invoice）的简称，由受益人用英文制作，是出口单据的核心，出口货物的总说明，缮制其他单据的依据，以及原始业务会计凭证。发票一般无正、副本之分，履行合同的各个环节几乎都需要使用发票。

自 2006 年 4 月 11 日起，商务部发布的《低开出口发票行为处罚暂行办法》付诸实施后，该办法为防止企业低开出口发票扰乱正常市场秩序行为，将出口发票分为监制出口发票（由各地税务部门统一印制和监管）和自制出口发票（对外贸易经营者自行打印）两种。在实际业务中，企业还经常遇到海关发票（Customs Invoice）、领事发票（Consular Invoice）、厂商发票（Manufacturer's Invoice）、样品发票（Sample Invoice）和形式发票（Proforma Invoice）等特殊发票，不同发票内容相近，作用迥异。

1. 商业发票

商业发票简称为发票，是卖方开立的载有货物的名称、数量及价格等内容的清单，是买卖双方凭此交接货物和结算货款的主要单证，也是办理进出口报关、纳税不可缺少的单证之一。

发票没有统一的格式，其内容应符合合同规定，在以信用证方式结算时，还应与信用证的规定严格相符。发票是全套货运单据的中心，其他单据均参照发票内容缮制，因而制作不仅要求正确无误，还应排列规范，整洁美观。

下面提供一份商业发票的范本，仅供参考。

【范本】商业发票

商业发票

COMMERCIAL INVOICE

Buyer: Seller:

                                              S/C No.

Invoice to   Invoice No.:

                                              Date:

                                              Vendor No.

                                              Terms of Payment:

                                              Delivery Date:

From: To:

Marks	Item No.	Descriptions	Qty （Piece）	Unite Price （USD）	Total Value （USD）
					Total:

Say Total:

Beneficiary's Bank Information:

Beneficiary:

Bank Name:

Address:

SWIFT Code:

USD Account:

发票的内容通常包括发票名称、日期、号码，买卖双方名称，运输方式，装卸港，商品名称、规格、包装、数量、质量、价格、总值、唛头、佣金和折扣，信用证要求在发票中列明的内容和受益人签章等。凡对外出具的发票，应清楚、干净、页面合理、美观，内容直观简要，且完全符合信用证、合同和货物的实际情况，数字计算要准确，其具体的缮制要点如表 7-5 所示。

表 7-5　发票的缮制要点

序号	内容名称	具体说明
1	出票人名称、地址	通常事先印就，有关描述须醒目、正确、主次分明
2	发票的名称	用英文粗体标出 "Commercial Invoice" 字样，如信用证要求提供 "Receipted Invoice" 或 " Detailed Invoice"，应从其规定。ISBP 规定，如信用证只要求 "Invoice"，提交任何形式的发票均可；如要求 "Commercial Invoice"，提交 "Invoice" 字样的发票，银行也应接受
3	发票日期和号码	日期一般不早于合同签订日，不迟于提单日，通常在信用证开证日之后；ISBP 规定，除非信用证另有规定，发票无须标注日期。发票号码一般由受益人自定义
4	抬头人	发票一般须以申请人为抬头人，通常填写在发票上印有 "To" "Sold to Messrs" "Messrs" "For account of " 和 "Consigned to" 等词语之后。注意：若信用证规定 "Applicant：The Bank of Tokyo Ltd., Tokyo A/C ABC Co., Ltd."，应将后者作为发票抬头人；若信用证规定 "Applicant：ABC Co. for account of XYZ Co. Ltd."，则两个人应同时出现在发票抬头人中；若信用证规定 "Applicant：ABC Co. Ltd. Invoice to be made in the name of XYZ Co., Ltd."，则应以后者为抬头人。在可转让信用证条件下，会出现第二受益人提交的以第一受益人为抬头的发票；如要求中性发票的话，应以 "To whom it may concern" 为抬头
5	唛头及号码	应与信用证规定一致；如无，由受益人自行设计，格式以 ISO 的规定为准；如是散装货，可注明 "N/M" 或 "No Marks" 或 "In bulk" 字样；如是裸装货，则可标明 "Naked" 或在货物端部涂刷某种颜色（如红色）时在唛头栏中填写 "Red Stripe" 等；注意，信用证中如规定 "Mark is restricted to..." 或 "Mark should include..."，应严格按所示字母、顺序、位置等填制
6	装卸港 / 地、路线及运输工具	填写货物实际装卸港 / 地的具体名称，如货物需转运，应在目的港之后将转运港名称通过 W/T（With Transshipment）加以体现；制作发票时，如尚未安排运输，运输工具通常可根据实际运输方式填写为 "By Sea/Vessel/Ship/Steamer" 或 "By Air" "By Rail" "By Truck/Road" 等

（续表）

序号	内容名称	具体说明
7	商品描述	发票中的商品描述必须与信用证规定的相符，但并不是说要完全一样，或是与信用证使用同样的格式或结构。品名若有误或有变化，应在既不违反原则，又考虑灵活性的情况下处理；品名不可遗漏或随意简写；对非英文品名，应妥善、适当满足要求；发票中的商品描述必须真实反映实际货物；如果贸易术语是货物描述的一部分，那么发票必须加以显示；发票显示的货物数量、质量和尺码不得与其他单据上的同种数值相互矛盾
8	价格和金额	单价、币种和总值与信用证应保持一致；信用证要求扣除佣金，制单时必须扣除；信用证无扣佣规定，但金额正好是减佣后的净额，发票应显示减佣；有时合同规定佣金，信用证金额内未扣除，信用证内也未提及佣金事宜，发票中不应显示相关内容；信用证中要求分别列出运费、保费和 FOB 金额时，应按要求办理；佣金、折扣不可混用，因前者要征税
9	发票的签名问题	根据 UCP600，如信用证无要求，可不签字；如信用证有要求，可在发票右下方盖章；如信用证要求 Signed Invoice，则手签或盖章均可；如信用证要求 Manually signed（Handwritten）Invoice，一定要手签；发票的签字除手签和盖章外，还可用签样印制、穿孔签字、符号表示或其他任何机械或电子证实方法处理。注意：证实发票必须签署；除另有规定，在带有公司抬头的信笺上签字被认为是公司的签字，不必重复公司的名称；签字的单据复印件和传真发送的有签字的单据不构成签署行为
10	发票的份数	具体规定正、副本份数；通过"in triplicate"或"05 copies"或"3 folds"等笼统规定（至少一份正本）；还可规定为"One Invoice/Invoice in one copy"（一份正本）、"One copy of invoice"（可正可副）。注意：副本单据不能替代正本单据；除非有相反规定，正本单据可替代副本单据；未明确单据具体份数时只需要提供一份
11	发票的更正	由受益人通过加盖更正章完成，更正不宜过多，应尽量避免；同一份单据使用多种字体、字号或手写不视为更正
12	证明和声明文句	不同国家和地区的来证有时会要求在发票上加注某些证明或声明语句，一般包括以下内容：证明所列货物与合同或订单的货物相符；证明货物原产地；证明不装载于或停靠限制的船只或港口；证明货真价实；证明已经航邮有关单据；标明特定号码（如进口证号、许可证号及税号等）
13	海关发票	应按具体国家规定格式填写，绝不可张冠李戴；必须手签；每项内容均须填写，无实际内容时应填写 N/A（Not Applicable/ Available）或 NIL

（续表）

序号	内容名称	具体说明
14	领事发票	如要求领事发票，应注意出口地是否设有进口国的领事馆，而且应尽早办理
15	形式发票	形式发票的内容与一般商业发票类似，但主要用于进口商申请进口许可证、外汇或申请开证

2. 海关发票

在国际贸易中，有些进口国家要求国外出口商按进口国海关规定的格式填写海关发票，以作为估价完税，或征收差别待遇关税，或征收反倾销税的依据。此外，海关发票也可供编制统计资料之用。填写海关发票时，必须格外注意以下事项。

（1）各国使用的海关发票，都有其特定的格式，不得混用。

（2）凡海关发票与商业发票上共有的项目和内容，必须一致，不得相互矛盾。

（3）"出口国国内市场价格"栏应按有关规定审慎处理，因为其价格的高低是进口国海关作为是否征收反倾销税的重要依据。

（4）如售价中包括运费或包括运费和保险费，应分别列明 FOB 价、运费、保险费各是多少，FOB 价加运费应与 CFR 货值相等，FOB 价加运费和保险费应与 CIF 货值相等。

（5）海关发票的签字人和证明人不能为同一人，他们均以各自身份签字，而且必须手签才有效。

3. 领事发票

有些进口国家要求国外出口商必须向该国海关提供该国领事签证的发票，其作用与海关发票基本相似，各国领事签发领事发票时，均需收取一定的领事签证费。有些国家规定了领事发票的特定格式，因为有些国家规定可在出口商的发票上由该国领事签证。

4. 厂商发票

厂商发票是出口厂商所出具的以本国货币计算价格，用来证明出口国国内市场的出厂价格的发票，其作用是供进口国海关估价、核税及征收反倾销税，如国外来证要求提供厂商发票，应参照海关发票有关国内价格的填写办法处理。

（五）运输单据的制作

运输单据因不同贸易方式而异，包括海运提单、海运单、航空运单、铁路运单、货物承运收据及多式联运单据等。我国外贸运输方式以海运为主。这里着重介绍海运提单（Bill of

Lading）的内容及要求（见表 7-6）。

表 7-6　海运提单的内容及要求

序号	项目	内容及要求
1	托运人（Shipper）	一般即为出口商，也就是信用证的受益人。如果开证申请人为了贸易上的需要，在信用证内规定做成第三者提单也可照办，如请货运代理做托运人
2	收货人（Consignee）	该栏又称提单抬头，应严格按信用证规定制作。如以托收方式结算，应做成指示式抬头，即写成"To order"或"To the order of ×××"字样。不可做成以买方为抬头的记名提单或以买方为指示人的提单，以免过早转移物权
3	通知人（Notify Party）	这是货物到达目的港时船方发送到货通知的对象，通常为进口方或其代理人。填写时，应遵守信用证的规定。如果信用证没有规定，那么正本提单以不填为宜，但副本提单中仍应填明进口方名称和地址，以便承运人通知
4	船名及航次（Name of Vessel; Voy No.）	填列所装船名及航次。如中途转船，只填写第一程船名航次
5	装运港（Port of Loading）和卸货港（Port of Discharge）	此栏应填写具体港口名称。卸货港如不同国家有重名，应加注国名。卸货港如采取选择港方式，应全部列明。如伦敦／鹿特丹／汉堡选卸，应在卸货港栏中填上"option London ／ Rotterdam／ Hamburg"，收货人必须在船舶到达第一卸货港前在船运公司规定时间内通知船方卸货港，否则船方可在其中任意一港卸货。选择港最多不得超过三个，且应在同一航线上，运费按最高者计收。如中途转船，卸货港即填写转船港名称，而目的港应填写入"最终目的地"（Final Destination）栏内，也可在"卸货港"栏内填写目的港，同时注明"在××港转船"（W ／ T at ××）
6	提单号码（B/L No.）	提单上必须注明提单号码，以便核查，该号码与装货单（又称大副收据）或（集装箱）场站收据的号码是一致的。没有提单号码的提单无效
7	毛重和尺码（Gross Weight & Measurement）	除信用证另有规定外，质量以千克或吨为单位，体积以立方米为计算单位

（续表）

序号	项目	内容及要求
8	包装件数和种类（Number and Kind of Packages）与货物描述（Description of Goods）	按实际情况列明。一张提单有几种不同包装应分别列明，托盘和集装箱也可作为包装填列。裸装有捆、件，散装货应注明"In bulk"。货物名称允许使用货物统称，但不得与信用证中的货物描述有抵触。危险品应写清化学名称，注明国际海上危险品运输规则号码（IMCO Code Page）、联合国危险货物运输编号（UN Code No.）、危险品等级（Class No.）。冷藏货物注明所要求的温度
9	运费和费用（Freight & Charges）	本栏只填写运费支付情况。按 CFR 和 CIF 条件成交时，应填写运费预付（Freight Prepaid）；按 FOB 条件成交时，一般填写运费到付（Freight Collect），除非买方委托发货人代付运费。全程租船一般只写明"AS ARRANGED"（按照约定）。如信用证另有规定，应按信用证规定填写
10	正本提单份数（Number of Original Bs/L）	按信用证规定签发，并分别用大小写数字填写，如"（2）TWO"。信用证中仅规定"全套"（FULL set），一般习惯做两份正本，但一份正本也可视为全套
11	提单日期和签发地点	除备运提单外，提单日期均为装货完毕日期，不能迟于信用证规定的装运期。提单签发地点按装运地填列。如果船期晚于规定装运期，要求船方同意以担保函换取较早日期提单，这就是"倒签提单"；货未装上船就要求船方出具已装船提单，这就是"预借提单"，这种做法系国际航运界陋习，一旦暴露，可能造成对方索赔以致拒收而产生巨大损失
12	签署	海运提单应注明承运人名称，并由承运人或其代理人、船长或其代理人签署。签署人须表明其身份。若为代理人签署，则须表明被代理一方的名称和身份
13	唛头（Shipping Marks）	与发票内容一致
14	其他	信用证要求在提单上加注的内容。如信用证规定"每份单据上均应显示信用证号码""提单需提供中国国际贸易促进委员会证明"，必须按信用证规定处理

（六）原产地证书的制作

有些不使用海关发票或领事发票的国家，要求出口商提供原产地证书，以便确定进口货物应征收的税率。原产地证书一般由出口地的公证行或工商团体签发。我国通常由国家质检总局或中国国际贸易促进委员会签发原产地证明书。

1. 普惠制证书

新西兰、日本、加拿大和欧盟等 20 多个国家和地区给我国以普惠制待遇，凡向这些国家出口的货物，须提供普惠制证书，作为对方国家海关减免关税的依据。各种普惠制单据内容的填写应符合各个项目的要求，不能填写错误，否则有可能丧失享受普惠制待遇的机会。

2. 普通产地证

普通产地证用以证明货物的生产国别，进口国海关凭此核定应征收的税率。在我国，普通产地证可由出口商自行签发，或由国家质检总局签发，或由中国国际贸易促进委员会签发。在实际业务中，外贸企业应根据买卖合同或信用证的规定提交相应的产地证。在缮制产地证时，外贸企业应按《中华人民共和国原产地规则》及其他规定办理。

（七）检验证书的制作

检验证书包括品质检验证书、质量检验证书、数量检验证书、兽医检验证书、卫生检验证书、价值检验证书和残损检验证书等。外贸企业须提供何种检验证书，应事先在检验条款中做出明确规定。

（八）包装单据的制作

包装单据是指一切记载或描述商品包装种类和规格情况的单据，是商业发票的补充说明，主要包括装箱单、质量单及尺码单。前文已经详细介绍其制作方法，此处不再赘述。

三、审核单证

在缮制或获取完毕各种单证后，外贸业务人员应再次全部审核一遍单证，确保单证的最终质量及安全收汇。审单的要求与制单一样，都应根据信用证和合同条款规定的内容进行准确、全面、及时的审核，达到"单证一致、单单一致"的目的。

（一）排列单证审核顺序

外贸业务人员应将审单记录表放在桌面右边，把单证放在桌面中间。单证的顺序是：汇票→商业发票→包装单……倒数第二项是保险单，倒数第一项是提单。单证要有固定的开头次序和固定的末尾次序，中间次序任意，信用证放在桌面左边。

（二）横审

（1）信用证如有修改，跟单人员应以修改条款核对有关单据。

（2）外贸业务人员应将信用证从头到尾阅读一遍，每涉及一种单据，立即与相应单据核对，以达到单证一致的目的。

（3）外贸业务人员应阅读信用证文句，并与单据核对，如发现不相符的地方，应立刻记录在审单记录表上。外贸业务人员可在记录文字后面写上"改""加""补"等字，待改妥时，再在这些字上画圈表示改妥，以表明无此不相符点。

> 绝不能在整个信用证核对完毕后，再一次性写出发现的全部不符点，因为那样做很容易遗忘个别的不符点。当全部的"改""加""补"都已画圈后，就表示单据全部改妥并相符了。

（4）外贸业务人员应将审完的单据反转放置在桌面中间的未审单据前面，待全套单据审完后，再将已经反转放置的单据翻过来恢复原状。另外，外贸业务人员还要在信用证项下审单记录表（见表7-7）中做好记录。

表7-7　信用证项下审单记录表

订单号：　　　　　　　　信用证号：

Content / L/C Items \ Documents	Commercial Invoice	Inspection Certificate	Packing List	Insurance Policy	B/L	Draft
L/C No.						
L/C: date of issue						
L/C: expiry date						

（续表）

L/C Items \ Content \ Documents	Commercial Invoice	Inspection Certificate	Packing List	Insurance Policy	B/L	Draft
Invoice No.						
Applicant's Name & Address						
Currency code & Amount						
Description of Goods						
Incoterms						
Total Price（maximum amount）						
Last day of shipment						
Date of issue of the document						
Last day of Presentation						
Port of Loading						
Port of destination						
Partial shipment						
Transshipment						
Negotiation bank						
Freight prepaid or collect						
On board						
Clean						
Made out to order...						
Confirmation Instruction						
Number of documents						
Signed by authorized person						
Stamped by the company						
Drawee of draft						
Original						

审单员：   审单日期：

（三）纵审

纵审的目的是要达到单单一致。单据在经过横审和纵审后都没有发现不符点，或发现的不符点已经改妥，即可确定单据全部相符。

纵审的操作要领如下。

（1）以发票为中心，与其他单据逐项核对，先将被核对的单据阅读一遍，然后与发票的相同资料进行核对。

（2）将提单与保险单进行核对。

第二节 交单结汇

交单结汇是指出口商在信用证有效期后、交单期内向指定银行提交符合信用证规定的单据，银行收到单据后，应立即按照信用证规定进行审核，确认无误后，于收到单据次日起不超过5个银行工作日内办理出口结汇，并按当日外汇买入价购入，结算成人民币支付给出口商。

一、交单结汇的方式与要求

（一）交单的方式与要求

交单是指出口商将审核无误的全套单证送交议付银行的行为。交单的基本要求是单证正确、完整，提交及时，在信用证条件下，应在信用证有效期内交单。不同结算方式下的交单要求如图 7-1 所示。

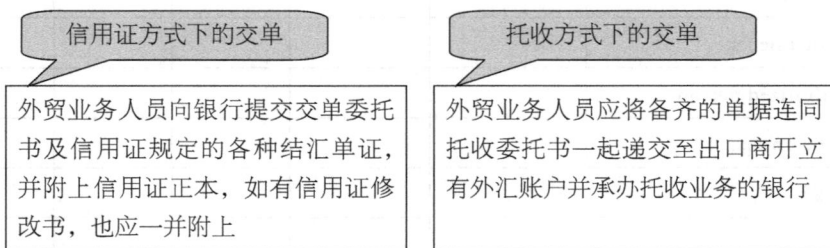

信用证方式下的交单	托收方式下的交单
外贸业务人员向银行提交交单委托书及信用证规定的各种结汇单证，并附上信用证正本，如有信用证修改书，也应一并附上	外贸业务人员应将备齐的单据连同托收委托书一起递交至出口商开立有外汇账户并承办托收业务的银行

图 7-1 不同结算方式下的交单要求

交单方式分为两种：一种是两次交单，或称预审交单，即在运输单据签发前，先将其他已备妥的单据送交银行预审，发现问题及时更正，待货物装运后收到运输单据，可以当天议付并对外寄单；另一种是一次交单，即在全套单据收齐后一次性送交银行。

> 由于两次交单时货已发运，若银行审单后发现不符点，需要退单修改，需耗费时日，容易造成逾期而影响收汇安全。为了提高单证质量，保证安全和及时收汇，我国银贸双方本着密切配合、相互支持的原则，采用在运输单据签发之前先将其他已备齐的单据送交银行预审，以及在全部单据备齐后向银行交单的两次交单方式，加速收汇。

交单时应注意做到以下几点：

（1）单据的种类和份数与信用证的规定相符；

（2）单据内容正确，包括所用文字与信用证一致；

（3）交单时间必须在信用证规定的交单期和有效期之内。

（二）结汇的方式

信用证项下的出口单据经银行审核无误后，银行按信用证规定的付汇条件，将外汇结付给出口企业。我国的出口业务大多使用议付信用证，也有少量使用付款信用证和承兑信用证的情况。

1.出口结汇的三种方式

出口结汇的方式主要有三种，具体内容如表7-8所示。

表7-8　出口结汇的三种方式

序号	出口结汇方式	具体说明
1	议付信用证	议付又称为出口押汇。议付押汇收取单据作为质押。议付行按汇票或发票面值，扣除从议付日起到估计收到开证行或偿付行票款之日的利息，将货款先行垫付给出口商（信用证受益人）。议付是可以追索的，如开证行拒付，议付行可向出口商追还已垫付的货款。议付信用证中规定，开证行对议付行承担到期承兑和付款的责任。如银行仅仅审核单据而不支付价款，则不构成议付

（续表）

序号	出口结汇方式	具体说明
2	付款信用证	付款信用证通常不用汇票，在业务中使用的即期付款信用证中，国外开证行指定出口地的分行或代理行为付款行，受益人径直向付款行交单。付款行付款时不扣除汇程利息。付款是不可追索的。在信用证方式中，这显然是对出口商最为有利的一种结汇方式
3	承兑信用证	承兑信用证的受益人开出远期汇票，通过国内代收行向开证行或开证行指定的银行提示，经其承兑后交单。已得到银行承兑的汇票可到期收款，也可贴现。若国内代收行愿意做出口押汇（议付），则出口商可立即收到货款，但此时该银行若仅以汇票的合法持票人身份向开证行要求付款，则不具有开证行所要求的议付行的身份

2. 议付信用证的结汇方式

在我国出口业务中，使用议付信用证的情况比较多。这种信用证的出口结汇方式主要有三种：收妥结汇、定期结汇和买单结汇（见图 7-2）。

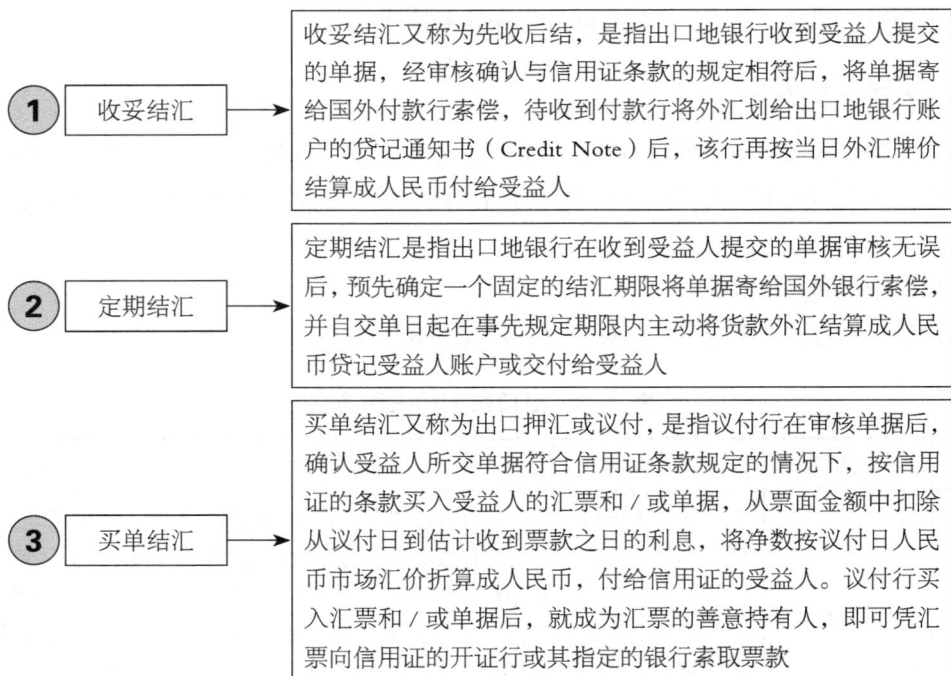

① 收妥结汇 ➤ 收妥结汇又称为先收后结，是指出口地银行收到受益人提交的单据，经审核确认与信用证条款的规定相符后，将单据寄给国外付款行索偿，待收到付款行将外汇划给出口地银行账户的贷记通知书（Credit Note）后，该行再按当日外汇牌价结算成人民币付给受益人

② 定期结汇 ➤ 定期结汇是指出口地银行在收到受益人提交的单据审核无误后，预先确定一个固定的结汇期限将单据寄给国外银行索偿，并自交单日起在事先规定期限内主动将货款外汇结算成人民币贷记受益人账户或交付给受益人

③ 买单结汇 ➤ 买单结汇又称为出口押汇或议付，是指议付行在审核单据后，确认受益人所交单据符合信用证条款规定的情况下，按信用证的条款买入受益人的汇票和／或单据，从票面金额中扣除从议付日到估计收到票款之日的利息，将净数按议付日人民币市场汇价折算成人民币，付给信用证的受益人。议付行买入汇票和／或单据后，就成为汇票的善意持有人，即可凭汇票向信用证的开证行或其指定的银行索取票款

图 7-2 议付信用证的结汇方式

二、交单结汇的流程

交单结汇的流程如图 7-3 所示。

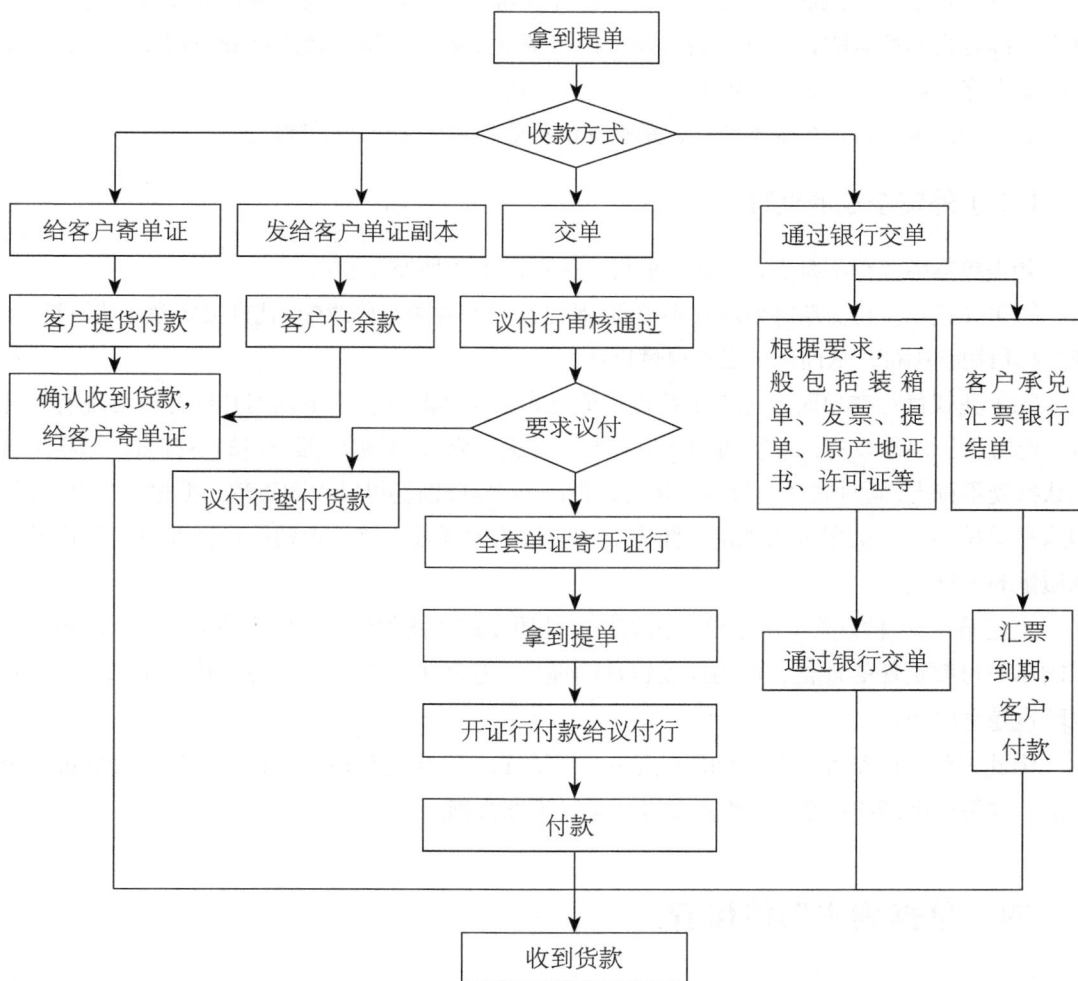

图 7-3　交单结汇的流程

三、议付单据不符点的处理

不符点是指开证行审核出的议付单据与信用证要求不符的错误或者疑义，或是议付单据之间不相符的错误或者疑义。

（一）开证行的处理

开证行审出不符点后，通常都会书面告知议付行，经过银行间交涉，最终确定是否为不符点。确定为不符点的，开证行会告知开证申请人，如果开证申请人接受不符点，那么开证行扣除不符点费用后，支付或者承兑信用证项下货款。

如果开证申请人不接受不符点，那么开证行会拒付信用证项下货款。

（二）外贸企业的处理

如果单据中存在不符点，外贸企业可以采用以下两种处理方式。

（1）如在议付行交单时发现有不符点，凡是来得及并可以修改的，就直接修改这些不符点，使之与信用证相符，从而保证正常议付货款。

（2）在议付行交单时发现有不符点，但已来不及修改的，或单据到开证行被发现有不符点，此时已无法修改的，可以通知开证申请人（进口商），说明单据出现的不符点，请其来电确认接受不符点，同时向开证行表示接受单据的不符点，则仍可以收回货款。但这有一个前提，即只是单据不符合信用证的规定，而无货物质量的问题或不符，否则进口商有可能不接受货物质量的不符点。

上述第（2）种方式实际上已经由信用证性质变成了托收性质，即由原来信用证的银行承诺的第一付款责任的地位，退为托收银行的地位。这种变化是因为单证不符而引起的，贸易风险也随之增加。

因此，信用证结算的首要问题就是一定要做到单证相符和单单相符，这样才能保证安全收汇。这是信用证结算必须重视的首要问题，不能含糊。

四、单据副本归档保管

外贸企业在交单结汇后，应将一套完整的单据副本归档保管。出口单证是出口业务的主要凭证，尽管一笔外贸出口业务的合同已经履行完毕，但由于各种因素，往往还需查阅这些单据，例如保险事因的发生，进口商对品质、数量的异议及索赔等，万一发生此类事件，就需查阅出口单证。所以，每笔出口业务的全套单据应留一套副本归档保存备查。

由于与贸易有关的诉讼时效是自货到后起2年，因此单据的保存期一般为2～3年。随着单证电子化的推广应用，单证的归档保存有了更加便捷的手段。

第八章

海外参展

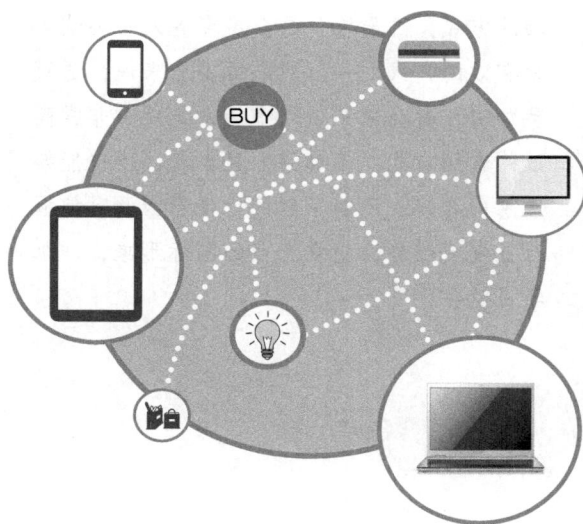

現代国际贸易交流中有很多开发国际市场的方式，"展览"是众多商界人士公认较为有效的方式之一。对外贸企业来说，通过参加海外展会来拓展新市场，是一种非常高效的营销方式。参加海外展会时，不仅能接触意向客户，还能了解同行信息，及时把握行业发展趋势，树立企业的国际形象，增加学习机会。

第一节　参加海外展会的途径

一、通过组展单位参展

在我国，一般企业要参加海外展会，必须经由国家批准的有出展权的主办单位来组织。全国有 200 多家这样的主办单位，如贸促会系统（地方分会与行业协会），各地经贸委，大型外贸、工贸总公司，大型商会等。企业可以根据组展单位的全年组展计划，了解可参加哪些国际贸易展览会，然后通过这些组展单位申请展位、缴纳参展费用并参加展会。

组展单位的展会服务项目有如下几种。

（一）展览咨询

经验丰富的组展单位根据其办展组团经验，以及与国内相关办事机构、国内外合作伙伴的长期的合作，为企业提供国际贸易展会的最新资讯。同时，其还会根据参展企业产品的经营特点及要求，推荐最适合企业参展的国际贸易展览会，以帮助参展企业结识新的贸易客商，开拓国际市场。

（二）展位服务

（1）向国外申请展位，并按外方要求提前支付展位费及其他相关费用。

（2）对外方确认的展位进行分配和协调，如根据参展单位交费先后顺序确认摊位位置，并通知其他有关参展事宜。依据组委会分配摊位的规格，对企业申请的面积做相应调整。

（3）按照外方对展馆的技术要求安排展位的基本搭建工作。一般是规格为 3 米 ×3 米的展位，包括地毯、背板墙、两只射灯、一张谈判桌、三把椅子、电源插座和废纸篓、楣板文字。

（4）根据参展商个性化要求配置层板、挂钩。

（5）摊位设计与搭建，包括各种国际大型展会的摊位装修与搭建及相应的组织工作。从展会开始前的装修设计与展示效果规划评估，到展会期间的展场整体布置与摊位搭建装修，提供全套的优质服务。

（6）展览布展、撤展及展览期间的垃圾处理工作。

（7）为参展商提供照明与动力用电的申请服务。

（8）为参展商提供展览期间网线、电话、展具及人员等的租赁服务。

（三）企业项目资金申请

有资质的组展单位会遵循国家关于企业开拓国际市场补贴资金的政策法规要求，为参加其组团的境外专业贸易性展会的企业提供团体申请补贴资金的服务，以促进企业健康持续发展，降低企业经营风险。

（四）人员服务

（1）提供展会参展人员的邀请函申请服务。

（2）协助参展人员办理签证：组展单位负责协助参展人员办理展会期间在国外逗留所需的签证；提供邀请函，准备齐全完备的签证材料及预约面谈资料，通过与展会当局及各国驻华使馆及领事馆的多方面联系，全程跟踪观察每位展商的签证状况，协助参展人员顺利获得签证。

（3）提前办理展会停车证、参展证，提供展会期间的翻译服务。

（4）负责参展及参观人员的旅行和特殊行程安排。

（5）机票预订：信誉良好的组展单位同世界各大航空公司保持密切的合作关系，可以结合航班、舱位的具体情况为参展企业量身定制一套最佳的航线计划。

（6）酒店住房预订：信誉良好的组展单位通常会与权威旅游机构合作，为参展企业在境外参展预订舒适的商务型酒店，为参展企业度假和商务旅行提供便捷周到的服务。

（五）运输服务

（1）对展品提供国内集中通知、集货服务，同时提供展品商检、报关、展品衡量单及其他单证制作，以及展品从集货地至展场展位的门到门全程服务。

（2）提供空箱的回运、展品的回运及现场铲车、吊车租用服务。

（六）境外保险

组展单位可帮助参展人员办理境外保险，以提供全面保障，使其安心出行。

（七）展馆内服务

在展会期间，组展单位应为各参展企业做好后勤工作，为参展企业解决后顾之忧，以便参展企业可以顺利地进行贸易谈判等商务活动。

（八）展会多媒体宣传

展览期间，组展单位会与展会主办方大力合作，将参展企业的相关信息及宣传材料通过多媒体、会刊等多种形式展示出来，以提高参展企业的国际知名度，为参展企业参展及开拓国际市场进行良好的宣传。

（九）展后境外商务考察

为了能让参展企业更好、更准确地了解同类产品在国外市场的最新动态及流行趋势，在展会结束后，组展单位一般会安排相关商务考察路线，以便参展企业对参展国及周边国家的同类产品形成更清楚、更全面的认识和了解。

（十）境外专业翻译联系

对于和外商交流有困难的参展企业，组展单位可以帮助联系当地专业的翻译人员，以便参展企业可以顺利地进行贸易谈判等商务活动。

> 企业也可以通过国外的一些会展协会了解展会信息，如德国商务会展协会、加拿大展会管理协会、美国消费品展览协会、国际商务会展协会及世界贸易中心协会等。

二、海外参展的方式

（一）合作参展

企业可以考虑和其他关联的贸易公司、工厂合作，一起申请参展，如共同出资、部分出资、合租展位，以及工厂出展品、外贸公司负责展销等。

（二）联合参展

对新参展的企业而言，与另一家企业联合参展是低成本、高收益的参展方式。特别是在海外展会上，两家或两家以上的企业共同租用一个展台参展，或联合参加政府展台，都是进入新的海外市场的有价值的选择。

（三）组团参展

组团参展是指由贸促会、行业协会和企业组成一个展团参展，或者由国家、地区、省（市、区）组成一个展团参展。组团参展通常会开设专馆，以展示品牌、壮大声势、扩大影响。这是我国企业出国参展的主要途径之一。

（四）委托参展

企业可委托所在国家或地区的代理商、分销商和合作伙伴代表自己参加当地的国际展会，接触客户，了解行业发展趋势。企业利用这种模式参展，可以节省开拓市场的成本，但前提是必须与相关的代理商有明确的代理和参展合同约束。

三、参加国际线上展会

外贸推广已经进入一个全新的时代，一种结合了网络推广和海外展会的模式，即国际线上展会，已逐渐取代了诸多传统外贸推广模式。近年来，人工智能、物联网、互联网、云计算及大数据等技术的不断发展，为线上展会提供了技术支撑。线上展会采用先进云技术，通过直播会议系统的在线音视频直播、即时互动答疑、干货下载、实时分享及精彩回放等多种功能，以在线直播方式让参与人足不出户即可共享盛会。

（一）线上展会的概念

线上展会也称为"双线会展""数字展会"和"网上展会"，它是一种全新的会展组织策划、企业参展和观众观展的方式，它不是传统的会展网上信息展示，也区别于虚拟展会和网络展会，是互联网时代下的新型会展生态圈。其本质是以互联网为基础，利用云计算、大数据和移动互联网技术将社交社群、会展产业链中的各个实体连接起来，构建一个数字信息集成化的展示空间，从而形成全方位立体化的新型展览和服务模式，这也是对实体会展模式的一种有效补充。

（二）线上展会的特点

1.方便快捷

线上展会在强调即时性的同时，具有成本低、辐射范围广、优化对接、沟通便捷、效果可控及曝光显示度高等优点。它是最具活力的宣传媒体，其时效性强、容量大、覆盖面广，只需要通过一个网络平台就可以不限时间、不限场地、不限人数和商品数量等完成一个会展项目。同时，网络宣传是多维的，可以将文字、图像和声音有机地组合起来，通过视频、策划等方式传递信息。对于自己感兴趣的产品信息或者企业，客户只需要单击鼠标，便可了解其详细信息，这为买家和卖家搭建了一座最便捷的沟通桥梁。

2. 降低成本

线上展会以网络平台为基础，所占用的为虚拟空间而非实际空间，省去了租借场地的成本；线上展会主要通过在网络平台上发布与企业产品相关的文字、图片、声音、视频等对产品进行宣传，其展示的是虚拟产品，避免了产品在运输过程中的损坏成本。

3. 不受空间和展览规模的限制

展会举办商和参展企业在前期通过互联网进行交流，这种交流一般不受空间、时间的限制。

4. 交易简便

线上展会的参观者只需通过网络即可浏览参展企业的各种信息，并可以借助网络技术，通过电子邮件、聊天室等完成交谈和磋商。此外，线上展会仅依靠数据信息、电子文件的交换即可完成举办商、参展商与采购商之间的约定和责任规范。

（三）线上展会的优势

近年来，线上展会作为一种全新的会展组织策划、企业参展和观众观展的方式而备受人们关注。对比线下展会，线上展会的优势逐渐突出。

1. 参展成本低

参加传统的线下展会需要耗费巨大的成本，展台租赁、展台搭建、人力成本、运输成本及物料制作等费用加起来动辄十几万元到几十万元，对任何一家企业来说，这都是一笔不小的开支；而线上展会则可以极大地降低参展成本。无须人员到展会现场，无须对产品进行长途运输，无须制作线下展示物料，仅需要在相关展会平台上发布与企业相关的产品介绍，就能够与来自世界各地的客户进行交流，投入较少的成本，即可收获较大的利益。

2. 365 天 /24 小时参展

一般的线下展会都以两天布展、三天展期的方式进行展览，所以对那些没法去现场的企业或者观众来说，只能通过网络报道或者同业发布的朋友圈等途径获知展会信息，非常不及时。而线上展会则打破了时间与空间的双重限制，做到了时时办展、处处参展。不管企业在哪个城市，不管什么时间，只要其拥有了自己的线上展位，就能够随时随地与客户进行沟通和交流。

3. 全行业全企业参与

由于成本问题，通常不是行业内所有的企业都能参与线下展会，这对企业来说无疑错过了很多商业机会，线上展会则很好地弥补了这一缺陷。企业仅付出较少的成本，就能够得到与展会相关的商业信息。

4. 数据生成整理

在参加完线下展会后，参展企业要对展会上收集的各种数据进行分类整理，这既浪费人力资源，又会降低工作效率，还可能导致错失与客户联系的最佳时间，最后丢单。线上展会能够完美解决数据整理的问题，不仅可以精准获取展会的总流量和每家展商的被观展数据、询盘信息等，还可以对这些数据进行分析和跟踪，最重要的是这些数据还可以与其他展会或其他行业进行交换和整合，相互服务，分享共赢，为企业带来看得见的利益。

5. 安全环保

每举办一场线下展会，都会产生不少的垃圾，造成资源的严重浪费。小到参展证、展会餐券和展会盒饭的浪费，大到展台搭建的物料、各种桌椅柜柱的制作，其生命周期不过三天，就变成了一堆废材。更不用说各种物料所释放的有害物质在搭建过程中对施工者，在参展过程中对参展企业、参展观众都存在着健康威胁；而线上展会则规避了这些问题，其绝对是绿色环保、毫无安全隐患的。

6. 展会后宣传与积累

传统的三天线下展会一旦结束，展商收摊撤离便销声匿迹。对没来展会现场和还不知道展会的企业和观众来说，这个展会的意义和价值并不大，最多也只能看到一些展会新闻和片段图片，并且无法形成展会的历史资料留存。而线上展会可以在网上以各种方式（如新闻链接、网站嵌入、公众号和微信转发，甚至是单独的一个 APP）向国内外各方传播，也可方便地保留和积累成展会历史档案。

当然，无论线上展会还是线下展会，都有自己的优劣势。但从未来的发展趋势看，线上展会更具发展潜力、扩展性和跨界整合的能力。

第二节　海外参展流程及时间计划表

参加海外展会是企业营销计划的一环，由于展会的准备期很长，企业在决定参加某一展会后,最好成立工作小组,或指定专人负责规划参展工作。工作小组除负责与主办单位联络外,同时负责推动部分参展工作、控制进度及各单位之间的协调配合。

下面分别介绍企业在海外参展流程中的重要事项,以及可能遇到的突发状况与应对之道。

一、展前准备

（一）摊位洽订

参展企业通常在展前 9 ~ 10 个月就必须向主办单位进行摊位洽订。有些 2 年或 3 年一届的展会,甚至会在展前 1 年多就开始接受报名。若企业有意参展,必须尽快与主办单位联系,尽早报名,以争取较佳位置。

一般来说,主办单位会主动向上届参展企业寄送报名通知,但为了确保可以收到最新的参展信息,企业应主动与主办单位联系,并随时注意展会官方网站。另外,许多著名的展会目前在国内均有代理商或分公司,企业应随时与代理商或分公司联系,以确保获知展会最新信息。

主办单位通常会准备简单的报名表供参展企业填写并申请摊位,其内容通常包括企业基本数据、摊位租金及所需的摊位尺寸等,有的主办单位会要求连同订金一起寄回。填妥报名表是参展报名的第一步,与主办单位的互动也由此开始。

主办单位在收到所有报名参展企业的申请表后,会进行摊位分配,分配完成后,会将结果通知参展企业,并请报名参展企业确认。如参展企业对分配到的摊位不满意,可向主办单位争取更换,但越热门的展会,在主办单位分配摊位后,越不容易更换摊位。

确认摊位后,主办单位会向参展企业寄送摊位合约书或发票,要求其支付订金或头期款。应注意报名表背面往往有许多主办单位规定的条款,参展企业在填写报名表时应详细阅读这些条款。条款中通常会列明取消摊位的退款比例与期限,参展企业需多加注意。

（二）参展商手册

在展前 3 个月左右,主办单位会向参展企业寄送"参展商手册"(Service Manual 或 Exhibitors' Manual)。但因目前提倡无纸化作业,多数"参展商手册"采用在线下载方式获得,主办单位已不再寄送纸本。这本手册极为重要,因为手册内详载了展会的所有规范,也详列了参展企业与主办单位双方的权利和义务,参展企业一定要仔细研读。

参展商手册的内容大致可分为展会基本数据、展出规定及各式服务的申请表格三部分。

参展企业可依照个性化需求来找寻所需要的表格或数据。

（三）展品及宣传品准备

参展企业务必提前准备参展用的展品及宣传品，且必须与参展进度相配合，一定要注意展品的装船日。展品的包装可以参照一般出口的规定办理，唯一不同的是要方便展后再包装。

展场常见的宣传品包括产品目录、工作人员名片、直接邮寄广告、手提袋、视频及音频资料等。对于这些资料，参展企业不应任由参观者自由取阅，应分送给自认为满意的客户。单页的简单目录可以供参观买主自行取阅，较详细的目录则应赠予深具潜力或有具体意向的买主。

（四）展品运输

参展企业应注意展品的准备时间必须与展品运输船期相配合。亚洲展至少于展前一个月装船起运，欧洲展、美洲展则至少在展前 45 天甚至更长时间装船起运，具体视情况而定。宁可让展品早几天运到，多付几天仓租，也不要因为外在因素（如罢工、台风等）造成展品延误抵达。

如果要随身携带展品，那么参展企业最好准备相关文件（如专利证明、原产地证明等），以应对通关时可能发生的各种情况。展品运送是参加展会最重要的一环，务必排除任何足以影响展品运送的情况，以保证其如期展出。

（五）摊位装修规划

在收到主办单位确认的摊位平面图后，参展企业应该立即进行摊位装修规划。但在规划之前，首先要确认装修预算。摊位装修预算是决定装修好坏的重要因素之一。我国企业前往国外参展，经济实惠的摊位布置方式当属自带装修材料，请当地装修公司施工。

装修规划的第一步就是平面设计，参展企业要依据服务台接待区、产品展示区、形象区、交易洽谈区及储藏室等功能进行摊位规划。规划摊位时，应就参展的目的进行区域分配。如果参展的目的是展示产品，那么产品展示区与交易洽谈区的比例要大一些；反之，如果参展的目的是塑造形象与进行宣传，那么形象区的比例要大一些。目前，我国参展企业参加国外展会的主要目的多为产品的展示、营销，因此产品展示区及交易洽谈区应为摊位装修规划的重点。

规划摊位时，除了上述原则，还应注意摊位中是否有梁柱，如果有的话，其大小、尺寸及所在位置均须予以明确。有些主办单位会规定面临走道的摊位须空出一段距离，此时摊位的装修就必须向内缩一段距离。参展企业务必在摊位装修规划前详读参展商手册的相关规定事项，以免因触犯规定而面临困扰。

（六）行程安排

行程安排是指从出发到返回相关事宜的安排，具体包括签证办理、机票（往返）预订、酒店预订、机场—酒店及酒店—展馆的行程方式、参展期间的餐饮问题及上述事宜的费用支付问题。

行程安排有两种途径：一是企业自己办理；二是通过代理商办理。对参展企业来说，可能第一种方式的工作量会比较大，且需要足够的细心和耐心，但总办理费用透明度高；如选择第二种方式，代理商可以代为办理上述提到的所有事宜，但费用可能较第一种方式略高一些。

> 参展企业要特别注意，最好尽早处理行程及住宿安排。因为在一些国际大展展览期间，酒店价格会上涨，且供不应求，如果已确定参展人员，建议最好提早预订机票及酒店。

（七）买家手册

买家手册是指方便参观买家查阅所有参展企业数据的手册，内容包括所有参展企业的基本数据和摊位位置。因此，此项数据的登录非常重要。一般来说，主办单位会免费为参展企业提供基本数据，但有些主办单位连最基本的名址登录也要向参展企业收费。

有些买家手册除了会介绍参展企业的基本数据，还提供产品检索、商标检索登录、广告刊登及新产品介绍的服务，但是均会收费。

二、展中事务

（一）展品进场与摊位布置

参展人员抵达展地后，必须立即处理两件事情：一是确定展品是否已运抵当地；二是确定摊位装修进度。虽然参展人员早在出国前就与运输公司确认过，但为保安全，仍须以电话联络运输公司，查询展品是否已抵达，是否有损坏，数量有无短缺。经确认无误后，再与运输公司确认展品运达摊位的时间，以便安排人员开箱。

与运输公司联络之后，参展人员应立即接洽装修公司，询问摊位装修进度，并告知展品进场日期，要求掌握施工进度以便配合；最后，前往展场查看施工情形，了解展场环境及各项服务设施，以备不时之需。

摊位装修工作应于主办单位规定的进场时间内完成，最好能预留一天的时间供陈列展品、张贴海报图片等内部布置之用。

> 摊位布置的原则是在开展前越晚陈列展品越安全。因为展前搬运人员进出频繁，展品越早曝光，被窃的概率就越大。再者，展前根本没有买家参观，所以提前展出的意义不大，展前只需做短暂的模拟摆设即可。

（二）洽领租用器材

参展人员应前往展场办公室或服务台洽领向主办单位租用的器材（如照明器材、桌、椅及展示柜等）。参展人员应尽可能等到需要时再去申领，避免增加保管的困扰。

三、展后处理

（一）展品处理

展会结束后，货运公司会把空箱运至参展企业的摊位，参展企业可以自行包装。如果是机械之类的展品，参展企业需请工人利用堆高机或吊车等进行重新包装，这需要参展企业提前与货运公司联系安排。

参展企业在展会结束前就要确认展品在展后的去向，一般来说有两种处理方式：一种是留置当地，另一种是复运出口。如果要留置当地，通常就是要出售、赠予、销毁或抛弃，要请承揽展品运输的货运公司协助处理；如果要复运出口，也要与货运公司确认目的地及收货人名址。

展会结束后，一般现场会十分混乱，所有的人都在向外搬运展品，很容易失窃。因此，参展人员在未将展品交予运输公司之前绝不可离开现场，点交时应请对方签收、立据确认，以免口说无凭。

（二）归还租用器材

参展企业如不再使用向主办单位租用的器材，应尽早归还主办单位，以免遗失，并取回押金或单据。所有的租用器材均须于展会结束后的当晚送还，不可过夜，以免遗失。装修公司通常也会于展会结束当晚将所有家具、灯具拆走，以免遗失相关设备。

扫码观看视频讲解

四、参展过程中的常见问题与应对策略

（一）展品未到

展品未到的问题多半是由于通关及运输的延误等造成的。通关延误可能是因为海关对展品的数量或价格有疑问，或者存在违禁品。为了避免通关延误，参展企业务必如实申报展品的数量及价格，同时应避免夹带违禁品，以免因小失大。对大多数参展企业而言，展品的税额占参展的总经费的比例很小，没有必要为了规避很少的税额而冒不能通关的风险。对于运输方面的延误，多半是由太晚装运、通关时间不足及港口工人罢工等原因导致的，参展企业事前务必多加注意。

> 有时为了节省成本，参展企业会在展品中夹杂食品以便展览期间享用，虽然大多数食品均可通过正常途径进口，但是所需通关时间较长。为了避免通关延误，建议参展企业不要在参展展品中夹杂食品。

出发前，参展企业务必与运输公司联系，确认展品状况。若确认展品无法准时到达，应及时寻找替代品，设法就近向当地客户紧急借调应急。如果展品体积小、质量轻，也可以请参展人员随身携带进场。

（二）装修未完工

装修工程未能按时完工的原因大多是装修承包商选择不当，或是参展企业太晚洽询承包商，使其准备不及时。装修工程能否如期完工，事前是有征兆的。当展期日益接近，而装修工程仍然没有起色时，就应采取适当的对策。

参展企业首先应催请承包商努力赶工，要求承包商征调其他摊位的人力前往施工。参展企业也要设法联络其他装修公司，以备不时之需。如果装修公司实在无力完工，应就重要部分先行施工，将对展出的影响降至最小。

（三）被控仿冒

参展被控仿冒，很多时候是因外贸企业拿工厂的样品参展而未加注意，直到被控告才知道。虽然非刻意仿冒，但不管出于什么理由，如果被外商指控仿冒，参展企业就必须积极面对，不可不加理会。外商的指控大概可分为临时起意和有备而来两类，对它们的处理对策如表 8-1 所示。

表 8-1　被控仿冒的处理对策

序号	类型	处理对策
1	临时起意者	临时起意多半是外商来参观展览时，发觉自己的产品被仿冒，进而找展出者理论。如果参展企业确实存在仿冒问题，应放低姿态，撤掉展品，并向对方道歉
2	有备而来者	有备而来者，通常事先已知道仿冒者参展，准备在会场对质。有时甚至可能是原告、警察和律师一起到摊位来理论，此时不要被对方的举动吓倒，首先应找律师维护自身权益。可以通过我国当地驻外使馆的协助寻找律师。如果没有我方律师在场，应拒绝与对方谈判

（四）被其他参展企业仿冒

如果参展企业发现被其他参展企业仿冒，首要工作是收集证据，最好收集如目录及照片等证物，且事先准备专利证明，必要时，可与律师、警察一同到仿冒者摊位解决问题。但需注意的是，如果控告不实，可能要负相应的赔偿责任。

（五）展品失窃

展品失窃是展会中经常遇到的状况。一般而言，展场属于开放空间，参展企业对自己展出的产品负保管之责，主办单位不会对展品失窃负责。

展品最容易失窃的时间是进出场之际，为了防止遭窃，参展企业应在每日闭展后将展品存放于储藏室，每日开展时再陈列。参展企业的重要样品应在摊位布置日及每日展览结束后带回酒店，以免遗失。许多展场在夜间并不管制门禁，甚至管制门禁的展场也常常发生展品失窃的事件。聘请警卫是防止展品失窃的方法之一，但就算聘请了警卫，展品还是有失窃的可能性。参展企业应随时注意展品的状况，以免发生展品遭窃的情形。

五、参加国际性展会的时间计划表

对参展企业来说，要参加国际性展会，必须做好准备工作。参展企业的展前准备工作必须配合主办单位的进度进行。依照展会举办频率的不同，最早可能要在展前一年多就开始准备，至少也必须于展前半年推动。表8-2是业内人士总结的参加国际性展会的时间计划表，仅供参考。

表8-2　参加国际性展会的时间计划表

序号	时间段	具体事项
1	12个月前	（1）从展会的规模、时间、地点、专业程度及目标市场等各方面，综合专家意见，制订全年参展计划； （2）与展会主办单位或代理公司进行联系，取得初步资料； （3）选定场地； （4）了解付款形式，考虑汇率波动，决定财务计划
2	9个月前	（1）设计展览结构； （2）取得展览管理公司的设计批准，选择并准备参展产品； （3）与国外潜在客户及目前的客户取得联系，制作展览宣传册
3	6个月前	（1）以广告或邮件等方式进行推广活动，确定展览计划； （2）支付展览场地及其他服务所需的预付款； （3）复查企业的参展说明书、传单及新闻稿等，并准备必要的翻译材料； （4）安排展览期间的翻译员； （5）向服务承包商及展览组织单位定购广告促销
4	3个月前	（1）继续追踪产品推广活动； （2）最后确定代表本企业产品品质及特色的参展样品，贴上企业标签，赠送给索取样品的客户； （3）对展位结构设计做最后的确定，计划访客回应处理程序； （4）培训参展人员，排定展览期间的约谈； （5）安排展览现场或场外的招待会，购买外汇
5	4天前	（1）将运货文件、展览说明书及传单等额外影印本放入公事包； （2）搭乘飞机至目的地

（续表）

序号	时间段	具体事项
6	3 天前	（1）抵达目的地，酒店登记； （2）视察展览厅及场地； （3）咨询运输商，确定所有运送物品的抵达情况； （4）指示运输承包商将物品运送至会场； （5）联络所有现场服务承包商，确定一般准备工作就绪； （6）与展会组织代表联络，告知其通信方法； （7）访问当地客户
7	2 天前	（1）确定所有物品运送完成； （2）查看所订设备及所有用品的可得性及功能； （3）布置展位； （4）确定所有活动项目
8	1 天前	（1）对摊位架构、设备及用品做最后的检查； （2）将促销用品发送直接分配中心； （3）与参展人员、翻译员等进行展览前的最后简报
9	展览期间	（1）尽早抵达会场； （2）于展览第一天将新闻稿送到会场的记者通信厅； （3）实地观察后，尽早预约第二年的场地； （4）详细记录每一位到访客户的情况及要求； （5）对于没有把握的产品需求，不要当场允诺，应及时向总部汇报，之后再做出合理的答复，一旦承接，必须按质、按期完成，以赢得客户的信任； （6）每日与员工进行复盘； （7）每日将潜在商机及客户的资料送回企业，以便及时处理与回应
10	展览结束	（1）监督摊位的拆除； （2）处理商机； （3）向提供帮助的合作者寄送感谢卡

扫码观看视频讲解

第三节　海外参展备展工作

企业一旦决定参加某个国际展览会，就要开始积极筹备，备展工作应首先考虑参展的营销、宣传等主要目的，备展安排要全面周到。

一、研读"参展商手册"

在确定展位后，展会主办方工作人员会向组展单位寄送（或发送电子版）参展商手册，企业仔细阅读参展商手册之后，能够将参展计划完成得更加细致、规范和高效。参展商手册会详细说明展会的细节和所有资料的提交期限，按时提交相关资料，能够为参展商节省最多30%的展览费用。

但是，国内的组展单位在拿到海外展览主办单位的参展商手册后，往往疏于认真研读。大部分组展单位只凭经验，挑几项如刊登会刊、运输及装修等不得不知晓的内容传达给参展商。因此，普遍存在的问题是参展商不能直接见到参展商手册。有些组展单位甚至会传递一些错误信息，更是害人害己。因此，从参展商手册中获取展会的大量信息，对组展单位和参展商来说都十分重要。

（一）参展商手册的主要内容

一般来说，参展商手册主要包含以下内容，具体如表 8-3 所示。

表 8-3　参展商手册的主要内容

序号	项目	内容说明
1	前言	主要是对参展商参加本届展会表示欢迎，说明本手册编制的原则和目的
2	展会场地基本情况	包括展馆及展区平面图、至展馆的交通图及展会场地的基本技术数据等
3	展会的信息	包括展会的名称、举办地点、展览时间、办展机构、展会指定承建商、指定运输代理、指定旅游代理及指定接待酒店等

（续表）

序号	项目	内容说明
4	展会规则	包括展会有关证件的使用和管理规定、展会现场保安和保险的规定、展位清洁的规定、物品储藏的规定、现场使用水电的注意事项、现场展品销售的规定、消防规定、知识产权保护规定及现场展品演示的注意事项等
5	展位搭装指南	是对展会展位搭装的一些基本要求和说明，主要包括标准展位说明和空地展位搭装说明等
6	展品运输指南	对参展商及时安排展品等物品的运输有较大的帮助，是对参展商将展品等物品运到展会现场所做的一些指引和说明，主要包括海外运输指南和国内运输指南等
7	展会旅游信息	主要是为方便参展商及观众等人员的日常生活服务的，是对解决参展商及观众等参加展会期间的吃、住、行等需要和展会前后的旅游需要等做出的一些说明
8	相关表格	参展商在筹展和布展过程中需要使用的各种表格，主要包括展览表格和展位搭建表格

（二）参展商手册的重点关注内容

1. 展会规则信息

海外展会的参展商手册一般都把展会规则的条款写在前面。其内容主要为主办方设置的约束参展商的各种行为规范，从申请参展、分配摊位、布展和撤展、安全事宜，到免责条款和终止参展资格等。此外，还有对知识产权、分租摊位、展品类别、摊位使用、进场限制、摄影录像、参展证件、标语海报、应急机制及保险责任等的规定。

组展单位只有通读并理解这些规定后，才能组织好参展活动。企业参展商只有充分了解规定后，才能高效安全地参加展会。

2. 展品类别划分信息

海外专业展会对展品按类别划分展区展示的工作特别认真。一般负责任的组展单位会把参展商手册中的类别划分告知参展商，让其展品在正确的展区中亮相。否则，会由于展区不对应而影响买家及观众与参展商的沟通。因此，企业在参展前必须关注自己是否被安排在正确的展区，这直接关系到参展的成败。

3. 刊登会刊信息

国内绝大部分组展单位和参展商对海外会刊的兴趣仅限于免费部分，其刊登的信息量也非常少，仅限于公司的名称和地址，一提到收费部分，就"免谈"了。

一些没有经验的参展者看不懂会刊中收费和免费的相关条款，全部都选择，不时出现展后让人追缴费用的被动局面。其实多交一点儿钱，将呈现在会刊上的信息登全，对参展商的宣传和推销极有好处。因为会刊的发行量很大，隐藏着不少商机。

4. 刊登广告信息

海外较大的展会都有专门的媒体从事广告征集工作，主要有会刊广告、特刊广告、展讯广告（每日一次）和专业媒体广告。国内参展商很少有刊登者。近年来，国内名牌企业已开始注意此类广告。参展商手册中有告知参展商如何获得优惠的版面和增值服务的相关条款。

5. 演讲、高峰论坛及技术交流等活动信息

海外一些知名品牌的展会都会在参展商手册上预先告知参展商主要的活动，并邀请参展商参加。绝大部分企业参展商对此项内容不感兴趣，原因可能是企业实力不足，以及语言和费用方面存在障碍。

如果参展商能得到各级政府赞助的一部分经费，制定出缜密的策划方案和实施细则，定会取得良好的效果。如果在展前与主办方达成共识，在展期举办"中国馆日活动"，宣传效果会更好。

6. 展览服务项目信息

很多组展单位不认真阅读海外主办方提供的服务项目，以为每项服务都会收费，其实不然。随着国际会展业的发展，竞争日益加剧，主办单位也会在人性化管理和延伸服务方面采取一些优惠措施，提供一些免费服务项目，如免费门票、免费赠阅会刊、免费上网服务、免费穿梭巴士服务、免费城市交通服务及免费晚会活动项目等。当然，每个展会提供的内容不一样，组展单位与参展商应仔细研读参展商手册以获取有用的信息。

二、客户邀约

参加展会是企业与新老客户加强沟通的好机会，展前客户邀约是企业参展的工作重点，对参展效果有着直接的影响，具有极其重要的意义。邀请客户光临企业的展台，与平时约见客户的情况有所不同，展会期间的竞争会更加激烈。因此，了解展前客户邀约工作的特征，有利于更好地开展邀约工作。

（一）展前客户邀约的意义

在参展工作中，企业不仅要邀请大客户，还要邀请一般客户，切实做好展前客户邀约工作。

展前客户邀约的意义如表 8-4 所示。

表 8-4　展前客户邀约的意义

序号	意义	具体说明
1	增加展台参观人数，避免出现冷场	如果参展期间展台参观人数过少，会造成以下消极影响： （1）在潜在客户眼中，展台冷场也许是因为企业实力有限，展品质量可疑，企业在管理上有潜在的未知问题； （2）如展台冷场，会严重影响参展人员的工作热情，使其精神涣散，工作懈怠，无法吸引有实力的专业客户莅临展位
2	扩大宣传声势，提升参展企业形象	展前客户邀约工作做得好，展会期间前来观展的客户将会络绎不绝，特别是行业内有重大影响力的龙头企业代表人物前来观展，将为参展企业带来良好的宣传效果
3	加大企业新产品与服务的发布力度	很多企业都将参展视为一种新的营销方式，一些企业经常把展会办成新产品与服务的新闻发布会。很多潜在客户都会参加展会，特别是一些高质量的展会，如果通过展前客户邀约工作，让所有客户汇聚一堂，也就为企业发布新产品与服务提供了很好的宣传途径
4	促成贸易成交	（1）在展会上，参展企业通过周密的策划，精心挑选产品，巧妙布展，所要达到的最终目的就是促成贸易成交； （2）通过展前客户邀请，吸引新老客户参观展台，参展企业的热心接待是对客户支持的一种回报，参展企业出色的展览工作也会让新客户产生信任，让老客户耳目一新。在这种氛围的影响下，即使不能当场成交，也会增加日后成交的可能性

（二）展前客户邀约的特征

展前客户邀约工作十分重要，企业应正确认识展前客户邀约的特征，以便更好地开展参展工作。

1. 时效性强

会展服务是一种活动，具有时效性强的特点。因此，参展企业从做出参展决定那天起，就应把展前客户邀约作为一项重要工作，并由专人负责按进度完成客户邀约工作。

2. 竞争激烈

在会展活动中，特别是一些专业行业展会，参展企业几乎全是竞争对手。其在展场中是直接的较量，而在展前客户邀约工作中，则是另一种较量。在企业邀请客户参观自己的展位时，可能竞争对手也在邀请他。

3. 变动因素多

展前邀约客户，要做好相关安排，客户数目众多，每位客户都有自己的特殊情况，因而变动因素很多，对其做统一安排需要具备一定的统筹能力。例如，展会会期一般只有 3 ~ 4 天，客户到场的具体日期是一个变数，客户的不同要求也是一个变数。

（三）展前客户邀约的时间计划表

客户邀约的时间应在展会开始前一个月内，可以通过电话或发放正式邀请函等方式通知新老客户，也可以邀请正在洽谈的目标客户和潜在客户。具体时间计划如下：

（1）展会前一个月，邮件邀请客户（告知具体展位）；

（2）展会前半个月，电话联系重点客户向其邀约观展；

（3）邮件或电话邀约后，确定客户的观展日期，合理安排行程；

（4）展会前一个星期，通过电话、邮件或短信联系客户，告知客户展位和自己的联系方式，并尽量要客户提供当地手机号码以方便联系，再次与客户确认观展日期；

（5）展会上，如果客户在约定的日期没有出现，那么再次联系客户，尽力将其邀请到展馆。

（四）如何邀约客户参加展会

1. 知己知彼，百战不殆

不管是发展新客户，还是回访老客户，都要对客户有初步的了解，包括客户的职务、日程安排、性格及爱好等方面，以便正确地发送邀请邮件。

2. 坦诚相待，礼貌先行

参展企业与客户之间是平等的，只要参展企业尊重客户，就会得到客户的尊重。只有这样，参展企业才能获得与客户沟通、交流的机会。由于海外参展所邀请的客户大多是国外客户，因此主要采取电话或邮件的邀约形式。

3. 保持联络，加强沟通

每位客户都是参展企业的信息途径，应与客户保持联络、加强沟通，切忌谈完业务就不再联系。参展企业应定期或不定期地与客户沟通和交流，如致电问候客户。

（五）撰写展前邀请函的技巧与方法

企业利用参加展会的时机与老客户见面是一种非常好的营销手段。因此，企业一定要给老客户发送邀请函，告知客户展会的时间及企业的展位号等具体信息。那么，如何撰写邀请函呢？

1. 不要千篇一律

有些工作人员会上网找一些范文，全篇照抄，然后只改动一下企业的名称和展会的地址，就算完成任务了。这样会显得没有诚意。客户可能不仅仅与一家企业做生意，可能不止收到一封邀请函，类似的范文可能已经见过很多次了，这样的邀请函缺乏吸引力。

如果能针对客户写上一段诚意十足的话语，在文中对客户致以问候，尤其是能在文中提一下跟该客户上次的谈话细节，更能加深客户对企业的印象。

2. 附上交通路线

尽管客户可能已经多次参观过该展会，对展馆的地理位置十分熟悉，但是如果参展企业能在邀请函中附上交通路线，那么会显得亲切细心。在展会期间，有的展馆周围的交通会变得十分拥堵。如果客户开车来参展，可能会在路上耽搁不少时间。若参展企业在信函中告知客户："为了防止堵车，耽搁您的时间，建议您可将车停在酒店，选择地铁前往，在某站下车即可"，同时附上地铁路线图，那么定能给客户留下好印象。

3. 邀请时间有讲究

参展企业在某个地区可能有不止一位代理商，那么在邀请这些客户来参观展览的时候，应该尽量将其参观时段错开。因为同一个地区的代理商，可能是直接的竞争对手。为了避免引起尴尬，最好一个安排在上午会面，另一个安排在下午会面。

4. 附上展馆平面图

邀请函里附上展馆平面图，可以让客户更容易地找到展位。主办方会提供展馆平面图，参展企业应复印或登录主办方的官网下载电子版展馆平面图，并将其打印出来附在邀请函里。

5. 告之天气情况

参观展览的客户来自世界各地，很多人并不熟悉展览所在地的情况。参展企业如果能在邀请函里将未来几天详细的天气情况告知客户，并附上生活上应该注意的细节，那么会显得非常细心体贴。例如，广州春交会期间，正处绵绵细雨的回南天时节，天气十分潮湿，参展企业就可以在邀请函里提醒客户要多带些衣服。

如果邀请函能从客户的角度出发，设身处地为客户着想，就可以给客户留下不错的印象，可称得上一封好的邀请函。

（六）展前邀约客户的资料整理

当客户对邀请做出回应时，企业应尽快确认对方的信息，如对方行程、参展代表的姓名、具体操作的负责人员、历次的报价清单、合作中存在的问题及本企业希望向其推荐的新产品信息等。

以上信息应当整理成表格形式（见表 8-5），出席展会的销售人员必须大概了解相关信息，以便在展会现场接洽客户。

表 8-5　可能参加展会的客户信息表

序号	客户名称	参展代表姓名	行程情况	历次的报价清单	合作中存在的问题	希望推荐的新产品信息

三、展品选择

展品是帮助参展企业给参观者留下深刻印象的最重要因素。根据相关统计，在参观者记忆的影响因素中，展品有吸引力占 39%，应予重点考虑。一旦决定参展，企业就应仔细选择和研究销售市场，确定参展产品。选择的展品要有针对性、独特性和代表性，还要注意出口配额问题。

选择展品是一项重要工作，甚至称得上参展过程中最重要的工作。

> 许多参展企业将选择展品视为程序性工作而不予以足够的重视，结果常常是所选展品与展出目的不一致，展品无市场潜力，展品无供应潜力，展品不适于展示等。

（一）展品选择的原则

在选择展品时，企业需要遵循图 8-1 所示的三个原则。

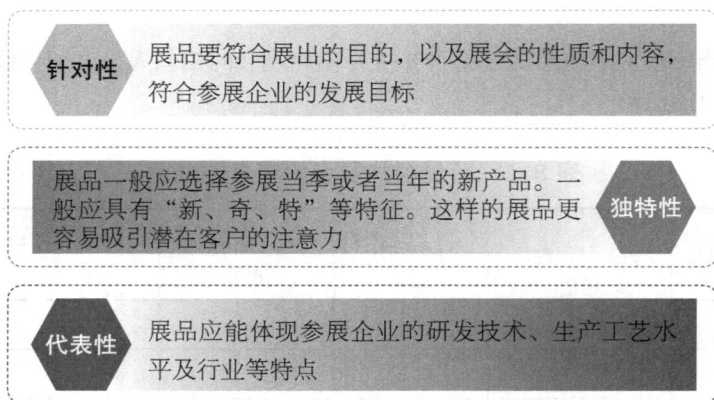

图 8-1　展品选择的三个原则

武器、枪、刀、剑类，引火、爆炸性或放射性的危险物、剧毒物、麻药，有可能侵害工业所有权的进口物品或禁止销售品，以及主办者认为有碍于展会举办的物品，都是不可以展示的展品。

（二）选择展品时应考虑的因素

企业在选择展品时应考虑表 8-6 所示的四个因素。

表 8-6　选择展品时应考虑的四个因素

序号	因素类别	具体说明
1	企业的供应能力	（1）企业的一些产品可能对市场很有吸引力，但是如果没有生产和供应的能力或潜力，就不应选择展出，如果展示并无供应能力的产品，虽能吸引客户的注意力，引起其兴趣，却浪费时间和费用，而且因为不能接受订货，会给潜在客户留下不好的印象； （2）一般情况下，要选择能生产和供应的产品展出
2	市场条件	（1）展品要符合市场需求、消费习惯、技术标准及当地进口要求规定等条件； （2）一般不要展出市场限制、禁止的展品，以及违反展出地的消费习俗、展出地禁忌的展品； （3）产品的设计、包装及颜色等应符合展出地市场的习惯等

序号	因素类别	具体说明
3	市场潜力	根据经济水平、消费水平及消费习惯等进行分析和判断。如果展示无市场潜力的产品，如在赤道地区展示取暖器，不仅没有意义，还可能被当作笑话，造成不良影响，使展出效果适得其反
4	即期与未来	从短期看，宣传和贸易有时是矛盾的。研发部可能会要求展出显示技术水平的产品，而销售部可能会力争展示销路好的产品。如数控机床能反映一定的水平，对企业树立形象有益处，但是竞争对手多，成交不易，普通机床则可能成交好，但是也容易给买家留下低档的印象，对长期发展不利，所以要权衡取舍展品

（三）展品选择的矛盾处理

企业在选择展品时，往往会遇到许多矛盾，因此需要妥善处理，具体内容如表8-7所示。

表8-7　展品选择的矛盾处理

序号	矛盾类别	具体说明
1	集体与个体	（1）集体展出时，展品的整体水平要能体现展出国家、地区、地方及行业等的经济水平和生产能力，集体展出的组织者会希望并要求展出显示水平的产品及成系列的产品； （2）个体展示的参展者多考虑实际成交，因此会希望展出可能成交的产品，而可能不考虑水平和系列等问题
2	质量与数量	（1）要注重产品质量。档次低、款式落后、工艺陈旧、包装差的产品不宜作为展品，不得展出质量不过关的产品、保密产品及仿造产品（违反专利法）； （2）展品的数量要适当，数量不宜过多，品种不宜过杂，要有重点、有系列，不要面面俱到，展台不可空空荡荡，也不可杂乱拥挤，避免给参观者造成不好的印象。如果要散发纪念品，数量要准备充足
3	新产品与老产品	（1）老产品可能已打开销路，成交概率较大，因此展台人员可以多展示老产品； （2）只有不断推出新产品，才能保住或扩大市场份额，因此新产品或现有产品的新用途要作为选择展品的考虑重点； （3）新产品必须具有良好的性能和很强的实用性； （4）最好不要展示试制品或半成品，这可能会使客户去寻找竞争对手要求供货
4	展品符合展示要求	通过其他方式、用更低的成本就能完成买卖的产品不适于展示，例如，通过交易所买卖的产品就没有展示价值

（四）建立展品数据库

企业要用照相机拍摄展品图片，然后分类导入展品数据库，按编号建立展品档案。具体内容如下所述。

（1）高质、清晰的产品照片（彩色照片）。

（2）完整的产品规格。

（3）特点、功能及优点。

（4）颜色、尺寸及材料。

（5）款式及选择。

（6）最低订货量。

（7）运输与包装。

（8）交货方式。

（9）价格、付款条件。

（10）装箱资料。

（11）供应商来源。

完成建立展品数据库后，应实行条码管理，批量制作所有样品的条码标签，将每个编号的条码标签粘贴到相关样品实物上。买家喜欢什么样品，只要用条码扫描器逐一扫描入计算机，就能立即显示出样品的相关信息，这将提高展中报价时的工作效率。

四、销售资料和工具准备

（一）确定贸易条款

企业要根据展会的销售和成交导向准备贸易洽谈的必要条款，主要包括以下几项内容。

（1）根据市场调研结果制定销售规则。

（2）最低采购量。

（3）包装条款。

（4）交货条款。

（5）运输条款。

（6）付款条款。

（7）价格浮动及幅度范围。

（二）编制展前计划

企业要根据不同的参展目标编制展前计划，主要包括以下内容。

（1）复查企业的参展说明书。

（2）印制传单。

（3）发布新闻稿。

（4）安排展览期间的展会工作人员。

（5）确定参展样品，准备可以代表本公司品质及特色的样品，贴上公司标签。

（6）为索取样品的客商准备赠品。

（7）计划访客回应处理程序。

（8）培训参展人员。

（9）拟定展会期间的约谈。

（10）安排展会现场或场外的招待会。

（11）视察展厅及场地。

（12）准备全方位接待当地客户。

（13）查看所订设备及所有用品的功能。

（14）与参展人员进行展前的最后协调等。

（15）编制预算表、价格表、订单表及咨询登记表。

（16）至少提前 20 天预订酒店。

（三）展中销售资料

企业在展会期间，展会人员需要一些销售资料来协助产品的销售推广。常见的销售资料主要包括以下几种。

（1）产品推销资料／规格表。

（2）供参考的价格单。

（3）参展人员培训资料。

（4）推广资料。

（5）客户记录表。

（6）会谈登记本。

（7）订货单和合同。

（8）展台人员名片。

（9）销售部联系方式。

（10）与主办方的协议。

（11）展后的跟进信件。

（四）展中的销售工具

在参展期间，企业不仅要准备好销售资料，还要准备好各种销售工具，以保证产品的销售工作顺利进行。常用的销售工具主要包括以下几种。

（1）笔、记号笔、纸、涂改液、信纸和信封。

（2）计算器。

（3）订书机、订书针、剪刀、美工刀和锁具。

（4）回形针、透明胶带、橡皮筋、双面胶和卷尺。

（5）展示架。

（6）小工具（如螺丝刀、锤子、扳手和钳子等）。

（7）笔记本电脑。

（8）条码器。

（9）录音笔、照相机和电话。

（10）手电筒。

（11）插头及转换器、插线板。

（12）小型喷墨打印机。

（13）清洁展台、展品的用品。

（14）医药箱（常备的急救药）。

扫码观看视频讲解